中国现代化企业崛起之路

THE RISE OF MODERN CHINESE ENTERPRISES

俞恒 / 编著

企业管理出版社
ENTERPRISE MANAGEMENT PUBLISHING HOUSE

图书在版编目（CIP）数据

中国现代化企业崛起之路 / 俞恒编著. -- 北京：
企业管理出版社，2024.1
ISBN 978-7-5164-2903-7

Ⅰ.①中... Ⅱ.①俞... Ⅲ.①企业管理-研究-中国
Ⅳ.①F279.23

中国国家版本馆CIP数据核字(2023)第182825号

书　　名：	中国现代化企业崛起之路
书　　号：	ISBN 978-7-5164-2903-7
作　　者：	俞恒
责任编辑：	蒋舒娟
出版发行：	企业管理出版社
经　　销：	新华书店
地　　址：	北京市海淀区紫竹院南路17号　　邮　编：100048
网　　址：	http://www.emph.cn　　电子信箱：26814134@qq.com
电　　话：	编辑部（010）68701661　　发行部（010）68701816
印　　刷：	北京亿友创新科技发展有限公司
版　　次：	2024年1月第1版
印　　次：	2024年1月第1次印刷
规　　格：	700mm×1000mm　　开　本：1/16
印　　张：	23印张
字　　数：	327千字
定　　价：	118.00元

版权所有　翻印必究　·　印装有误　负责调换

本书献给
为培育中国现代化企业而努力奋斗的人们!

前　言

2017年9月，中共中央和国务院发布了《关于营造企业家健康成长环境弘扬企业家精神更好发挥企业家作用的意见》。这是中央首次明确要求"弘扬企业家精神"的文件。之后，逐渐知道华为等知名企业历经千难万险取得巨大成就，看到国内外一些大企业集团对推动各国经济发展具有很大的影响力，同时受到中华民族伟大复兴美好远景的鼓舞，笔者萌生了一个想法：探讨一下，我们国家的现代化企业应该怎样才能发展壮大，成为国家经济发展的巨大推动力，进而成为世界一流企业，屹立在世界之林。故而，编写本书旨在探求中国现代化企业崛起的道路。

编写本书的思路：透视世界看中国，通过历史看现在望未来，从宏观到微观，从企业家精神，以及企业文化、战略、人才、技术、经营、管理到各个方面进行全方位的思考，探究中国现代化企业承担的使命和发展的道路。具体内容是对以下七个问题答案的探寻：第一，为什么建成社会主义现代化强国需要千千万万家现代化企业？第二，中国现代化企业总体上应向哪个方向发展？应依靠哪些力量？第三，为发展中国现代化企业，需要营造什么样的外部环境和满足哪些内部要求？第四，企业家作为企业的核心，应该具备哪些精神？应该抓哪些关键？第五，怎样科学地组织各种生产要素，并高效地运营企业？第六，企业应如何妥善处理上下、内外、左右的关系？第七，企业怎样才能活下来、活得好、活得久？

世界万物不是永恒不变的，是处在不断变化发展之中的，都有从产生、成长到消亡的过程。这是世界万物整体的不以人们意志为转移的发展规律。企业也逃不脱这一规律。当然，每家企业都有其自身的、独特的发展轨迹。但是企业作为一个群体，必然具有共性，有其共同的发展规律。这些共性和共同发展规律就是笔者探究的重要内容。

撰写本书不是理论研究，也不是从理论角度来论证现代化企业崛起之路，而是实证探讨，在事实发展中发现问题，从事实演变中找寻答案。本书主要回顾古今中外企业发展的事实，借鉴它们兴衰的经验和教训，基于中国当前的实际情况，以及党和政府制定的经济发展战略和总方针、规划、政策等，探索中国现代化企业成长、发展、壮大的道路。

在论述中国现代化企业崛起时，本书引用了中国历史上多位名人的言论及古代多个典故。这是基于三点考虑。一是中国企业是在中国的土壤中孕育和发展起来的。中国数千年来形成的深厚的文化是它们的根，是它们的源。脱离中国文化，这些将成为无根之木、无源之水。二是各种事物的存在，其道理根本上都是相通的。不论是治理国家、兴办企业，还是为人处世，从根本上说，道理都是一样的。《老子》指出"治大国若烹小鲜"。三是"前事不忘，后事之师"。笔者之所以列举典故，仅想提醒人们以此为鉴。笔者还在书中引用了世界知名企业创业者的言论和事例。虽然文化背景相异，但同为兴办现代化企业，其类似性更多。何况要成为全球性企业，其他国家企业集团的所作所为，更可以作为参考。

中国现代化企业诞生时间比较短，经验积累得不多，理论总结尚有欠缺。特别是关于人才的论述，目前就笔者所接触到材料来看，专门推荐中国现代化企业用人的论述不多，介绍国外情况的也很少。中国有着几千年的悠久历史，在攸关事业兴衰成败的人才识别和使用问题上，有着十分丰富而又精辟的理论，有着十分宝贵的经验和惨痛的教训。因此，有关这一部分叙述，笔者引用了中国古人的言论和历史事实，希望古为今用，能够对我国现代化企业的发展有所裨益。

改革开放以来，中国整个社会经济已发生翻天覆地的变化。本书在论述妥善处理十大关系时，引用了20世纪90年代和21世纪初的企业案例。从目前状况来看，这些案例似乎不可能再出现，但是为了总结中国企业发展的经验教训，达到以史为鉴的目的，还是有必要列举的。

本书所引用的数据很多。这些数据来源都有依据，但是，数据的发布口径不一、发布单位不同、发布时间有先有后，数据是不完全一致的，笔者尽可能寻找、采用权威部门和具有一定背景单位公布的数据，尽可能采用最新发布的数据。同时，对相关的各种数据，尽可能地进行对比、判断、核实。事实引用部分也有类似的情况，原叙述者出于种种原因，如看待事物的角度不同，对材料有所取舍，因此观点不一，评价也不完全一致。笔者在数据采用上、事实引用上，虽力求准确，但难免百密一疏。

笔者才疏学浅，认知有局限性，阐述可能有与事实不符之处，评论上难免有偏颇之处，数据引用不够精准，文字表达不够严谨。希望广大读者指正，并谅解。

2023年5月1日

目　录

全面建成社会主义现代化强国需要千千万万家现代化企业 1
　　一、现代化企业对国家盛衰举足轻重 2
　　二、中国现代化企业的重要作用日益明显 24

中国现代化企业的发展方向和发展力量 29
　　一、中国现代化企业发展的成就与不足 30
　　二、中国现代化企业的发展方向 48
　　三、中国现代化企业的发展力量 59

营造有利于现代化企业崛起的良好环境 85
　　一、建立并坚决维护持续稳定、安全的国家政治生态环境 86
　　二、构建高水平的社会主义市场经济体制 87
　　三、建设高效规范、公平竞争、充分开放的全国统一的大市场体系 93
　　四、营造法治化营商环境 96
　　五、构建具有道德规范和社会秩序的社会环境 102

建立一支以企业家为核心、以企业文化为灵魂的战斗队伍 —— 105
  一、一位优秀的企业家 —— 106
  二、一个各司其职又相辅相成、团结一致的班子 —— 119
  三、一支能打硬仗、打胜仗的队伍 —— 126
  四、积极的企业文化是一支队伍的灵魂 —— 128

大力弘扬企业家精神 —— 145
  一、远大的理想和雄心壮志 —— 148
  二、高瞻远瞩的战略眼光,深谋远虑的战略谋划 —— 156
  三、全面而又不断创新的精神 —— 162
  四、百折不挠、永不言败、勇攀高峰的意志 —— 172
  五、遵纪守法、诚信经营的品质 —— 175
  六、求贤若渴的意识和知人善任的能力 —— 178

突出抓好两个关键 —— 181
  一、把握发展方向,制定正确的企业发展战略 —— 183
  二、识别、使用、培育人才 —— 191

切实做好几项重要的工作 —— 211
  一、筹措并运用好资金 —— 212
  二、开拓广阔的国内外市场 —— 217
  三、生产出符合或引领市场需要的过硬产品 —— 226
  四、不断自主研发、自主创新高新技术 —— 231
  五、实施完善的企业管理 —— 245

妥善处理十大关系 —————————— 269
- 一、资本的积极作用和消极作用的关系 —————— 270
- 二、国家利益与企业利益的关系 —————————— 277
- 三、地方政府和职能部门与企业的关系 —————— 283
- 四、"造名"与"求实"的关系 ——————————— 287
- 五、"专业化"与"多元化"的关系 ————————— 290
- 六、规模扩张与质量提高的关系 —————————— 299
- 七、资本运作与企业经营的关系 —————————— 302
- 八、企业内部的各种关系 ————————————— 305
- 九、企业与竞争者的关系 ————————————— 310
- 十、海外的中国企业与所在国家（地区）的关系 —— 315

败不馁，胜不骄，盛不怠，充满活力，永葆青春 —— 329
- 一、败不馁，不被失败吓破了胆 —————————— 331
- 二、胜不骄，不让胜利冲昏了头脑 ————————— 339
- 三、盛不怠，不因成功丧失了活力 ————————— 342

参考书目 —————————————————————— 353

全面建成社会主义现代化强国
需要千千万万家现代化企业

一、现代化企业对国家盛衰举足轻重

建成社会主义现代化强国需要千千万万家现代化企业，特别是需要国际性、全球性的大企业，以及世界一流企业。

企业是市场经济运行的主体，是国家经济的细胞，是推动社会经济技术进步的主要力量。经济的质量与活力取决于"细胞"的质量与活力。搞好经济的关键在于搞好企业。企业是国家经济实力的创造者，是国家综合国力增强的源泉之一。

一个国家的强弱与其所拥有的现代化企业数量多寡、规模大小、实力强弱成正比。企业强，经济则强；经济强，国家则强。党的二十大报告指出："没有坚实的物质技术基础，就不可能全面建成社会主义现代化强国。"企业作为市场经济的主体，正是构建"坚实的物质技术基础"的基础。

不可否认，国家政治动荡，或者社会、经济遭遇变故，如1998年亚洲金融危机和2008年国际金融危机，严重阻碍了企业的发展。即使如此，企业依然是维持国计民生的基石。

（一）从世界500强企业的变化看现代化企业的重要性

1. 从企业发展的动态来看

1995年后，在历年美国《财富》杂志发布的世界500强企业中，中、美、日、德、法、英几个主要国家企业数的变化，基本反映出各国国力强弱变动的状态。中国企业赶超英国、德国、法国、日本的进程与赶超这些国家国内生产总值的进程基本是一致的，但与美国有点不同。

1995年《财富》杂志第一次发布1994年度世界500强企业名单。其中，美国企业151家，日本企业149家，法国、德国、英国分别为37家、35家、33家，中国企业（不包括中国香港、中国澳门、中国台湾）只有3家

（中国银行、中化集团、中粮集团）。当年，日本企业数略低于美国，但其营业收入排名第一，是日本企业最旺盛的年代。

2000年[1]，上榜《财富》杂志世界500强企业榜单的美国企业达到184家，日本企业下降为104家，法国、德国、英国分别为37家、34家和36家，中国内地企业增加到11家（包括部分总部在香港的企业）。2001年，美国企业达到最高峰198家，日本减少到88家。

2008年，中国大陆企业（包括香港，下同）37家（如包括台湾为43家），超过英国的27家。

2009年，中国大陆企业46家（如包括台湾为54家），超过法国的39家和德国的37家。

2011年，中国大陆企业达到73家（如包括台湾为79家），超过日本的68家。

2018年，中国大陆企业为119家（如包括台湾为129家），美国为121家，日本52家，法国31家，德国29家，英国17家。

2019年，中国大陆企业为124家（如包括台湾为133家），超过美国的121家；日本53家，法国30家，德国27家，英国21家。

2020年，中国大陆企业达到135家（如包括台湾为143家），美国为122家，日本为53家，德国为27家，法国为26家，英国为22家。

2021年，中国大陆企业为136家（如包括台湾为145家），美国为124家，日本为47家，德国为28家，法国为25家，英国为18家。2021年，中国入榜企业不仅在数量上领先美国，而且在营业收入占500强企业总营业收入（37.8万亿美元）的比重达到31%，首次超过美国的30%。

2022年，由于新冠疫情和美国加强对中国有关企业的打压，在世界500强企业榜单中，中国大陆企业为135家（如包括台湾为142家），美国136家，日本41家，德国34家，法国24家，英国15家。

图1显示，1994年中国企业只有3家上榜世界500强企业榜单，处于末

---

[1] 美国《财富》杂志、中国企业联合会和中国企业家协会、中华全国工商业联合会等每年发布的企业500强或企业100强等榜单所呈现的数据是上一年的企业数据。本书引用的这些数据的年份都是数据实际产生的年份（即发榜年份的前一年），特此说明。

中国现代化企业崛起之路

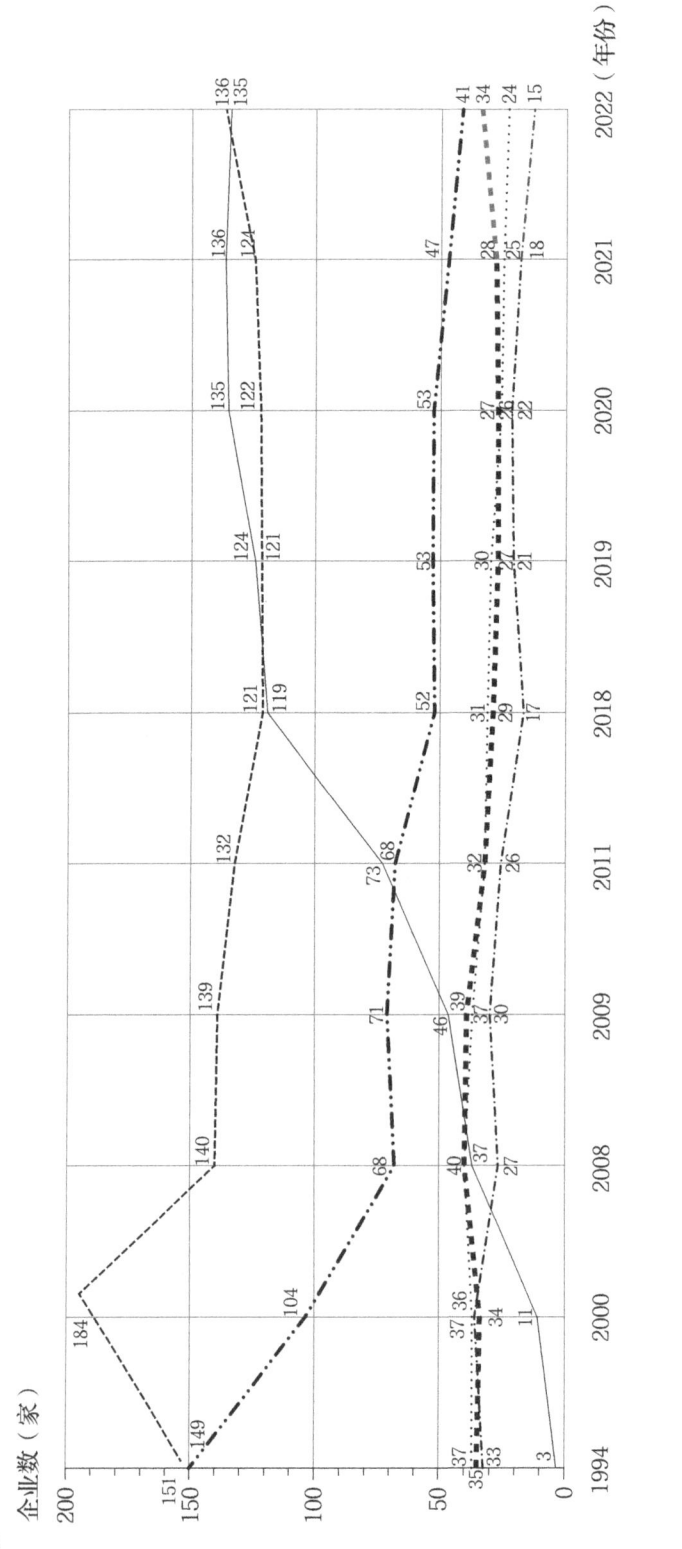

图1 1994—2022年世界500强企业中几个主要国家企业数

资料来源：财富中文网发布的美国《财富》世界500强企业排行榜。

说　　明：中国入榜企业数中，不包括台湾地区企业数；1994年香港尚未回归，2000年的数量包括中国内地企业总部设在香港的；其余各年均包括香港本地企业。

位；以后中国上榜的企业数量不断上升，2008年超过英国，2009年超过法国、德国，2011年超过日本，2019年超过美国。

国内生产总值，中国在2005年超过法国、2006年超过英国、2007年超过德国、2010年超过日本。中国上榜世界500强企业的数量和国内生产总值超过其他国家的时间基本同步，只与美国不一致。

2. 从企业发展的静态来看

2020年，各主要国家进入世界500强企业榜单的企业数量的多少与国内生产总值的高低，除中国与美国略有不同外，基本一致。实际上，也与各国经济实力的强弱保持一致（见图2）。

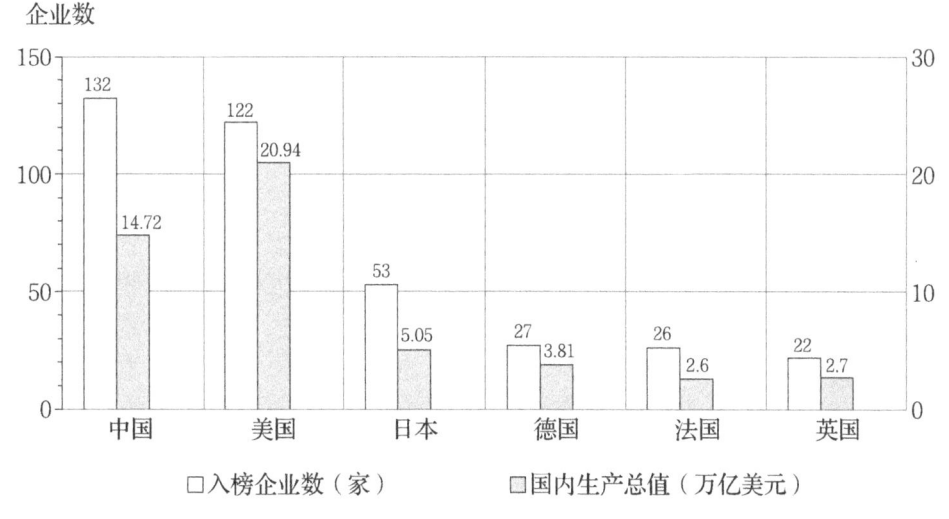

国家	入榜企业数（家）	国内生产总值（万亿美元）
中国	132	14.72
美国	122	20.94
日本	53	5.05
德国	27	3.81
法国	26	2.6
英国	22	2.7

图2　2020年世界500强企业中几个主要国家企业数与国内生产总值比较

资料来源：企业数来自《财富》中文版2021年9/10月世界500强排行榜；国内生产总值数来自百度网转载智研产业信息网报道。

说　　明：中国企业数为内地企业（包括总部设在香港的内地企业）。

不论动态或静态，中国上榜世界500强企业的企业数量自2019年以来，多次超过美国，但是经济实力逊于美国，国内生产总值低于美国。主要原因是中国的企业结构不够理想、核心技术较弱、盈利能力较差。《财富》杂志主要根据企业的营业收入进行评估,不能完全准确地反映企业的整体实力。

清华大学全球产业研究院首席专家何志毅教授团队,花费五年多的时间,从全球化、全产业、大数据维度,研究分析中国产业和产业领军企业在全球格局下的状况,于2022年4月发布了"全球产业领军企业分布图谱(2022)"。该图谱重点呈现全球158个产业的632家领军企业以及中国150个产业的584家领军企业。如果把这些企业比喻为全球产业奥运会和中国企业全运会的获奖企业,那么冠军企业的国别前三名如下:第一名为美国,其冠军企业和获奖企业全球占比为49.4%和44%;第二名是中国,其冠军企业和获奖企业全球占比为14%和16%;第三名是日本,其冠军企业和获奖企业全球占比为11.4%和8.4%。这就比较准确地反映了企业发展与国力强盛的关系。

(二)英、德、美、日四国现代化企业发展与国力强弱正相关

世界各大国的崛起与其现代化企业的崛起密切相关,完全成正相关关系。现代化企业在各个国家经济中的地位是十分显著的,作用是十分重要的。

1. 英国

(1)现代企业的涌现,把英国推到强盛的顶峰

英国是第一个孵育出现代企业(当时的企业数量、规模、技术水平与现在的企业不能相提并论),并由其将自己推向世界顶峰的国家。英国之所以曾经成为殖民地遍布全球的"日不落帝国",正是由于它率先建立了现代企业,并用它敲开现代世界的大门。

18世纪下半叶,第一次工业革命在英国发生。蒸汽机被广泛使用,机器生产逐渐代替手工劳动,工厂制逐渐代替手工工场,生产技术有了质的飞跃,应用大机器生产的现代企业逐渐产生和发展。现代企业先在棉纺织行业出现,随后逐步出现在采煤、冶金等工业部门,以及交通运输部门。

19世纪40年代，英国完成工业革命，成为世界上第一个工业国家。那时，英国遍地是工业企业，"乡村建起了灰暗的厂房，城镇竖起高耸的烟囱，工厂里回荡着机器的轰响，高炉前喷发出铁水的光亮。工业已成为国家的命脉，人们靠工业，而不靠农业生存"（摘自钱乘旦、许洁明的《英国通史》）。工业企业的发展和壮大，使英国成为"世界工厂"，也把英国推上了世界工业霸主的地位。据统计，1850年，英国生产全世界60.2%的煤、50.9%的铁，加工全世界46.1%的棉花；1860年，英国生产世界工业产品的40%~50%、欧洲工业产品的55%~60%，对外贸易额占世界总额的40%。交通通信方面的成就也巨大：1830年，累计开凿的运河长达4000千米；造船吨位居世界首位；1870年，铁路修建的总里程已达25000千米；还敷设一道横越大西洋直通美洲的电缆。英国人口占全世界人口的2%，现代工业生产能力却与世界其他国家的总和相当。随着经济实力的增长，英国疯狂扩张和兼并殖民地，1876年英国已拥有2250万平方千米的土地和2.519亿人口。

从19世纪70年代开始，英国逐渐丧失世界工业垄断的地位。1870年前后，欧美各国逐步开始第二次以电气化为特征的工业革命，推动了电力、石油、化工、汽车等新兴工业企业的创立和发展。美国、德国等国家的新兴工业企业，使用更为先进的设备，出现跳跃式发展，迎头赶上了英国。19世纪80年代，美国工业产值超过英国；20世纪初德国超过了英国。英国滞后的原因十分复杂。其中，值得注意的是企业家丧失了创新进取的精神。他们陶醉于成功、沉迷于胜利，在英国贵族文化的影响下，追求宁静、安逸、享受，守旧，不思进取。首先，他们在取得领先地位后，没有重视技术发明，没有持续创新，没有对企业的技术设备更新换代，只是对旧体制、旧技术修修补补；其次，没有及时调整经济结构，仍然以棉纺、煤炭、钢铁和造船为支柱产业，迈向新兴产业的步伐迟缓。企业发展滞后，不可避免地使英国在世界性的竞争中处于被动局面，逐渐落后于美国、德国等后起之秀。即使如此，英国由于有着雄厚的基础和实力，仍在逐年扩张，它的殖民地到1914年增加到3350万平方千米，人口增长到3.935

亿人，成为真正的"日不落帝国"。

（2）两次世界大战后，大英帝国全面瓦解

第一次世界大战中，英国元气大伤。商船损失了70%，海上霸权不复存在，丧失了在航运、金融和出口贸易方面的领先地位。战后，大英帝国开始瓦解。1929—1932年的世界经济危机又给英国沉重的打击。第二次世界大战期间，英国损耗25%以上的国民财富，商船吨位减少28%，进一步加快英国衰落的进程。二战后，殖民地民族解放运动高涨，到20世纪60年代中期，英国殖民体系土崩瓦解，"日不落帝国"陨落。

（3）现代化企业发展乏力，英国跌出世界一流国家行列

第二次世界大战中，除美国以外，不少国家经济均遭到严重打击，但它们，包括战败国德国和日本，均在短时间内迅速恢复，并呈现出高速发展的势态。而英国经济发展十分缓慢。1950—1980年，英国工业年均增长率只有2.1%，大大落后于美国、法国、日本等。其工业产值在西方发达国家中所占比重，1950年为8.6%，1980年下降到4%。英国跌出世界一流大国行列，从经济角度来说，有两个重要原因。

一是英国企业本身发展动力低下。具体表现：企业的固定资本投资增长率低，设备更新缓慢，劳动生产率增长速度慢；企业结构中创造价值的物质生产部门比重下降；企业界轻视对科技的开发利用，科技研发投入不足，对国外技术的引进比较保守，人才流失现象严重；受等级观念、安于现状等保守思想文化的影响，企业经营管理方式落后，阻碍了创新与变革的发展；企业内部劳资矛盾比较尖锐，罢工频繁。此外，殖民体系的瓦解，使英国失去有利的贸易条件，严重影响企业的对外出口，也严重影响企业的发展动力。

二是国家对企业政策摇摆不定，纠缠于企业国有化与私有化之间的斗争。1945—1951年，国家出资购买英格兰银行，接管钢铁、煤炭、电力、公用事业、邮政、通信、铁路、民用航空等部门。1964年，把公路运输的骨干企业、部分港口和机场收费站收归国有。1975—1979年，继续扩大"夕阳工业"的国有化范围，并推进对新兴工业与高科技产业的国有化试

验。同时，政府成立英国国家石油公司，直接参与开发北海油田。1979年，英国国有企业产值占国内生产总值的比例超过10%。1979年，撒切尔夫人担任英国首相，开始有计划、有步骤地推行私有化。1992年，英国46家大型国有企业实现了私有化，超过全部国有企业的60%。此后，英国政府继续推行经济自由化方针。1997年，国有企业在国内生产总值中的比重下降到1%以下。2008年，西方国家面对严重的金融危机，先后陷入经济衰退，英国政府不得不出手干预，对一些银行实行国有化或部分国有化。经济情况转好后，继续实施私有化，除了伦敦市政交通、核燃料工业和民用航空事业外，国有企业所剩无几。第二次世界大战后，英国部分企业在国有化和私有化之间摆动。英国经济在这种摆动中蹒跚前行，时好时坏，总体上，其发展慢于西方其他国家。

目前，英国虽然无法与鼎盛时期相比，但是它拥有不少世界知名企业，如：能源领域的壳牌石油公司、英国石油公司、英国天然气公司和英国国家电力公司，日用化工领域的联合利华公司，制药领域的葛兰素史克公司和阿斯利康公司，航空航天和防务领域的英国宇航系统公司和罗尔斯·罗伊斯（Rolls-Royce）公司（航空发动机生产巨头），烟草领域的英美烟草集团和帝国烟草集团，零售业的乐购公司，银行业的汇丰银行、劳埃德银行、巴克莱银行，保险业的保诚保险公司，电信业的沃达丰公司，互联网行业的英国电信公司等。这些企业勉强支撑着英国在世界中的地位。

在《财富》世界500强企业榜单中，2000年英国企业有36家，到2020年下降到22家。这22家企业的营业收入总额为10920.58亿美元，2020年英国国内生产总值为27077.44亿美元，前者相当于后者的40.33%。2021年，英国上榜世界500强企业的数量下降到18家。

2. 德国

（1）现代企业迅猛发展，德国成为欧洲第一强国

1871年1月，统一的德意志联邦国家宣告成立。国内统一市场的形成和

行政、法律制度的划一，为生产力的迅速增长创造了条件。统一后的两三年内，涌现出大量的银行、铁路公司、造船厂等。当时正逢第二次工业革命，其推动了电力、化学、石油和汽车等新兴产业的兴起。德国企业在这样双重有利条件下，迅猛发展。在金属加工、重型机械，以及人造染料、纤维、化肥和各种化学制品等领域，德国企业是欧洲的先行者。

德国的现代大型工业企业主要集中在重型机械（包括电气和运输设备）、化工和五金三个行业。在机械设备制造领域，有科隆的洪堡机械厂、波尔锡希的机械加工厂、汉诺威机械股份公司、柏林机械制造有限公司、奥格斯堡—纽伦堡机械制造公司、好望炼钢股份公司和德意志机械制造公司等，为各种制造行业加工设备，为采矿、铁路、造船、港口等提供机械，并出口国外。在电力机械工业方面，有西门子公司和德国通用电气公司两大巨头。在化学工业方面，有建立在勒沃库森、路德维希港和法兰克福的大型化工厂等，它们主导了欧洲市场。在有色金属加工和钢铁制造工业方面，知名企业有诺伊豪森铝工业公司、五金股份公司、多特蒙德联合采矿公司、西门子—马丁平炉炼钢厂、蒂森钢铁公司和莱茵钢铁公司等。

除了上述领域的大型工业企业之外，德国企业在其他领域也有不俗表现。例如，19世纪80年代建立的大陆橡胶公司，大批量生产汽车轮胎，并迅速占据统治地位。1900年成立的生产人造丝的VGF公司，迅速占据统治地位。在轻型机械领域，亚当·欧宝公司成为德国最大的汽车制造商；路德维格·勒韦公司在19世纪80年代集中生产电气机械、摩托车，以后又生产打字机；1859年创建的从事农业机械生产的海因里希·兰兹公司，向美国企业发起挑战。在消费品生产领域中，啤酒企业表现突出，它们采用先进生产技术，获得快速发展。

1873—1913年，德国的国民生产总值（GNP）翻了三番，在世界工业总量中的比重先后超过英国和法国，居欧洲第一位、世界第二位。德国企业的迅猛发展把德国推上了欧洲第一强国的位置。

（2）现代化企业的发展，为德国挑起两次世界大战提供了经济基础

1914年，第一次世界大战爆发。1916年，德国实行经济全面军事化，

政府加强对经济的控制，一些知名企业家，如西门子、波尔锡希和胡戈·施廷内斯等，成为兵器工业局的成员。战争失败，德国企业的竞争优势被彻底削弱，促使德国企业进行一些改变。一是劳资之间建立合作关系，建立劳资协商制度，实施失业保险计划，提高社会福利等。二是开展合理化运动，不少企业引进科学管理思想和经验，开始管理现代化的实施进程。三是调整产业结构，企业的垄断组织在过去的基础上得到进一步的发展。企业由原先纵向联合结构向横向联合发展。钢铁公司纷纷兼并或收购其他企业，扩大横向规模。例如，企业家雨果·史汀尼成立西门子—莱茵勃—舒克尔特联合体，成为一个集煤矿、炼钢、电气工程公司为一体的集团。在德国，出现托拉斯，如化学工业的法本公司、汽车工业的戴姆勒·奔驰公司、钢铁工业的联合钢厂等。在中小企业中，出现大量的卡特尔（通过协议等方式形成垄断的企业联盟、集团等）。第一次世界大战后，协约国自愿减少德国的赔款，美国贷款进入德国。这一系列的变化，促使德国企业在20世纪20年代迎来短暂的"黄金时代"。1928年，德国的国内生产总值超过1913年的水平。

1929年，世界性的"大萧条"把德国出现的繁荣景象一扫而光。以希特勒为首的纳粹党乘机而起，1933年建立第三帝国。纳粹政府为了重新武装德国和备战，制定了所谓的"新经济秩序"，把一切经济活动包括企业的活动都控制在政府手中。1936年又制订了准备战争的经济计划，重点发展铁矿、合成橡胶、合成石油、合成纺织、生产炸药用油和脂肪，以及有关军事装备的产业。这个备战计划为企业带来很多生产合同。戴姆勒·奔驰、克房伯、机械巨头MAN、莱茵姆托、宝马、亨斯切尔等有关企业的生产规模迅速扩大。第二次世界大战中，德国企业与军国主义紧紧捆绑在一起，深深地卷入战争旋涡，经济结构发生重大变化。经济重心由大型的原材料工业（如钢铁、煤炭）向成品工业转移，如汽车、发动机、航天（战斗机和火箭）、机器零部件、机床、电子产品、雷达等。由于战争需求的刺激，二战期间，德国企业依然高速发展。1945年，德国工业生产能力比发动战争时增加20%；1936—1942年的"资本积累"，在战争临近结束时仍然基本完好；德国工人的技术和企业的组织能力也未受到破坏。

（3）现代化企业重新出发，让德国在战争的废墟上迅速站起来

根据《雅尔塔协议》和《波茨坦公告》，德国战后要根据非军事化、非纳粹化、非工业化和民主化原则进行改造。"非工业化"原则规定：大规模拆除未遭到战火摧毁的工业设施，以充赔款；工业发展应降到1932年的水平。其中，汽车工业降到20%，机械制造业降到11%，重型机床降到31%；钢铁生产不得超过580万吨。禁止生产任何武器，禁止生产滚珠、轴承、拖拉机、镁、铝、无线电通信器材、远洋船舶和民用飞机等。

第二次世界大战结束后，德国一分为二，苏联占领区成立德意志民主共和国（简称"东德"），美、英、法占领区成立德意志联邦共和国（简称"西德"）。

在西德，美、英、法出于世界政治冷战格局的考虑，不仅放弃"非工业化"政策，而且实施旨在复兴欧洲的"马歇尔计划"，多方面扶持西德经济的发展。与此同时，西德政府制定重建设、重投资、重集中、重联合的方针，努力重建国内外经济秩序。成立各种组织，鼓励各部门、各地方给企业提供支持；改善劳工关系，让劳工参加国家经济决策；重新建立银行体系，让银行在工业领域发展重要作用；等等。当时，西德制造业继承了原来德国工业经济遗产的大部分——钢铁的93%、机械的68%、化学的65%的制造能力，以及其他方面的制造业基础——具有工业生产经验和技术的劳动力、现代交通运输和电子通信业的基础、合成材料化学革命的科研基础，以及科研技术人员的高科技知识和创新思维等。在内外各种因素的促进下，西德企业迅速甩掉历史包袱，重新启航。20世纪50年代到60年代初期，西德工业生产年均增长率高达11.4%，一跃成为仅次于美国的西方工业大国。第二次世界大战后，西德仍以机械加工、电机工程、光学等精密仪器传统制造业为主，同时发展能源、汽车、化工、制药、电子和信息产业等新兴产业，西德制造业的发展进入黄金时期。1950年到1979年的年均增长率，化学塑品生产达到16.8%，化学纤维工业为10.6%，矿物油加工业为10.4%，车辆制造业为9.4%，电气和电子工业为8.8%。在世界市场

中，西德的金属加工机械占比40%，运输设备机械占比24.3%，建筑机械占比20%以上，超过美国和日本，居世界第一位。在国际汽车市场竞争中，西德由进口国变为出口国，汽车大量出口美国，技术获得好评。戴姆勒·奔驰公司在高级汽车市场占有一定地位，通过兼并联合和多样化经营成为国际性的汽车、航空和电子制造业巨头。宝马汽车公司也走上多样化、国际化的道路。

在东德，苏联严格实行"非工业化"政策。一方面，按照国际协议，整个德国战争赔款的98%给苏联，2%给美国、英国、法国。所以，西德支付2%的赔款。为此，截至1948年年初，东德共拆除1900家工厂；1945年到1953年，苏联占领当局拆迁和取走产品的总价值为300亿美元，是赔款额的三倍。这给东德制造业的恢复和发展带来较大影响。另一方面，德国原有的比较雄厚的工业经济遗产，由于分布地域的因素，绝大部分由西德继承，给予东德的只是一小部分。这两个因素，客观上决定了东德经济的恢复、发展在资源上不及西德。同时，东德经济沿着计划经济轨迹发展，制造业的加工和生产主要以国有企业和联合企业为主体，缺乏市场活力，影响其发展进程。即使如此，东德企业在这一时期，还是有显著发展的。东德企业主要以制造为主，而且偏重重工业。由于历史原因，其机床制造企业拥有设计和制造数控机床、加工中心、加工单元等的丰富经验。它们制造出许多大小各异、自动化和连锁程度不同的柔性加工系统。20世纪60年代，东德还开始发展半导体产业。在缝纫机、机床、光学和精密仪器、钢铁生产领域，东德都占有一席之地。因此，东德与西德一样，继续了传统工业化的繁荣，涌现出一批技术一流的世界知名公司。

1990年，德国实现民族统一。此后，其与美国、英国转向服务行业不同，仍坚持以生产型产业为主的产业模式。同时，根据经济发展规律，充分考虑德国的实际情况，进行结构转型。例如，德国政府和企业共同将环保产品和技术作为新的增长点，逐渐形成一个新兴的、有竞争力的环保产业。

德国在很短的时间里，迅速成为综合国力强大、在国际政治经济舞台上不可缺少的国家。主要原因是：德国企业界有一个很大的特点，就是一旦它们决定进入一个新的领域或者采取新的战略方针，它们就会不惜一切坚定地走下去。德国一直坚持以制造为主的战略决策，把自身打造成制造王国。德国拥有登峰造极的制造业，特别是机械制造业和汽车业。它们一直把质量放在第一位，产品的商标、品牌有口皆碑，成为德国强大的基石。因此，那些在19世纪末对德国经济发展发挥重大作用的企业仍然强大，今天大部分德国企业在20世纪初就是经济舞台上的主角。

在《财富》世界500强企业榜单中，2000年，德国上榜企业有34家，上榜企业数量居世界第五位；2020年减少到27家，2021年为28家。主要企业有：汽车领域的大众公司、戴姆勒股份公司、宝马集团，医药领域的拜耳集团、菲尼克斯医药公司，钢铁领域的蒂森克虏伯公司，银行保险领域的安联保险集团、慕尼黑再保险集团、德意志银行、德国中央合作银行，通信、邮政领域的德国电信公司、德国邮政敦豪集团，还有西门子公司等。2020年，27家企业的营业收入总额为18418.78亿美元，德国国内生产总值为38060.6亿美元，前者相当于后者的48.39%。2020年德国经济位居世界第四位。

3. 美国

（1）现代企业跳跃式大发展，美国迎来"镀金时代"

1860年到1898年，被誉为美国的"镀金时代"。1861年南北战争后，工厂制取代家庭手工作坊制，美国的工业企业迅速发展。与此同时，美国进入第二次工业革命：1876年亚历山大·贝尔研制成功世界第一部实用电话机；1879年托马斯·爱迪生研制成功世界上第一只白炽电灯泡，继而又发明了发电机，促使纽约建立世界上第一个中心发电厂；1886年，乔治·威斯汀豪斯改进交通直流变电和高低压变电等应用技术，为电力长途输送与广泛应用打下了坚实的基础。以电气化为中心的工业革命，推进了美国工业化的进程。从1860年到1898年，美国工业企业实现跳跃式大发展，迅速赶上并超过英国、法国、德国等老牌欧洲国家工业企业。1894年，美国的工业产值已接近世界总产值的三分之一，跃居世界第一位，成为世界第一工业大国。1899年，美国生铁产量占世界总量的三分之一，钢产量占43%。20世纪初，美国已经形成完整、独立的工业体系，大企业占据主导地位，巨型企业生产86%的矿产品和三分之二的工业品。

（2）垄断企业迅速发展，美国崛起并迈入一流强国行列

1898年到1945年，美国崛起成为世界一流强国，全球扩张，并逐步取代英国成为新的世界霸主。

这一时期，垄断企业迅速发展，取代中小企业成为美国的主导力量。早在1882年，美国就出现第一家企业托拉斯——美孚石油公司。它掌控全国90%的石油。接着，诸多行业出现托拉斯。1900年，三家人寿保险公司拥有全美同业资产及保单的50%以上。美国钢铁公司控制美国60%的铁路、66%的钢铁生产和50%的钢铁预制品。1904年，七家托拉斯握有美国三分之一的资金。1910年，四家铜业托拉斯生产了全美75%的铜产品。1913年，福特汽车公司生产了全美50%的汽车。20世纪初，美国最有实力的八大财团形成：摩根财团、洛克菲勒财团、库恩—罗比财团、梅隆财团、杜邦财团、芝加哥财团、克利夫兰财团和波士顿财团。与此同时，美国踏上对外扩张的道路。

第一次世界大战期间，美国大发战争财，成为世界最大的债权国，金融企业迅速发展，纽约取代伦敦成为世界最大金融中心。美国成为世界上举足轻重的一流强国。战后，在政府号召下，美国汽车工业企业加快发展步伐，1929年汽车年产量飞升到480万辆。汽车普遍进入寻常百姓家，美国名副其实地成为"车轮上的国家"。

1929年的经济大萧条使美国经济从"永恒的繁荣"陷入空前危机。美国银行倒闭5700多家；企业关闭10万余家，生产骤减80%左右，失业人口达到1700多万人；进出口贸易量减少50%以上。1932年，罗斯福总统实施新政，大力兴办公共工程，刺激经济复苏，缓解失业压力。1936年，工业产量翻了一番，国民收入增长50%。曾经负债累累的大公司不仅扭亏为盈，还获得丰厚的利润。

第二次世界大战期间，军火的巨大需求又一次刺激了美国企业的发

展。国民生产总值从1939年的910亿美元增加到1945年的2136亿美元。战后初期，美国的工业总产值占世界工业总产值的三分之二。美国生产的煤炭和石油占世界总量的62%、钢占比61%、发电量占比48%、汽车占比84%，电冰箱和洗衣机占比85%。其外贸出口额占比三分之一，黄金储备占四分之三，民用飞机拥有量占84%。在全球经济中，美国居于无可匹敌、绝对优势的地位。1944年，军需生产占生产总量的比重达到40%，极大地推动美国军工企业集团的发展。它们为美国军事霸权打下坚实的基础。1945年，美国拥有1.5万架远程飞机，几乎完全垄断世界洲际空中运输；拥有380万吨舰艇、484个海外美军基地，海军力量跃居世界第一；独家拥有原子弹生产技术。

（3）高科技的新兴现代化企业不断涌现，维护着美国的世界霸主地位

第二次世界大战后，日本、欧洲国家在美国的扶持下迅速崛起，对美国构成了威胁。从1965年开始，美国对日本的贸易首次出现逆差。此后，整个对外商品贸易出现逆差，而且逆差上扬速度极快。这迫使美国对日本等国家实施打压措施，美国企业也不得不进行大规模的管理改革、技术改造和产品创新。1994年，美国重新成为世界最具有竞争力的国家，并在钢铁、汽车、半导体、电子设备和元件、计算机及其软件、通信技术、化工、药品等行业处于领先地位。美国钢铁企业是全球钢铁业的技术革命中心。汽车企业的产量占全球第一。在高科技领域，美国企业掌握着尖端的微处理器市场，占据了全球半导体市场43%的份额。美国完备的科技创新体系和发达的教育系统，又为美国制造业的振兴和发展提供源源不断的动力，使美国的霸权地位屹立不倒。

第三次工业革命后，高科技企业不断涌现。进入21世纪，移动互联网、大数据、3D打印、合成生物、机器人技术、智能电网等出现，给全球经济带来革命性的影响。美国在这些领域处于领先地位。截至2022年，在世界经济中，美国仍排名第一。

在美国企业的发展中，除了工业企业以外，农业企业的发展成就同样值得圈点。美国是个移民国家，建国初期就规定西部土地为美国全体人民

的土地，并通过低价出售、无偿分配、赠送等方式将土地大面积地转让给广大农民和退伍军人，无形之中瓦解了自给自足的小农经济，商品经济大规模地主导美国农业。经营商品粮、畜牧产品、奶牛产品、棉花烟草、饲料作物、蔬菜水果等农场拔地而起，经营规模不断扩大。1997年，美国每个农场平均占地471英亩（1英亩=4046.86平方米）。全国年产值在1000万美元以上的农场有206万个。由于经营方式规模化、机械化、电气化、科学化，以及政府的扶助，美国农业企业的生产效率极高，农业实力雄冠全球。美国从事农、林、牧、渔业的人口仅占全美就业人口的0.7%，却能满足美国3亿多人口的食品需要，还富余三分之二的农产品对外出口。

此外，美国的金融业、交通运输和通信业都领先其他国家。

美国的企业结构是以大型企业为主导的，大型企业是美国强大的基石。据《财富》杂志发布的美国500强企业排行榜，2020年上榜企业的营业收入为137630.78亿美元，相当于2020年国内生产总值（209366亿美元）的65.74%。2021年美国500强企业的营业收入总额达到160896.10亿美元，相当于美国2021年GDP总量229961亿美元的69.97%。500家企业的总市值达36.95万亿美元；总利润为1.84万亿美元；全球员工总数为2970万人。

榜单中前十名的企业为：沃尔玛、亚马逊、苹果公司、CVS Health公司、联合健康集团、埃克森美孚、伯克希尔-哈撒韦公司、Alphabet公司、麦克森公司、美源伯根公司。它们总营业收入达3.3万亿美元。500家上榜企业的平均年龄为83岁，其中4家企业成立于18世纪。

美国的这种领先，依赖于科技实力，尚可维持一定的时间，但已显露颓势。在《财富》世界500强企业榜单中，2000年美国企业184家，2001年增加到198家，此后，逐渐减少，2022年降到136家。

4. 日本

日本后来居上，力赶英、法、德、意等国家，在世界上曾经仅次于美国。日本与英国相似，也是岛国，国土面积37万多平方千米。日本缺乏资源，还经常发生地震、火山爆发和台风袭击等自然灾害。

（1）现代企业三次发展高潮，把落后的日本改变为列强之一

1868年，日本实行明治维新。1871年12月，日本派遣使节团，先后访问美国、英国、法国、比利时、荷兰、德国、俄国等12个国家，历时22个月。回国后，使节团根据考察所得，特别是德国"铁血宰相"俾斯麦的"以实力求强权"的观点，提出"文明开化""殖产兴业""富国强兵"三大政策。这奠定了日本在第二次世界大战结束前把发展工业、振兴经济和实行军国主义作为国家强盛相辅相成、不可缺少的两根支柱的基础。从明治维新到第二次世界大战，日本有三次兴办企业的高潮。

第一次是在"殖产兴业"政策确定后到1885年，明治政府通过财政支出、发行国债、改革税费、发行纸币等办法筹集资金用于殖产兴业。与此同时，大力鼓励和支持民间资本兴办企业，用财政支出为它们发放大量的补助资金。私营企业蓬勃发展，涌现一批像三井、三菱这样的大型企业。

第二次是在甲午战争后，日本用从中国掠夺到的大量财物和索取的巨额赔款，掀起了兴办企业的新高潮。1894年，日本有各种公司2900家，1898年猛增到7000多家。重工业发展显著。1897年，日本第一个大型冶金企业——八幡钢铁厂建立起来，投产第一年的钢铁产量就占日本国内总产量的53%，钢材产量占82%。

第三次是在第一次世界大战期间。当时，日本趁欧美列强忙于战争、无暇东顾的有利时机，一方面在远东和太平洋地区大肆扩张，趁机大发战争横财，另一方面在国内掀起又一次投资热潮。1914—1919年，企业投资额由25亿日元增加到400亿日元，公司总数由17000家增加到26280家，工业总产值由134亿日元增加到654亿日元，形成东京—横滨和大阪—神户两大工业带。造船业和海运业迅猛发展，1918年造船总量比第一次世界大战前增加近六倍，排名从世界第六位上升到第三位。国际贸易迅速发展，1919年日本的出口额比战前增加了25倍，一改多年的入超为出超，黄金储备急剧增多。

三次企业发展高潮，把日本从一个封建落后的国家改变为与欧美列强并起并坐的国家。20世纪30年代，在三次企业发展高潮中建立起来的企

业，其产量在全世界总产量中占有一定地位。这成为日本军国主义发展的经济基础，使其敢于发动对中国的全面侵略战争，继而发动太平洋战争。

（2）企业重新起飞，使日本成为仅次于美国、中国的世界第三大经济体

第二次世界大战，日本战败，1945年8月宣告投降。当时，国土一片废墟，企业近90%的生产设备被摧毁。美国对日本采取弱化的占领政策，解散财阀，日本企业前景渺茫。1948年，由于东西方冷战，"美国要把日本变成远东兵工厂和防止共产主义堡垒"（美国陆军部长罗亚尔在旧金山的发言），弱化的占领政策调整为扶植政策，促进了日本经济的恢复。此后，日本企业的恢复和发展经历三个阶段。

第一阶段是1948年到1955年，这是战后经济恢复阶段。1948年美国对日本实行扶植政策，不仅对日本开放市场，还为日本企业提供技术与资金。1950年6月爆发朝鲜战争，以美军为首的联合国军持续地向日本发出大量的物资订单，极大地改变了日本企业的处境。它们抓住机会，更新设备，引进美国企业的先进经营方式和质量管理制度，并利用战时积累的技术和经验，取得了显著成效。1955年，日本人均国民生产总值超过1940年的水平，结束了战后恢复时期，为今后经济起飞、进入高速增长时期奠定基础。

第二阶段是1956年到1973年，这是日本企业重新起飞、高速发展时期。首先，美国继续加强对日本的扶植，通过世界银行为日本的一些主干企业投入大量资金，激活这些企业。其次，美国放宽对日本经济的管控，实行自由化方针。1956年前后，日本先后加入联合国、关税及贸易总协定（GATT），重新回归国际社会，为日本经济发展创造有利条件。日本政府顺应历史，实施自由化政策：一方面，为企业进入国际市场打开方便之门；另一方面，国外资本大量进入日本。国外企业和产品大量涌入，使竞争力相对薄弱的日本企业压力骤然增大。但是这种压力没有压垮日本企业，相反，它们为了活下去，激发出与国外企业一搏的斗志。日本政府也以"追赶美国、超越美国"为奋斗目标，制订比较完善的计划，调整产业结构，对日本企业进行指导和投资。日本企业加强对技术的研发和应用，

引进欧美先进技术，进行技术的更新换代，不断推出技术新、品质高的产品。同时，改进企业经营管理，特别针对日本长期存在的产品质量差、寿命短的症状，提出以国际标准甚至超越国际标准为目标，大力推行全面质量管理制度（Total Quality Control，TQC），从根本上改变日本产品的面貌。"Made in Japan"不再是粗制滥造的代名词，而成为价廉物美的标签，从而有力地提高了日本产品在国际市场上的竞争力。日本也因此被称为"世界工厂"。再次，日本企业还创立出一套符合日本国情的经营制度和劳动制度：提高企业经营层的权力，确保经营者尽心尽责地经营企业；对员工实施终身雇佣、年功薪资、企业工会三项制度，并强调企业内部平等化，给一线员工更多的自主权，从而保障员工权益，极大地提升了员工的生产热情和主动性。这一系列的政策和措施，加上日本独特的组织能力，大大地推动日本企业的发展和壮大，不仅原来属于财阀的一些被拆分的大企业回归舞台，如三菱、三井、住友等；还出现一大批白手起家的新生企业家和企业，如盛田昭夫和索尼公司、本田宗一郎和本田技研公司、井植三男和三洋电机公司等。在这一阶段，日本企业创造了神话般的业绩。1955年到1973年，日本GDP年平均增长率超过9%。1968年，日本GDP超过西德。1979年前，日本的电视机等家电产品的普及率超过美国；现代化设备和生产管理也超过美国。1980年，日本生产的汽车超过1100万辆，占有世界市场28.7%的份额，取代美国成为世界第一汽车生产大国；出口汽车接近600万辆。上榜世界100强企业的日本企业，1955年有3家，即八幡制铁、富士制铁和日立制作所，1975年增加到12家。其中：钢铁企业4家，电机企业3家，汽车企业2家，机械企业、石油企业、化学企业各1家。它们在日本经济高速发展前期发挥牵头作用。

第三阶段是日本企业在重重阻碍下平稳发展时期。日本企业的高速增长严重冲击了美国企业的地位。面对"日本第一"的局面，美国政府不能无动于衷。首先，制造贸易摩擦，对日本施加政治压力，迫使日本做出自我限制出口美国的规定，减少对美国的贸易顺差。这种摩擦先后出现在纤维、钢铁、彩色电视机、汽车、半导体等行业，给日本企业的发展造成了实实在在的障碍。继而，改变专利政策，不仅强化美国企业的专利保护，遏制日本及其他国家企业的发展势头，还为拥有专利的美国企业带来丰厚的收益。1985年9月，美国、日本、西德、法国、英国五个国家在纽约广场饭店举行会议，就联合干预外汇达成共识，签订著名的《广场协议》。日元被迫大幅度升值，陡然增加了日本产品出口的难度。所有这些都给日本企业发展造成严重阻碍。俗话说，危中有机，化危为机，日本企业印证了这一点。针对专利问题，日本加强了原创性技术的研发，1995年日本的专利数量超过美国。虽然日元大幅度升值，日本产品出口的竞争力明显下降，但是增强了日本的资本实力。日本企业不仅在国内进行资本运作，而且开始向国外输出资本。1986年后，日本企业掀起海外并购高潮。并购中虽然问题频出，但是壮大了日本企业，增强了日本经济。与此同时，日本企业向海外进军，走国际化道路，一些企业成长为世界性企业。

日本企业由于坚持不懈地努力，取得了长足的进步，这也是当时日本成为世界第二大经济体的原因之一。1995年，《财富》首次公布世界500强企业排行榜，其中日本企业149家，数量仅比美国少2家，但日本企业的销售总额为38057亿美元，远远超过美国企业的29394亿美元，而且日本企业有41家排在百强内，并且占据第一位到第四位。这真正证明了美国哈佛大学教授傅高义预言"日本第一"的说法（1979年傅高义出版图书 *Japan As No.1*）。这149家企业几乎覆盖所有行业，其中59家是流通行业企业，65家是工业企业，其他为交通运输等公共服务企业和土木建设企业。

1995年后，日本企业上榜《财富》世界500强企业榜单的数量有所减少，2000年为104家，但仍保持第二的位置，2011年被中国超越。2020年，世界500强企业中，日本有53家，2021年减少到47家，均位居第三。2020年进入世界500强企业的53家日本企业的前十五名为：丰田汽车公司、本田汽车、三菱商事株式会社、日本电报电话公司、日本邮政控股公司、日本伊藤忠商事株式会社、索尼公司、日立公司、日本永旺集团、日本生命保险公司、三井物产株式会社、日产汽车、第一生命控股有限公司、松下公司、丸红株式会社。2020年入榜的53家企业，营业收入总额为

2.94万亿美元,当年日本国内生产总值为5.05万亿美元,前者相当于后者的58.22%。日本上榜世界500强企业的数量和排名位次的变化,基本反映出日本经济的状态。从国内生产总值来看,中国2010年超过日本,成为世界第二大经济体,日本居第三,其后两国差距逐渐拉大。

上述四个国家的企业兴衰史,不仅是四国的经济发展史,也是四国国力强弱的变化史。

首先,从四个国家企业的发展总体来看,企业整体的兴衰与国家的强弱成正相关态势。国家政治形势的变化、政策的改革,特别是科技的进步,推动现代企业的发展、壮大。现代企业的出现和崛起,又极大地推动了社会经济的发展,使国家走上兴盛、强大的道路。而现代企业的发展和壮大,不论在开始阶段,还是在整个发展过程中,都离不开国家的正确引导和强有力的扶持。

其次,从各国上榜《财富》世界500强企业的数量及其营业收入与国内生产总值比例的变化来看,值得注意的有以下三点。

一是,自2000年以来,美国、日本、德国、法国、英国的上榜企业数量不断减少,主要原因是中国上榜企业数量的迅速增加。上榜的中国企业数量赶超这些国家的进程基本与赶超这些国家国内生产总值的进程一致。这说明中国现代化企业的发展标志着中国经济的崛起。

二是,四个国家上榜企业的营业收入总额与当年的国内生产总值比较,比例都很高。2020年,英国为40.27%,德国为48.39%,日本为58.24%,美国为46.1%,中国为60.61%。2020年,美国500强企业的营业收入总额接近该年国内生产总值的70%;中国500强企业的营业收入占比国内生产总值的88.63%。这说明大型现代化企业在国家经济中居于举足轻重的地位。

三是,各国的上榜企业数量的多寡与该国的世界经济地位基本一致。2020年,世界500强企业中,中国有135家(不包括台湾地区),美国有122家,日本有53家,德国有27家,法国为26家,英国有22家;2020年美国的国内生产总值为20.94万亿美元,中国为14.72万亿美元,日本为5.05

万亿美元,德国为3.81万亿美元,法国为2.6万亿美元,英国为2.71万亿美元。两者的排名基本一致。中国上榜企业的数量虽多于美国,但中国企业核心竞争力与盈利能力与美国企业比较,还有差距。这说明,企业不仅要做大,还得做强、做优。

以上所述明确告诉我们:中国要全面建成社会主义现代化强国,需要千千万万家现代化企业崛起。

二、中国现代化企业的重要作用日益明显

中国需要建立千千万万家现代化企业，特别是现代化大企业。这是改革开放应有之义，是中华民族伟大复兴、全面建成社会主义现代化强国的重要使命。

改革开放后，中国现代化企业从无到有、从小到大、从少到多、从弱到强，取得了举世瞩目的成就。它们是中国国民经济发展的动力，也是基础。它们的发展，与国内生产总值的增长紧密相连。

根据美国《财富》杂志公布的世界500强企业排行榜，中国企业进入榜单的，1994年只有3家；2001年，中国加入世界贸易组织，同年进入世界500强企业榜单的中国企业有11家。同年，《中华人民共和国国民经济和社会发展第十个五年计划纲要》指出，要形成一批拥有著名品牌和自主知识产权、主业突出、核心能力强的大公司和企业集团。2001年9月10日，国家经贸委等八个部门联合颁发《关于发展具有国际竞争力的大型企业集团的指导意见》，有力推动了中国现代化大企业的发展。此后，上榜世界500强企业的中国内地企业数量（包括总部设在香港的内地企业）逐年增加。2008年为37家（不包括台湾地区，下同），2009年43家，2010年58家，2011年68家，2018年116家，2019年达到121家，2020年又进一步增加到132家，2021年又添一家达到133家。在此期间，中国国内生产总值的增长完全与现代化大企业的发展紧密联系。据2022年《中国统计年鉴》，中国国内生产总值，2000年为10.03万亿元，2008年31.92万亿元，2009年为34.85万亿元，2010年为41.21万亿元，2011年为48.79万亿元，2018年为91.93万亿元，2019年为98.65万亿元，2020年为101.36万亿元，2021年为114.37万亿元。

上述内容如图3所示。

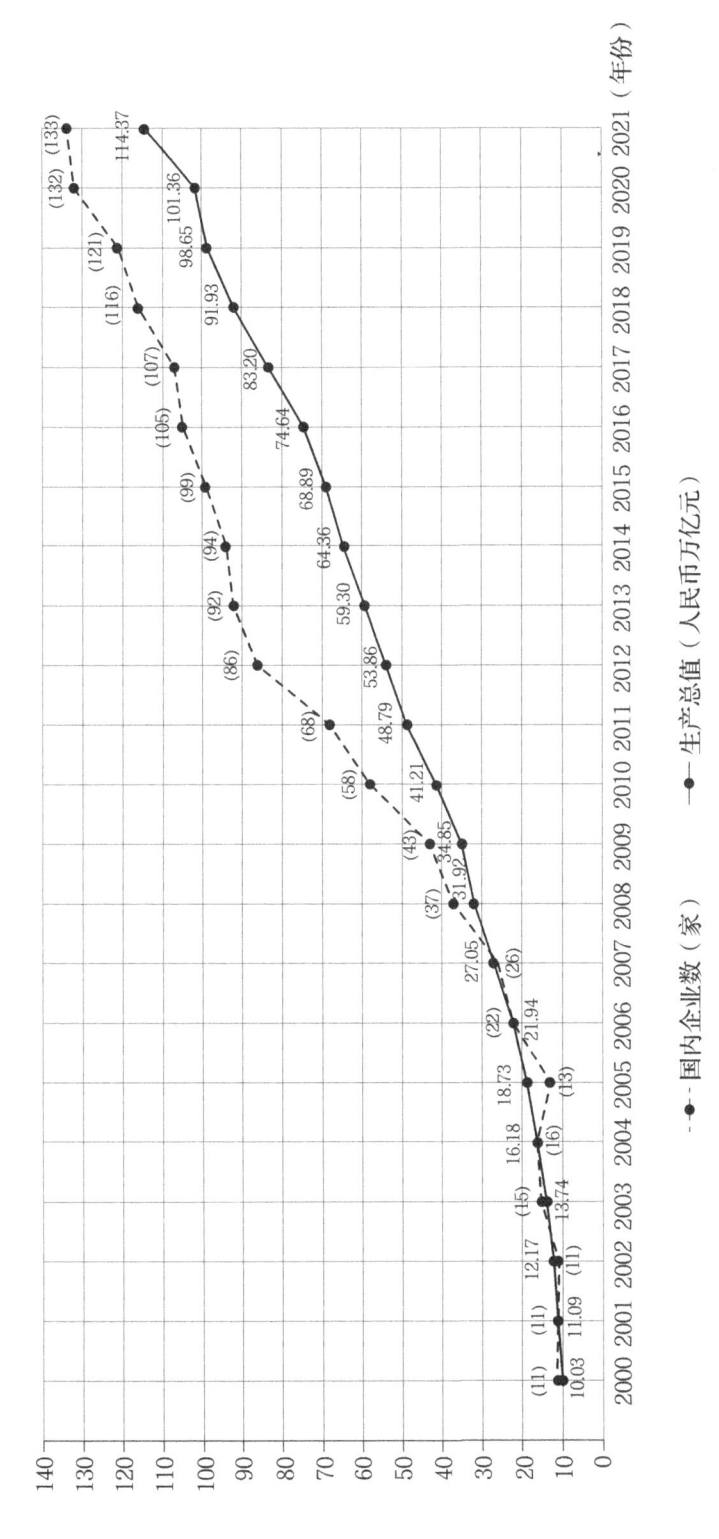

图3 2000—2021年世界500强企业中中国企业数与国内生产总值增长的关系

资料来源：2000—2019年的企业数引自《打造全球竞争力》（企业管理出版社），2020—2021年的企业数来自财富中文网；国内生产总值数据引自《中国统计年鉴2021》。

说　　明：中国企业数为中国内地企业（包括总部设在香港的内地企业）。

从2002年开始，中国企业联合会每年发布中国500强企业榜单。这500家企业是中国企业的佼佼者，其中进入世界500强企业榜单的更是强中之强。它们虽不是中国现代化企业的全部，但它们的情况，足以显示中国现代化企业在国民经济的地位和发挥的作用。

（一）现代化企业的发展极大增强国家力量

1. 中国现代化企业的增长与国民经济体量增长的联系日趋紧密，它们的营业总收入占国内生产总值的比例很高

据中国企业联合会、中国企业家协会发布的数据，2020年中国500强企业的营业收入为89.83万亿元，是国内生产总值101.36万亿元的88.62%。

据2018年的"第四次经济普查"，全国企业资产总额为859.60万亿元，当年中国500强企业资产总额为299.15万亿元，占34.80%。2020年，中国500强企业的资产总额达到343.58万亿元，据相关人员估计，当年全国企业资产总额可能超过1000万亿元，500强企业占全国企业总资产的比重基本保持在35%左右，所占比重不低。

2020年中国500强企业净利润总额为40712.58亿元。当年，全国国有企业（不包括国有一级金融企业）净利润总额为24761.70亿元，工商、农业、建设、中国、交通、邮政六大银行的净利润11382.24亿元，共计36143.94亿元。500强企业的净利润超过全部国有企业。

从以上几个方面，可以看出中国现代化大企业在整个国民经济中处于"顶梁柱"的地位。

2. 现代化企业迅速增长引领整个国民经济的发展

根据中国企业联合会、中国企业家协会发布的中国500强企业榜单和国家统计局公布的数据，中国500强企业营业收入的增长速度起伏很大，总体上看，除了个别年份以外，基本高于国内生产总值（现行价格）的增长速度，发挥了现代化企业的引领作用。"十五"计划时期，前者年均

（2002—2005年）为23.67%，后者为13.35%。"十一五"规划时期，前者年均为21.05%，后者为17.17%。"十二五"规划时期，由于我国处于增长速度换挡期、结构调整阵痛期和前期刺激政策消化期，经济发展进入新常态发展阶段。中国500强企业适应经济形势的变化，化解过剩产能，优化产业结构，处理深层次矛盾，进入调整阶段，增长速度放缓，2014年营业收入只增长4.49%，特别是2015年还出现了负增长，整个五年期间中国500强企业营业收入增长率低于国内生产总值增长率。前者年均为10.65%，后者为10.89%以上。"十三五"规划时期，由于新冠疫情的冲击，2020年500强企业的营业收入只增长4.43%，整个规划期年均增长8.63%，略高于国内生产总值8.07%的增长率。但是，总体来看，这20年，中国500强企业的营业收入增加14.77倍，大大高于国内生产总值（现行价格）增加的9.14倍，更远高于全球国内生产总值增加的2.54倍。

（二）现代化企业对社会发展做出重要贡献

据中国企业联合会、中国企业家协会发布的资料，中国500强企业在四个方面的表现如下所述。

在稳就业方面，2020年中国500强企业就业总人数达到3339.60万人，在全国城镇就业人员46271万人中的占比达到7.22%。如果把这些龙头企业在各产业链、供应链中带动的上下游相关企业都考虑在内，它们在稳就业上的贡献就更为可观。

在税收方面，中国500强企业纳税总额占全国税收总额的比重，2012年达到36.30%，2018年最低也有25.89%。2020年，中国500强企业纳税总额达到4.25万亿元，在国家税收总额13.68万亿元的占比上升到31.07%。贡献是十分显著的。

在技术研发方面，中国500强企业的研发投入持续增长，2019年，共投入10754.06亿元，突破万亿元大关。2020年，投入13066.47亿元，增长达21.50%，占全国企业研发投入总额的64%左右，相当于2020年全社会研发投入约2.4万亿元的54%左右。这明显体现出创新在企业发展中的地位。

在环保方面，中国500强企业中不少企业都自觉践行"绿水青山就是金山银山"的发展理念，节约资源、能源，减少污染排放，积极实现"双碳"目标（力争2030年前实现二氧化碳排放达到峰值，努力争取2060年前实现碳中和），推动企业绿色转型。

（三）中国最主要的若干企业在国民经济中的重要地位

中国企业联合会、中国企业家协会发布的《2021中国企业500强》中前13家企业（也就是被列入世界50强中的13家中国企业）为国家电网、中国石油天然气、中国石油化工、中国建筑、中国平安保险、中国工商银行、中国建设银行、中国农业银行、中国人寿保险、中国铁路工程、中国银行、中国铁道建筑和华为。2020年，它们的营业收入总计17.67万亿元，相当于国内生产总值的17.39%。

无论是从世界主要发达国家的发展历程看，还是从中国发展的实际进程看，千千万万家现代化企业的崛起都是一个国家经济发展、国力强盛的必由之路。那么，中国需要重点培育、壮大什么样的现代化企业？中国现代化企业主要朝哪个方向发展？

中国现代化企业的发展方向和发展力量

建成社会主义现代化强国需要千千万万家现代化企业。中国是一个土地面积达960万平方千米、人口超过14亿的大国，是一个社会主义大国，必须建立独立的、完整的经济体系。因此，各产业部门、各经济领域、各行业，都需要有现代化企业。当前，第一，要探索中国现代化企业是怎么样的企业，重点应向哪个方向发展，在哪些方面重点培育、发展。第二，探索培育、发展中国现代化企业要依靠哪些力量。

为此，首先要认清中国现代化企业的现状，中国现代化企业发展取得的成就与存在的不足。

一、中国现代化企业发展的成就与不足

改革开放后，中国现代化企业的发展是惊人的，成绩是有目共睹的，但毕竟基础差、时间短，当前中国现代化企业发展的总体状况可用八个字概括，即"大而不强，快而不优"。因此，中国企业必须继续努力，不断提高、完善，在扩大规模中"做强（具有强大的核心竞争力、强劲的创新力、强烈的话语权等）"，在快速发展中"做优（具备优质的产品和品牌、优良的服务、优秀的文化和队伍、优越的管理、优化的生态环境、优良的效率和获益能力等）"。在此基础上，再"做久"。这是中国企业应承担的发展责任。

企业向什么方向发展？如何发展？首先，通过比较、鉴别，发现差距，找到自己的不足之处。与先进的比较，与当今世界发达国家比较；与国内实际发展需要比较，找到不能满足发展需求的产业。其次，探求发展规律和发展趋势。这对于确定企业发展方向、目标，明确道路和做法，有着十分重要的作用。以下从三个方面叙述中国企业的成就与不足。

（一）企业门类齐全，但在产业结构中的分布不够理想

1. 从国际比较中看中国企业的强与弱

在《财富》杂志发布的世界500强企业排行榜中，2020年中国企业达到135家（不包括台湾地区），超过了美国上榜的企业数量。但是，必须认清，《财富》是按照营业收入的多寡排名企业，并不能准确地反映企业的总体实力。如果对比总体实力包括控制力和影响力，中国企业逊于美国。在54个行业领域中，美国企业排名第一的有25个，比中国多10个；中国企业所需的核心技术多受美国控制；中国企业平均获利能力只有美国企业的一半左右；等等。中国企业必须策马扬鞭，奋起直追。现代化企业发展上的差距，是两国经济实力尚不对等的因素之一。

（1）进入世界500强企业排名的中国企业在54个领域中的地位和分布

中国企业在多个领域占据领先地位，但在分布结构中还需协调和完备。据《财富》世界500强企业榜单，2020年中国企业入榜数量居世界首位。在54个行业中，中国企业分布在33个行业领域，产业占比61.11%；其中，在15个行业领域中，中国企业位居第一，但优势并不突出。此外，在18个行业中，有中国企业上榜，但不具备优势，需奋起直追。在21个行业中，还未见到中国企业。

这15个行业领域中的中国企业如下：

• 公用设施领域中的国家电网；

• 炼油领域中的中国石油天然气集团、中国石油化工集团分别居第一位与第二位；

• 工程建筑领域中，中国建筑集团、中国铁路工程集团、中国铁道建设集团、中国交通建设集团、中国电力建设集团和太平洋建设集团分列第一位到第六位；

• 建材与玻璃领域中，中国建材集团居首位，安徽海螺集团位列第三；

• 在人寿与健康保险（股份）领域，中国平安保险和中国人寿分别居第一、二位；

- 在银行的商业储蓄领域，中国工商银行、中国建设银行、中国农业银行和中国银行分别居第一到第四位；
- 网络、通信设备领域中，华为位居第一；
- 金属产品领域中，中国五矿集团居首位，中国宝武钢铁集团和中国铝业集团分别居第三位和第五位；
- 房地产领域中，上榜的八家企业全部为中国企业——中国恒大、碧桂园、绿地、万科、融创中国、保利、龙湖、华润置地；
- 纺织领域中，上榜的两家企业都是中国企业——恒力集团和山东魏桥；
- 运输及物流领域中，上榜的是浙江交通投资集团；
- 航天与防务领域中，中国兵器工业集团居首位，中国航空工业集团名列第二；
- 船务领域中，中远海运居首位，中国船舶集团位列第二；
- 制药领域中，华润集团居首位；
- 邮件、包裹及货物包装运输领域中，中国邮政排名第一。

这些居行业领域第一并具有一定优势的中国企业最明显的是房地产业。其次是油、运输、电、钢铁等资源型和建筑、运输、纺织等劳动密集型企业，以及金融业。这些企业之所以领先，主要由于中国经历了大规模的工业化和城市化，与其有关的行业，如金属制品业、房地产业、工程建筑业、建筑材料，以及矿业和能源开采业，迅速崛起，形成一批规模巨大的龙头企业。随着工业化、城市化基本完成，某些企业可能退出榜单（房地产企业2020年进入世界500强的有8家，2021年已减到5家）。

在高端制造业中，华润居制药首位，但它是一家多元化集团公司，其营业收入很大一部分并非来自医药板块。中国兵器工业集团和中国航空工业集团，2020年跃居第一位和第二位，但与第三名洛克希德·马丁的差距不大，地位尚不稳定。真正站稳脚跟而且具有优势的是华为，但是它在国际竞争中面临严峻的挑战。在包装运输领域，中国邮政虽排名第一，但紧跟其后的三家美国公司和一家德国公司十分强势。

除了这15个行业之外，中国企业在其他行业的发展有待加强。例如，在高新技术产业领域，虽然有中国企业进入，但数量不多，排位不高，如电子制造类，包括半导体、电子元件，电子、电气设备和计算机、办公设备。有些领域，还见不到中国企业的影子。例如，计算机软件、信息技术服务及电子、办公设备领域；医疗器械和设备、保健医疗设施、保健药品和其他服务，以及保健保险和管理医保等；还有科学摄影和控制设备等领域。

中国信息和通信技术产业企业上榜的有12家。在这个产业领域，美国及其他发达国家掌握着核心零部件和关键技术，中国企业发展十分艰难。其中真正站稳脚跟而且具有优势的只有华为，但是它的上下游行业，如半导体和电子元件、科学摄影和控制设备、计算机和办公设备等都由美国企业占据第一位，华为在国际竞争中面临巨大的风险和严峻的挑战。

中国的互联网企业取得比较显著的成绩。2021年进入世界500强企业榜单的中国互联网企业有京东集团、阿里巴巴集团和腾讯控股有限公司，它们在榜单上的排名分别由2020年的第59位、第63位和第132位上升到2021年的第46位、第55位和第121位。

（2）中国企业分布的行业结构与美国相比，明显不够理想

美国企业在54个行业领域中占第一位的有25个行业。除了服务业以外，主要优势行业为产业链比较完善的两大块。一是电子制造与信息软件、技术服务。美国占据半导体和电子元件、科学摄影和控制设备、计算机和办公设备三个行业第一，并延伸成为电信、信息技术服务、计算机软件及互联网服务和零售等四个行业的第一。二是医药健康。美国占据医疗器材和设备、保健医疗设施两个行业的第一，并延伸成为保健药品和其他服务、批发保健两个行业的第一。这两大块都有较高的技术含量和产品附加值。

但这两大块是中国企业的薄弱环节。在电子制造与信息软件、技术服务方面，华为为网络通信设备行业领域的第一，电信和互联网服务和零售有企业进入榜单，其他四个行业都见不到中国企业的身影。据清华大学何志毅教授提供的资料：2021年，中国电脑硬件、储存设备及电脑周边全产业40家企业市值之和、营业收入之和与净利润之和，是美国苹果公司2020

年对应数据的11.24%、90.91%和17.54%。医疗健康产业差距更大。除了华润集团、中国医药集团、广药集团三家制药企业外，其他几个行业见不到中国企业的身影。这两大块是中国企业今后发展中需要重点关注、努力追赶的方向。

2. 从国内实际情况看中国企业的强与弱

2020年中国500强企业在各行业领域中的分布状况见图4。

中国企业在各个产业部门中的发展不均衡。

（1）第一产业

中国农业有很大的发展，但基础不稳固。中国某些粮食仍需进口。2021年中国进口的稻谷及大米为496万吨，出口242万吨，净进口254万吨。小麦也需要进口。大豆、玉米、油料等广义粮食则严重依赖进口。

中国农业缺乏现代化大农业企业。2021年，只有中国林业集团和北大荒农垦集团进入中国500强企业行列。根据第六次全国人口普查数据，中国农村人口占总人口的50.32%。西方经济发达国家城镇化比例高，农业人口极大地减少。美国农村人口占比为16.45%，以农为生的人口占总人口的2%，但生产出来的农产品却能够满足美国3亿多人口的粮食需求，而且农产品还可大量出口。做到这些是建立在发展大农业企业、实现规模化经营的基础之上。中国要想解决这个问题，不是一朝一夕做到的，必须另辟蹊径。

种子是农业的"芯片"，它关系到中国人的饭碗。中国水稻育种技术世界领先。其他方面的育种技术薄弱，所需种子基本依赖进口。

（2）第二产业

中国已经有了门类齐全的工业体系，是世界唯一拥有联合国产业分类中全部工业门类的国家。2020年中国工业总产值达到31.31万亿元，占国内生产总值的30.8%。在中国500强企业中，工业企业有274家。220多种工业产品产量世界第一。高铁、电力装备、新能源、通信设备等领域具有一定的优势。但是，总体来说还存在一些问题。

中国现代化企业的发展方向和发展力量

图4 2020年中国500强企业在各行业领域中的分布状况

行业	企业数量（家）
农林牧渔	2
采矿	18
金属制品	83
机械设备	27
计算机、通信及其他电子设备制造	15
交通运输设备	19
药品和医疗设备	6
防务	14
消费品生产	23
食品饮料生产	18
化学品制造	38
电力生产	7
建材生产	6
建筑业	48
房地产业	25
交通运输业	11
邮政和物流	13
电信及互联网通信服务	14
金融业	36
批发贸易	25
零售业	14
综合服务业	7
商务服务	13
公用事业服务	15
旅游餐饮文化娱乐	2
其他	1

资料来源：中国企业联合会、中国企业家协会2021年发布的中国企业500强名单。

采掘业有突出的发展，中国原煤产量居世界第一，2020年产量达39.02亿吨，2021年为41.3亿吨，2022年达到44.96亿吨，但开采成本高（煤炭出矿价66.1美元/吨，是美国的1.7倍）。2020生产原油1.95亿吨，2021年为1.99亿吨，开采成本50美元/吨，是中东地区开采成本的10倍。2020年天然气产量达到1924.95亿立方米，2021年为2075.8亿立方米。2020年，18家采掘企业进入中国500强企业行列。2021年，中国石油化工天然气集团公司、中国石油化工集团公司和中国海洋石油集团公司在世界500强企业榜单中分别居第四位、第五位和第六十五位。但是，这些能源远不能满足国内的需求，2021年进口原油5.13亿吨，支付人民币16618亿元，对外依存度达72%。另外，还进口成品油2712万吨、液化天然气1050亿立方米、管道天然气566亿立方米。传统能源污染严重，亟须发展清洁能源。能源安全已经成为中国国家安全、经济繁荣发展、人民生活改善、社会长治久安的战略问题。

中国制造业已取得巨大成就。它有完备的体系，拥有联合国产业分类中所列全部制造业门类，规模居全球首位。中国生产了全球超过50%的钢铁、水泥、电解铝，60%的家电，70%的化纤、手机和计算机，是全球第一信息产品生产国、全球第一汽车生产大国。在制造业中，金属制品制造业最强，2020年中国500强企业中有83家金属制品企业，但它们是资源型企业，生产的产品多，但多为中低端产品。中国的通信设备领域可以与其他国家一争高下，华为在通信行业中一马当先，但是很遗憾，华为在技术上仍存在被"卡脖子"的短板。在白色家电行业中，中国是世界家电第一产销大国，产品覆盖全球160个国家和地区，用户达20亿以上。2021年出口额达到987.2亿美元。产品绝大多数是依靠自有技术生产的自有品牌，竞争力居全球前列。

但是，总体来看，中国制造业产业基础投入不足，产业链整体处于中低端，大而不强，宽而不深。部分高新技术领域，如计算机、通信及其他电子设备制造业，机械设备制造业，仍受制于人，急待全面加强。电子制造与信息软件、技术服务和医药健康产业，更应奋起直追。中国是制造业大国，"中国制造"名扬天下，但是，在科技含量不高、市场巨大但竞争激烈的消费领域，中国企业仍不够强势，与美国企业的差距较大。据清华大学何志毅教授的分析，中国消费品产业综合系数仅处在美国的50%的水平。在日常消费品产业10个细分行业中40家CR4（四个最大企业占有该相关市场份额）企业中，中国仅有3家企业入围，其中2家是白酒企业。居家用品行业中，中国12家上市公司的综合值是美国宝洁公司的1/18。个人用品行业中，中国全产业32个上市公司的综合值是美国联合利华公司的三成。这暴露出中国企业品牌意识低、经营管理能力不强的弱点，急待改进。

建筑业是中国企业的最强项。2020年，中国500强企业中，48家企业与建筑相关，如果包括房地产25家企业、建材生产6家企业，这一领域共有79家现代化企业。它不仅在中国500强企业中占有优势地位，在世界上，中国的建筑业也遥遥领先。在世界500强企业中，工程建筑领域前六位，都是中国企业；在建材生产领域，中国企业占第一位和第三位；房地产领域的8家企业都是中国企业。

（3）第三产业

中国第三产业内部发展也不平衡。

首先，金融业的发展特别夺目。2020年，金融企业在中国500强企业榜单中有36家。在世界500强企业排行榜中，中国工商银行、中国建设银行、中国农业银行、中国银行分别居第20位、第25位、第29位、第39位，在行业内居前四位；中国平安保险公司、中国人寿保险公司分别居第16位、第32位，在行业内居前两位，而且它们的利润都很高。在世界500强企业利润排名中，中国工商银行、中国建设银行、中国农业银行、中国银行和平安保险公司分别位列第4位、第8位、第9位、第12位和第19位。中国金融类上市公司的利润占全部上市公司利润的一半。金融企业的员工待遇十分优厚，金融业已成为精英人才趋之若鹜的行业。但在世界金融领域，中国金融业还有待发展。

其次，交通运输企业的发展很耀眼。中国的交通基础设施，包括高速铁路、高速公路、机场、港口等的建设已经走在世界前列。在世界500强企业榜单中，中国铁路工程集团和中国铁道建筑集团，2020年分别居于第35

位和第42位。高速铁路、高速公路的高速发展，有其客观因素。一是"要想富，先修路"，交通发展是经济发展的先行官。二是中国高铁技术世界领先，高速公路建设技术也有独到之处，桥梁建设和隧道建设都可圈可点。三是中国钢铁、水泥等建筑材料的生产能力庞大。四是中国劳动力充足。

再次，互联网服务企业的迅猛发展也是值得称道的。根据《财富》的数据，2020年，中国互联网服务企业在世界500强企业中有4家：京东、阿里巴巴、腾讯、小米，分别位居第59、第63、第132，第338，2021年分别升到第46位、第55位、第121位、第266位。2020年，在中国500强企业中，互联网服务企业有8家：京东（位居第15）、阿里巴巴（位居第18）、腾讯（位居第41）、小米（位居第95）、美团（位居第195）、百度（位居第205）、网易（位居第284）、上海钢联电子商务（位居第345）。中国互联网服务企业的发展，极大地改变了人民的生活方式，方便了购物、支付、社交、出行，丰富了人们的业余生活等。它们利国利民，为经济的发展做出了积极贡献。

最后，第三产业在国内生产总值中的比重，西方发达国家在70%以上，美国、日本甚至达到80%左右，2020年中国为54.5%。中国的金融业、交通运输业和互联网服务业是强项，其他服务业尚待提高。第三产业是国民经济的润滑剂，是国计民生必不可少的。它的发展和比重的提高将促进整个国民经济加速、加强发展。但是，这种提高是建立在第一、二产业基础之上，建立在人民物质生活水平、精神生活水平提高的基础之上。因此，它的发展有一个过程，可以根据发展规律对其加以引导，但不能脱离这个基础拔苗助长。实际上，第三产业比重高并不能表明这是高级的产业结构。进入21世纪，以美国为首的西方发达国家纷纷推行"再工业化"战略，实施制造业回流政策，反证了第三产业比重不宜过高。

（4）数字产业

20世纪70年代，曾有国外学者提出把数字产业独立出来列为第四产业，但未被采纳。它在产业分类中仍分别被划入第一、第二、第三产业中。到20世纪90年代，数字经济的概念被提出，并逐渐被接受并应用到实际工作中去。

数字经济是随着信息技术革命发展而产生的新的经济形态。它的发展得益于计算机和互联网两项关键技术。在第三次科技革命中，出现了以计算机为代表的信息处理技术，算力的发展和应用极大地方便了数据的收集、存储、加工和处理。20世纪90年代中期以后，互联网大规模商用，促进了数据的大量生产、交换、流动和集聚。进入21世纪，计算机和互联网的复合应用，产生了大数据、云计算、人工智能、物联网、区块链等新的数据技术，为数据成为生产要素并应用提供了高效的技术支撑。数字经济将成为未来的主导经济形态。2016年G20杭州峰会发布的《G20二十国集团数字经济发展与合作倡议》，明确表述："数字经济是指以使用数字化的知识和信息技术作为关键生产要素、以现代信息网络作为重要载体、以信息通信技术的有效使用作为效率提升和经济结构优化的重要推动力的一系列经济活动。"大体上说，数字经济包括五个大方面：信息网络等数字基础设施建设，数字产业化，产业数字化，公共服务数字化，数字经济治理体系和安全体系的建设。其中，核心是数字产业化和产业数字化。

数字经济是新兴的经济形态，它的发展推动了生产方式、生活方式和治理方式的深刻变革，是经济社会持续健康发展的关键力量。

目前，数字经济在世界各国方兴未艾。美国数字经济的发展略为领先，其他国家基本处于同一起跑线。自20世纪90年代以来，美国在数字领域建立了行业标准，占据了国际市场的巨大份额，具有优势地位，并以此创造一个时期的经济繁荣。欧洲的国家和地区、日本等紧紧追随美国，推进数字革命，产生巨大成效。凭借数字经济后发优势，印度的信息技术在世界范围内具有较大的竞争力。中国以数字技术和国内市场应用为特征，实力强劲，特别是在信息基础设施方面，全球领先。到2020年，中国已建成全球规模最大的光纤和第四代移动通信（4G）网络；第五代移动通信（5G）网络建设和应用正在加速推进。算力基础设施总规模位列全球第二。产业的新业态、新模式竞相发展。电子商务蓬勃发展，移动支付广泛普及，在线学习、远程会议、网络购物、视频直播等新方式被迅速推广，互联网平台日益壮大。

据中国通信研究院发布的《中国数字经济发展报告（2022年）》，2021年中国数字经济规模达到45.53万亿元，占GDP比重达到39.8%。其中，数字产业化规模为8.35万亿元，占GDP比重为7.3%；产业数字化规模达到37.18万亿元，占GDP比重为32.5%。该院发布的《全球数字经济白皮书（2022年）》显示，2021年全球47个主要国家数字经济增加值为38.1万亿美元。其中，中国为7.1万亿美元，占总量的18.6%，仅次于美国。中国数字经济规模已经连续多年位居世界第二。其中，电子商务交易、移动支付交易规模位居全球第一。数字经济作为中国国民经济"稳定器""加速器"的作用十分明显。

2022年福布斯中国和中国电子商会共同发布"2022中国数字经济100强"。在这100家企业中，电子企业37家、计算机企业19家、家用电器企业11家、通信设备与通信服务企业10家、商贸零售企业也就是互联网电商7家，以及游戏、社交、数字传媒企业7家。商贸零售企业和游戏、社交、数字传媒企业虽然都只有7家，但它们市值很高，前者为34131.64亿元，后者为35193.25亿元。这100家企业，总市值为164507亿元人民币，腾讯达到29163亿元，位居第一；资产总额为147818亿元人民币，中国移动有18413亿元，资产总额最高；总营业收入为98953亿元，京东集团以9516亿元居首位；总利润为7326亿元，腾讯母公司净利润为2248.22亿元。它们的营业收入总额接近年度GDP的1/10。排在前10名的企业依次为腾讯、阿里巴巴、中国移动、京东、中国电信、美的集团、工业富联、中国联通、联想集团、小米集团。

部分中国数字经济企业进入世界500强企业榜单，有些还排名靠前。

中国数字经济目前存在的主要问题：关键领域创新能力不足，产业链、供应链受制于人的局面尚未根本改变；数据资源规模庞大，但价值潜力还没有充分释放；数字经济治理体系需要进一步完善；等等。

（二）企业核心竞争力显著增强，但高端核心技术被"卡脖子"

中国企业核心竞争力显著提高，但某些方面还有待增强，特别是核心技术，仍然任重而道远。

核心竞争力是指企业在市场竞争中，具有长期稳定的有别于并胜于对手的独特的优势能力。现代化企业的这种能力是企业以知识、创新为基本内核，有效地掌握某种关键资源（包括内部资源和外部资源，主要是内部资源，其中尤以人力资源最重要）以及调控各项关键能力（主要是技术能力，还有执行能力等支撑能力），并对其融合形成的。核心竞争力关系到企业的兴衰、存亡。

核心竞争力主要由两部分组成：一是软实力，二是硬实力。软实力体现在企业文化和企业经营管理上，将在后文详细论述。硬实力主要是对核心技术的掌握，是核心竞争力的关键。2000年，任正非就说过："只有不断地创新，持续提高企业的核心竞争力，才能在技术日新月异、竞争日趋激烈的社会中生存下去。"

1. 中国企业核心技术显著提高

自改革开放以来，特别是进入21世纪，中国在核心技术方面奋起直追，攻克诸多难关，已经掌握某些领域的核心技术。

有些领域的核心技术可与发达国家相提并论。例如，中国航天科技集团的北斗卫星导航系统实现全球组网、规模应用，与美国的GPS、俄罗斯的GLLONASS导航系统并驾齐驱；阿里巴巴集团的阿里云已经成为全球第三云服务商；"复兴号"动车组整车性能及关键系统技术达到世界先进水平；载人航天环控生保技术也达到世界先进水平；等等。

在某些领域，中国技术处于领先地位。例如，5G实现了技术、产业、应用的全面领先。又如，超级计算机，世界排名前500台计算机中有一半以上出自中国。中国的"天河二号"2013年问世，其计算速度世界排名第一；此后，中国的"神威太湖之光"，又打破了"天河二号"的记录。

又如，量子通信技术，中国已拥有第一颗量子通信卫星——墨子号，建成国际首条量子保密通信骨干网京沪干线。领先的还有新型核电站、人造太阳、FAST中国天眼、空间站、导航卫星、无人机等。新能源汽车和动力电池技术性能总体领先。中国电网有限公司的特高压输电技术，中国铁路工程集团和中国铁道建筑集团的高铁建设技术，中国的超高桥梁技术，中国工程机械中的盾构机、起重机等在技术上也领先世界。

有些领域，中国还可以对西方国家"卡脖子"。2023年年初，中国商务部会同科技部等部门，对《中国禁止出口限制出口技术目录》进行修订，限制出口115项，禁止出口技术24项。其中有三项令人瞩目。一是稀土提炼、加工、利用技术。这项技术中国在全球领先，稀土是"万能之土"，小到智能手机，大到航天飞机、导弹系统、芯片制造都需要稀土。二是光伏硅片制备技术。在太阳能光伏领域，中国的光伏硅片制备技术世界第一，中国生产的光伏组件占据全球75%的市场份额，尤其在硅片领域，市场占比高达97%。三是激光雷达系统。2022年，全球九家头部激光雷达厂商有四家是中国企业，分别是速腾聚创、华为、禾赛科技、大疆，其中速腾聚创和华为包揽前二。

2023年7月，中国商务部、海关总署宣布自8月1日起对镓、锗相关物项实施出口管制。镓、锗属于稀散金属，储量相对稀少。据中商情报网转载美国地质调查局的数据，2022年全球已探明的锗储量仅有8600金属吨，美国、中国分别拥有45%和41%，美国的锗储量虽然比中国多，但出于资源保护、提炼技术难度大等原因，几乎不开采，中国的锗产量占全球的67%以上。镓的探明储量全球共27.93万吨，中国拥有19万吨，占比68%。中国镓的产量占全球的90%以上。镓和锗都是半导体的关键原材料。这些虽然是资源上的管制，但是在技术反制上十分有效，是中国的优势，不仅对其他国家半导体产业的发展产生影响，而且对它们的军事产业和战略性新兴产业也产生重大的影响。

2. 中国企业高端核心技术严重不足

从总体上说，中国在世界500强企业的数量虽超过美国、日本等，但是对核心技术的掌握与西方发达国家相比，还有一定差距，在高精尖领域的差距十分明显。即使是在最有明显优势的建筑领域的中国企业，其上游的建筑与农用机械制造行业依旧由美国企业主导。即使是在网络和通信设备行业中世界领先的华为，其上下游的产业也受美国企业的控制。

目前，中国部分领域的核心技术没有掌握在自己手中，依赖进口，因而必须使用这些技术的相关产业出现断点，形成不了自己独立的完整的产业链。综合百度网等各方面的报道，主要体现在以下几个方面。

（1）半导体技术

它在集成电路、电子产品、通信系统、光伏发电、照明应用、大功率电源转换等领域，有着十分重要的作用。运用半导体技术生产的芯片被认为是电子设备的大脑，是工业制造的皇冠，不仅制造工艺非常复杂，需要长期的技术积累，而且更新换代快。目前，世界上半导体技术基本被美国、韩国、日本垄断。芯片领域的知名公司中，美国有英特尔、高通、英伟达、美光等，韩国有三星等。中国虽然在芯片设计上有所建树，但是生产、封测等环节落后这些国家。中国企业需要的芯片基本依赖进口。2021年，中国进口的集成电路大约为4397亿美元，超过石油的进口额，居进口量中的首位。2022年，中国进口集成电路5384亿件，总价值达到4156亿美元。近几年，美国不仅限制美国企业对中国芯片的供应，而且迫使荷兰ASML公司不得向中国提供核心设备EVU光刻机，禁止供应中国设计芯片必需的EDA软件。美国不断升级打击华为、中芯国际等企业，很多高端产业发展受到严重阻碍。为了彻底地摆脱困境，中国集中方方面面的力量，加快研制芯片，奋起直追，不断开发新的技术路线。据报道，中国在光子芯片、量子芯片上取得重大突破，进展形势喜人。

（2）高端机床制造技术

装备制造业是国家工业的基础，而高端机床是制造业的命脉。小到一个手表齿轮，大到火箭、航母，没有先进的机床设备是制造不出来的。超高精度机床技术水平直接反映一个国家制造业的实力。目前，在机床业中，美国、日本、德国占据重要位置。日本在高端机床方面遥遥领先。中国目前生产的数控机床多为中低端产品，装载的数控系统主要来自国外，高端数控机床90%依赖进口。近期有报道称，华中科技大学研制成铸锻铣一体化3D打印数控机床，这是世界独一无二的，获得多项发明专利证书和国内外多个奖项。它解决了航空、舰船等所需的高端零部件生产难题。这表明中国在数控机床技术上有了新突破。

（3）顶尖精密仪器制造技术

顶尖的精密仪器，特别是医疗、科研设备上的精密仪器，如显微镜、光谱仪、引力波探测器、测量仪等，基本被美国、日本、德国、英国垄断。日本人获得诺贝尔奖的原因之一在于他们在医疗和科研领域拥有顶尖的精密仪器。全球唯一一台原子纳米级全息电镜、唯一有能力探测外银河系高能量体的全天候天文仪器都在日本。又如，代表最高水平的重粒子癌放疗设备，全球只有六台，其中五台在日本。因此，中国亟须重视并加强这一领域的发展。

（4）轴承制造技术

机械设备都离不开轴承，轴承在高速铁路客车、中高档轿车、高水平轧机等工业领域更为重要。它的制造技术已被日本（NSK等五大公司）、美国（Timken公司）、德国（FAG等两家公司）、瑞典（SKF公司）垄断。其中，SKF公司居世界轴承企业的榜首，每年制造7亿多个轴承，几乎占全球市场份额的1/4。中国限于轴承钢材料的制约和一些核心技术空白，产品开发能力低，高端轴承完全依赖进口。中国高铁零部件国产化率超过97%，但轴承全部进口。2020年中国进口25.18亿套轴承，进口额为43.66亿美元。

（5）碳纤维技术

碳纤维是碳的重量占90%以上的纤维，有着高硬度、耐高温、抗腐蚀等优越特性。它的硬度是钢材的几倍，耐高温性能居所有纤维材料之首，被称为"新材料之王"。它是应用在国防军工、航天航空、卫星导弹、汽车飞机等高端工业和尖端科技领域中十分重要的材料。它的技术不仅关乎工业发展，而且关系国家安全。目前，日本的东丽、东邦、三菱丽阳和美国的赫氏集团几乎垄断碳纤维技术。东丽能量产T1400的碳纤维。中国碳纤维制造起步很晚，又遭到西方国家的封锁，目前最好的碳纤维为T1000级别，所需碳纤维基本依赖进口。

（6）工业软件

工业软件是和信息技术相结合用于自动化生产和流程管理的一种重要手段，是制造业的基础，是智能制造领域最为关键的技术。大到十几万吨的滚装船，小到一个指甲大的芯片，其设计和测试都需要工业软件。中国工业在向智能化转型升级中，必须要有高端的工业软件：CAD（计算机辅助设计）、CAE（计算机辅助工程）、CAM（计算机辅助制造）和EDA（电子设计自动化，是设计超大规模集成电路芯片的核心软件）。工业的很多领域，如高端数控机床、航空航天产业的发展离不开工业软件，国防军事也需要工业软件。目前，中国拥有6%的中低端工业软件的市场份额，高端及重要工业软件依赖进口。中国工业软件的落后成为制造业发展的短板。工业软件的研发需要数学、物理学等基础理论，追赶超是必要的，难度也是明显的。

（7）工业机器人

工业机器人是多关节机械手或多自由度的机器装置，具有一定的自动性，可依靠自身的动力能源和控制能力实现各种工业加工制造功能。它被广泛应用于电子、物流、化工等领域。这方面，日本已经研制出完美复刻人类视觉系统的数控机器人。全球工业机器人四大企业分别是日本的发那科和安川电机、瑞典的ABB和德国的库卡。德国的库卡已被美的集团收购，但它的核心技术不高。在工业机器人方面，中国的发展空间还很大。

除了核心技术外，中国的基础材料也是制约工业企业转型升级和迈向世界一流企业的突出短板和薄弱环节。除了碳纤维外，中国在制造高端的航空发动机、轴承等方面也步履艰难，重要原因之一还在于材料的制约。有关资料记载，2020年全球共有约130种关键核心材料，其中中国完全空白的有32%，52%依赖进口。

对关键核心技术和基础材料的掌握优势与主动权，关乎企业生存，关乎相关产业的发展，也关乎国家命运。国家要更重视对其研究的投入，相关企业也要全力拼搏追赶。

（三）中国企业盈利能力有所提高，但还比较低弱，且畸高畸低

1. 中国企业整体盈利能力低弱

根据中国企业协会发布的数据，中国500强企业人均营业收入与人均净利润都有很大的增长：人均营业收入和人均净利润，2004年分别为43.56万元和1.53万元，2021年分别增长到269.03万元和12.19万元。但是与国际领先企业相比，差距较大，亟待提高。

根据《财富》发布的世界500强企业数据，对比上榜企业的平均利润额，2019年（世界经济发展尚未受到新冠疫情的影响），世界500强企业中中国大陆上榜的124家企业平均利润不到36亿美元，低于全球500家大公司的平均利润41亿美元。2020年，中国大陆（含香港）135家上榜公司平均利润35.4亿美元，高于500强企业的平均利润33亿美元。2021年中国145家上榜企业（包括台湾地区）平均利润有所提升，增加到41亿美元，但同时期世界500强平均利润为62亿美元。世界其他一些国家企业的平均利润：德国为44亿美元，加拿大为47.5亿美元，法国为48.5亿美元，英国为69.6亿美元，巴西为84.8亿美元，美国为100.5亿美元。中国上榜企业利润及其增长速度低于世界平均水平。

2. 中国不同行业领域企业的盈利水平畸高畸低，很不理想

中国金融行业企业的盈利水平畸高。在2020年世界500强企业前50名中，中国金融系统的6家企业利润都很高。按利润排名：中国工商银行457.8亿美元，位列第四；中国建设银行392.8亿美元，中国农业银行312.9亿美元，分别位列第八、第九；中国银行279.5亿美元，位列第十二；中国平安保险公司207.4亿美元，位列第十九。

金融企业是经济运行的润滑剂，它能加速经济运行，促进经济发展，但是，它的利润主要来自存贷款利率差，本身并不能产生价值。银行利润过高必然挤压非金融企业的利润。2020年，进入榜单的中国大陆的银行共10家，利润占全部上榜的中国大陆企业利润总额的41%（往年都更高），而中国大陆上榜的125家非银行企业的平均利润只有近23亿美元。2021年，在世界500强企业榜单中，中国银行仍为10家，它们的利润总额占到全部上榜中国大陆企业的41.7%，而126家中国非银行企业的平均利润是26亿美元。

中国非银行企业盈利能力偏低的原因很复杂。客观地说，中国现代化企业起步慢、起点低，这些都是发展过程中必然出现的问题。解决这些问题，需要一定的时间。企业在各行业分布结构的不完善和核心竞争力较弱是主要因素。从根本上说，企业的经营管理需要改善。今后，企业要向优化结构要效益，向创新要效益，向管理要效益。关于这个问题，后文将详述。

综上，中国企业在今后一段时间里应重点明确两大问题。第一，要优化企业在行业中的分布结构，明确千千万万家现代化企业重点应该分布在哪些行业领域。第二，要强化企业的核心竞争力，明确企业应该如何提高、加强自身实力。

二、中国现代化企业的发展方向

（一）优化企业在行业中的分布结构

根据上面的比较、分析，中国千千万万家现代化企业应该重点分布在哪些行业领域？

为了国民经济能够高质量地稳定持续发展，最后建成中国式现代化社会主义强国，中国必须建设自己的、独立的、完整的现代化经济体系，核心是建设现代化产业体系。中国需要在各个领域进一步培育出千千万万家企业，呈现出万马奔腾、全面推进的态势。几乎所有领域的企业都需要全面进军。但是，事有轻重缓急，全面挺进中也应有重点。

中国现代化企业在哪些行业重点发展取决于中国产业今后的发展方向。它的方向主要有两个：传统产业的补短和改造、升级、换代；新兴产业和未来产业的培育和发展。

1. 传统产业补齐短板和升级换代

传统产业发展的重点：一是补齐产业的短板，构建完整的产业链，建设完整的产业体系，保证产业安全发展的底线；二是传统产业的升级改造换代，运用新技术，使产业由中低端走向高端，并进入新的一代。

（1）耕地和种子产业

农业是人民生存和国家安全的基础，必须保证绝对稳固。2022年12月，习近平在中央农村工作会议上指出："强国必先强农，农强方能国强。"2022年3月，习近平强调："粮食安全是'国之大者'。"端牢端好中国饭碗，要抓住耕地和种子两个要害。

关于耕地，《中华人民共和国国民经济和社会发展第十一个五年规划纲要》提出"耕地保有量保持1.2亿公顷"（1.2亿公顷等于18亿亩），此后一直强调，"严守18亿亩耕地红线"，"要像保护大熊猫那样保护耕地"。永久基本农田的保护制度决不允许破坏，坚决遏制耕地"非农化"和耕地"非粮化"；要逐步把永久基本农田全部建成高标准农田。耕地虽然与建设现代化企业没有直接关系，但必须关注。

关于种子，2018年财政部、农业农村部、银保监会共同印发《关于将三大粮食作物制种纳入中央财政农业保险保险费补贴目录有关事项的通知》，指出："十几亿人口要吃饭，要下决心把我国种业搞上去。" 2021年，习近平在中央全面深化改革委员会第二十次会议强调："农业现代化，种子是基础，必须把民族种业搞上去，把种源安全提升到关系国家安全的战略高度，集中力量破难题、补短板、强优势、控风险，实现种业科技自立自强、种源自主可控。"

种子产业是中国现代化企业发展中应该重点关注的一个。

（2）能源产业

能源关系到人民生活的安定、国家经济的发展和国家安全。习近平在2021年10月考察山东胜利油田时明确指出："中国作为制造业大国，要发展实体经济，能源的饭碗必须端在自己手里。"

首先，必须加快改善能源采掘、生产的现状，要加强油气资源和矿产资源的勘探、采掘、生产建设。2022年中央经济工作会议提出："要加强重要能源、矿产资源国内勘探开发和增储上产。"

其次，要加快新能源产业的建设。目前中国依旧以化石能源为主，污染严重，为实现"碳达峰、碳中和"目标，必须加快建设新能源体系，推动能源绿色低碳发展。要大力发展非化石能源，推进风电和太阳能发电高质量发展，推动水电、核电重大工程建设，因地制宜发展生物质能、地热能等可再生能源产业；还要加快智能电网运行体系的建设。

最后，要加强储能、节能、环保产业。要重点开发推广高效节能技术装备及产品，积极发展新能源汽车产业，突破动力电池、驱动电机和电子控制领域关键核心技术，推进插电式混合动力汽车、纯电动汽车的产业化；大力推进高能效、低排放节能汽车发展。

最终达到以可再生的、清洁能源为主的能源供应和需求的平衡，逐步改善以至彻底改变依赖进口、受制于人的状况。

（3）制造业

制造业是实体经济的重要组成部分，抓实体经济一定要抓好制造业。习近平指出，一个国家一定要有正确的战略选择，我们的战略选择就是要继续抓好制造业，制造业高质量发展是我国经济高质量发展的重中之重。要加快发展先进制造业，推动制造业从数量扩张向质量提高的战略性转变。

中国制造业大而不强。制造业的高质量发展，要突破、掌握关键核心技术；调整制造业结构，从中低端迈向中高端，再进到高端，全面提升制造业体系的现代化水平。

第一，要加快、加强短板建设。

根据与其他国家的对比情况，以及世界500强企业中中国企业缺位情况，中国制造业的最大短板有两大块。

一是新一代的电子信息产业，包括半导体和电子元件、科学摄影和控制设备、计算机和办公设备等。中国必须加强电子制造业的发展，并且向电信、信息技术服务、计算机软件、互联网服务和零售等领域延伸发展，形成较为完善的产业链。要加强新一代信息技术产业，加快建设宽带、泛在、融合、安全的信息网络基础设施，推动新一代移动通信、互联网核心设施和智能终端的研发及产业化；着力发展集成电路、新型显示器、高端软件、高端服务器等核心基础产业。

2020年8月，国务院发布《新时期促进集成电路产业和软件产业高质量发展的若干政策》，指出集成电路产业和软件产业是信息产业的核心，是引领新一轮科技革命和产业变革的关键力量，决定从财税政策、投融资政策、研究开发政策、进出口政策、人才政策、知识产权政策、市场应用政策和国际合作政策等方面支持集成电路和软件产业的发展。

二是附加价值高的医药健康业。在医疗器材和设备、保健医疗设施、保健药品和其他服务、批发保健以及保健保险和管理医保等领域，中国要奋起直追。要大力发展用于重大疾病防治的生物技术药物、新型疫苗和诊断试剂、化学药物、现代中药等创意药大品种；加快先进医疗设备、医用材料等生物医学工程产品的研发和产业化、现代化。

第二，要加强传统产业的改造升级，向高端化、智能化、绿色化发展。

要求产品的质量、品种向高端发展；在生产、管理、运行上充分运用数据分析、云计算等技术；借助自动控制、人机交互、循环发展，以最低资源消耗创造最大化的社会财富，实现绿色发展。重点是机械、石化、汽车、电子等传统支柱产业的改造升级。改造升级有两个重点。

一是完善重点产业链，提高自主技术可控能力，主要聚焦核心基础零部件、核心基础元器件、关键基础材料、关键基础软件、先进基础工艺和产业技术基础，进行补齐、强化，特别要突破、掌握"卡脖子"的核心技术。对此，加强各方面的协同，打破行业壁垒，产学研协同联动，集中优质资源合力攻关，保证制造业体系自主可控和安全可靠。

二是对传统产业进行数字化、智能化改造。加速5G、大数据、云计算、人工智能等新一代信息技术向高端制造业融合渗透。

第三，加快培育、发展高端的制造业、新一代制造业。

除了发展电子产业、医药健康产业和新能源汽车产业外，还要注重发展以下产业。

一是高端装备制造产业。为实现制造强国、航天强国、交通强国，重点发展航空装备、卫星及其应用产业、海洋工程装备、高技术船舶和先进轨道交通装备；积极发展以数字化、柔性化及系统集成技术为核心的智能制造装备，包括高档数控机床和机器人等。

二是高端材料产业。要大力发展各种高端材料，特别要补齐新材料的短板，包括高性能复合材料、前沿新材料、新型无机非金属材料、先进高分子材料、高端金属结构材料、特殊功能金属等。

三是高端精密仪器仪表业。重点发展医疗设备和科研设备上的仪器。

上述三个方面的发展，将为中国建设先进的制造业基地和形成一批产业链、供应链、服务和价值链集聚的自主可控的制造业生态体系打下坚实的基础。

2. 抓住时机，大力培育、发展战略性新兴产业和未来产业

第一次工业革命，造就了"日不落帝国"——英国。第二次工业革命，先后把德国、美国、日本推向强国的地位。第三次工业革命（可称为"科技革命"），以电子计算机应用为核心，推动了互联网企业的迅速发展，使人类进入信息化时代。在这次革命中，美国企业走在前列，进一步提升了美国在国际上的地位。第四次工业（科技）革命，把人类带进智能化时代。这次革命对中国来说，是挑战，更是最大的历史机遇。这也是中国培育发展现代化企业的重要方向。

第四次科技革命，涉及的范围和内容十分广泛，它是各项技术的融合。其与第三次科技革命融合，在多方面催生出新兴产业和未来产业。

（1）大力培育和发展战略性新兴产业

战略性新兴产业是对经济社会全局和长远发展具有重大引领带动作用的产业。不同国家有不同的战略性新兴产业，就中国而言，传统产业的补齐短板和升级换代基本都是战略性新兴产业。如新一代电子信息产业，清洁高效可持续发展的新能源产业，节能环保产业，新能源汽车产业，以合成生物学、基因编辑、脑科学、再生医学为代表的生物医学产业，新材料产业，高端装备制造业等都是这两次革命融合下出现的战略性新兴产业。

需要特别强调的是要大力发展数字经济产业。它包括数字产业化和产业数字化两个方面。

产业数字化是传统产业应用数字技术和数据资源，融合数字技术与实体经济，并进行全方位、全角度、全链条的改造，提高全要素生产率，增加产出和提升效率。数字平台的运用过去集中在网购、支付、外卖、订车和社交等消费端，现在开始走向生产端，将逐步形成智慧农业、智能制造、智能交通、智慧物流、数字金融、数字商贸等新型产业，壮大经济发展新引擎。

真正产生战略性新兴产业的是数字产业化。它把数字化的知识和信息技术转化为生产要素——数据，并把这个生产要素的采集、传输、储存、计算、分析和运用等整个过程形成独立的产业集群。它包括电子信息制造业、软件及信息技术服务业、基础电信业和互联网产业等，还有大数据、区块链、云计算、网络安全等新兴数字产业。它们是为产业数字化发展提供数字技术、产品、服务、基础设施和解决方案等。

数字产业是国民经济的基础，是国家安全的基础。2021年10月18日，习近平在中共中央政治局集体学习时，深刻阐述发展数字经济的"三个有利于"——"数字经济健康发展有利于推动构建新发展格局""数字经济健康发展有利于推动建设现代化经济体系""数字经济健康发展有利于推动构筑国家竞争新优势"。同时指出"当今时代，数字技术、数字经济是世界科技革命和产业变革的先机，是新一轮国际竞争重点领域，我们要抓住先机、抢占未来发展制高点"。发展数字经济"是把握新一轮科技革命和产业变革新机遇的战略选择"。党的二十大报告提出"坚持把发展经济的着力点放在实体经济上，推进新型工业化，加快建设制造强国、质量强国、航天强国、交通强国、网络强国、数字中国"，并且强调指出："加快发展数字经济，促进数字经济和实体经济深度融合，打造具有国际竞争力的数字产业集群。"

中国必须把数字产业的发展放在战略位置，抓住有利时机重点发展，努力取得领先地位。

（2）培育、发展未来产业

未来产业是第四次科技革命的产物，是对人类生产和生活具有重大影响，对社会经济产生全局带动作用的产业，具有前瞻性和颠覆性的特点。它的发展大方向是智能化、可持续发展、生命科学（也有一说为智能、健康、绿色）。就具体产业来说，目前说法不完全一致，但大同小异。例如，全球前沿科技咨询机构ICV将2022年"未来产业"定义为六大领域：量子信息、绿色能源、机器人、元宇宙、先进通信、生物技术。在中国，2023年9月有关研究机构发布的《未来产业创新的前沿领域》认为，未来产业创新的五大前沿领域为类脑芯片、量子信息、合成生物学、绿色制氢和区块链。

某些科技研发走在前面的城市，已经根据自身特点规划并着手培育、发展未来产业。2023年9月，北京市发布的《促进未来产业创新发展实施方案》明确指出，未来产业的六大领域包括未来信息、未来健康、未来制造、未来能源、未来材料和未来空间。在每个领域中，确定其重点发展产业。例如，在未来信息领域中，重点发展通用人工智能、第六代移动通信（6G）、元宇宙、量子信息、光电子等；在未来健康领域中，重点发展基因技术、细胞治疗与再生医学、脑科学与脑机接口、合成生物等；在未来制造领域中，重点发展类人机器人、智慧出行等；在未来能源领域中，重点发展氢能、新型储能、碳捕集封存利用等；在未来材料领域中，重点发展石墨烯材料、超导材料、超宽禁带半导体材料、新一代生物医用材料等；在未来空间领域中，重点发展商业航天、卫星网络等。此前，2023年8月，杭州市的未来科技城发布了未来产业行动计划，明确重点发展未来网络、未来医疗、空地一体、元宇宙、类脑智能、前沿新材料等六大产业。每个大产业下又有其重点细分产业。例如，未来网络产业，将重点布局芯片设计、网络通信、智能计算和大模型等；未来医疗产业，将重点布局创新药物、医疗器械、前沿疗法等；空地一体产业，将重点布局自主感知与导航、智能网联、空地一体无人系统等。

2018年10月，习近平明确指出："人工智能是引领这一轮科技革命和产业变革的战略性技术，具有溢出带动性很强的'头雁'效应。"人工智能产业在未来产业中是十分重要的一个方面。它涉及很广，应用层面将涵盖几乎所有方面，将给人们带来更加便捷、高效和智能化的生活。例如，人工机器人目前十分引人注目。2016年3月，谷歌旗下DeepMind开发的人工智能机器人阿尔法围棋（AlphaGo）与韩国棋手李世石进行人机大战，以四比一的总分获胜；2016年年末、2017年年初，阿尔法围棋在中国网站上与中日韩三国数十位围棋高手进行快棋对决，连续60局无一败绩；2017年5月，在中国乌镇围棋峰会上，阿尔法围棋与棋手柯洁对决，以三比零的总比分获胜。阿尔法围棋的水平已超过职业围棋手的顶尖水平。2022年11月，美国OpenAI声称，已研发出以人工智能技术驱动的自然语言处理工具ChatGPT（Chat Generative Pre-trained Transformer），它通过理解和学习人类的语言，根据上下文语境与人类互动；它能撰写邮件、文案、论文，进行翻译等。类人机器人大放异彩，人工智能产业大有前途。

战略性新兴产业是在第三次科技革命与第四次科技革命融合中产生的，未来产业是第四次科技革命的产物，两者相互交替，很难严格区分。但是不论如何，都是中国企业当前应该努力培育和发展的方向。在国际竞争中，中国企业正在追赶并将努力超越，成为这些产业的引领者。

上述各类产业应该是中国千千万万家现代化企业的重点发展方向。

（二）全力提高企业的核心竞争力

中国企业要把企业做强做优，必须全力提高核心竞争力，发展核心技术。

核心竞争力是企业最关键、最深层次的竞争力，在一定时间内是其他竞争企业难以模仿、难以超越的独特竞争能力。它由多种因素共同作用形成的。其中，最重要的、最本质的是具有因自主创新，特别是原始创新而突破的核心技术，并将其产业化。核心技术的突破是前提。习近平强调"坚决打赢关键核心技术攻坚战""关键核心技术必须牢牢掌握在自己手里"。他还说过："制造业的核心就是创新，就是掌握关键核心技术，必须靠自力更生奋斗，靠自主创新争取，希望所有企业都朝着这个方向去奋斗。"这些年来，在科技创新方面，中国已经有了良好的开端。据世界知识产权机构发布的《2021年全球创新指数报告》，中国创新指数排名已上升到第12位。中国创新能力已从第三梯队迈进第二梯队。

面对中国与发达国家核心技术上的差距，中国亟须加快突破战略性产业的一些基础性、前沿性核心技术。就国家整体而言，核心技术的提高与突破涉及三个方面，即补短、增新和锻长，前两者是重点。

首先，努力补齐现有核心技术的不足，进而自主研发，自主创新，提高现有核心技术。要着力突破一批关键核心技术，改变产业链断裂的被动状态，促进产业链现代化，稳固企业的发展基础。当前特别要突破受制于人的核心技术，如：半导体技术，特别是芯片制造技术；顶尖精密仪器制造技术；高端机床技术；特殊材料，特别是碳纤维技术；工业软件；工业机器人制造技术；高端轴承制造技术等。还有高端医疗设备制造技术、高端发动机制造技术、光学玻璃制造技术等。

其次，根据第三次和第四次科技革命的趋势，进行原始性的创新。它主要涉及六个领域。一是新一代的信息技术，包括人工智能、大数据、云计算、虚拟现实等领域的技术，还有量子信息、移动通信、物联网、区块链等新兴技术。这些技术的突破和应用，将带领所有产业向信息化、网络化、数字化、智能化发展。二是生物技术，包括合成生物学、基因编辑、脑科学、再生医学等技术。这些技术将会更高效、更低廉、更环保地解决人类的健康、环境、食物等方面的问题。三是先进制造技术，包括机器人、数字孪生、工业互联网等技术。它们将加速推进制造业向智能化、服务化、绿色化转型。四是新材料技术，包括超材料（由人工设计结构并有天然材料不具备的超常物理性质的复合材料）、纳米材料、石墨烯等新材料技术。它们将为制造业提供巨大的发展空间。先进制造技术和新材料技术的发展将成为新兴产业创新发展的推动力。五是绿色技术，包括分布式发电、先进储能、能源互联网、高效燃料电池等技术；核能、太阳能、风能、氢能等清洁高效可持续能源技术。它们正在加速形成新能源体系。六是新空间开拓技术，包括深空、深海、深地探测技术。它们可为人类生存发展拓展新疆域。

最后，对于中国已经掌握并具有优势的核心技术，还要继续保持。科技创新竞争异常激烈，不进则退，必须继续加强研发，更上一层楼。

关键核心技术是要不来、买不来、讨不来的。每家企业都应该关注自身的关键技术，并集中力量进行研发、突破和掌握。

近年来，中国在国有企业的改革中重点抓相关企业的重组整合，这样做可以迅速地集中相关的必要资源，有利于企业的高质量发展，有利于企业提高核心竞争力。

为了突破和掌握关键共性技术、前沿引领技术、现代工程技术、颠覆性技术，必须实施新型举国体制，充分发挥国家作为重大科技创新组织者的核心作用，实现系统布局、系统组织、跨界集成，把政府、市场、社会等方面的力量拧成一股绳，形成整体优势。

（三）努力培育、发展中国式的现代化企业

党的二十大报告提出"中国式现代化"的新论点。谁来完成"中国式现代化"呢？是中国全体人民，但主体应该是现代化企业，而且应该是中国式的现代化企业。那么中国式现代化企业的特点是什么？一方面，中国与其他国家都处于社会化大生产中，现代化企业都有着相同之处。另一方面，中国是一个拥有960万平方千米国土、14亿人口且追求共同富裕的年轻的社会主义国家。根据中国国情和时代发展趋势，中国的现代化企业必然与其他国家有所不同，确实是有着独特性的中国式的现代化企业。这种中国式的现代化企业的特点可归纳为以下几点。

它们不是以资本为中心，单纯地、全部地以追求盈利、追求最大利润为目标。它们是在中华民族伟大复兴的征程中生存和发展的，与国家共命运，与人民同呼吸，它们承担着为社会作贡献的责任，承担着为全面建成社会主义现代化强国作贡献的历史使命。盈利是企业发展的手段，但不是唯一的、最终的目的。特别是国有企业更应该把实现中华民族伟大复兴作为根本使命。

它们不是小富即安、沉于享受，或者故步自封、因循守旧，或者经不住惊涛骇浪、见难而退，而是不畏艰险，艰苦奋斗，不折不挠，勇攀高峰，而是创新驱动，不断创新、全面创新，精益求精、朝气蓬勃、活力四射，企业从而高质量发展，做大，做优，做强，做久，基业长青，永葆青春。

它们在企业与各利益相关方（股东、高层管理者、普通员工、客户，以及产业链上下游合作者）之间，不是尔虞我诈、相互倾轧压榨，不是资本独吞利益，而是以人为本，依靠人，关爱人，为了人，把人的幸福、人的价值、人的发展作为企业发展的着力点。在企业发展中，人人都能进

步，都能获得利益，都能得到发展，都能把潜力充分地发挥出来。诚信相待，团结一致、协同作战，形成命运共同体，合作共赢，利益共享。

它们与同行业的其他企业之间不是弱肉强食、强取豪夺、独霸市场的恶性竞争，而是在市场竞争与合作中共同进步、共同发展、共生共赢。

它们不破坏自然资源，不破坏生态环境，而是坚持"绿水青山就是金山银山"的理念，保护自然资源，保护生态环境，与自然和谐相处，共同改善。

它们不是自发的、无序的发展，而是在中国共产党统一领导下的协调发展，是有利于实现共同富裕的发展。

中国现代化企业的兴办、建设必须牢牢守好上述中国式现代化企业的本和源、根和魂，确保企业的正确方向。

这些观点贯穿本书的始终。

三、中国现代化企业的发展力量

依照上述的发展方向，中国要培育、壮大千千万万家现代化企业，而且要建设一批世界一流企业，不是一件轻而易举的事情。这需要充分利用、发挥各个方面的力量，需要调动一切可以调动的力量。

（一）大中小型企业共同发展

中国现代化企业队伍亟待进一步扩大，应该呈现出"大企业要顶天立地，小企业要铺天盖地"的景象。

1. 大型企业以建设世界一流企业为发展目标

在培育、发展千千万万家现代化企业中，大型企业承担着带动产业链上下游中小企业协同发展的任务，承担着推动科技创新、引领科技创新的任务，承担着提高中高端供给能力带动产业结构优化升级的任务，承担着推进数字化转型和培育发展新优势、新动能的任务。它们是推动国家经济发展和国力强盛的主力军，是保证国家安全的基石。当前摆在大型企业面前的使命是要在完成上述一系列任务的过程中，加快建设成为世界一流企业。

党的十九大报告提出"深化国有企业改革，发展混合所有制经济，培育具有全球竞争力的世界一流企业"。党的二十大报告强调"完善中国特色现代企业制度，弘扬企业家精神，加快建设世界一流企业"。拥有一批世界一流企业，已经成为衡量一国经济强弱的一个重要指标。这就为培育发展千千万万家现代化企业指明了方向，明确了要求。

什么是世界一流企业？目前尚无统一的标准。一般来说，至少应该满足以下三个条件：一是在全球行业中引领技术发展，在国际资源配置中占主导地位；二是在管理、效率、效益和产品服务品质上领先；三是在全球行业中参与规划标准的制定，具有话语权和影响力。这样的企业一定是一个行业发展趋势的引领者、标准规则的制定者，具有强大技术创新能力、盈利能力、抗风险能力，从而久盛不衰、屹立不倒。

对中国企业来说，应该如何加快建成世界一流企业？2022年2月28日，中央全面深化改革委员会会议通过的《关于加快建设世界一流企业的指导意见》提供了行动纲领。它明确提出要坚持党的全面领导，发展更高水平的社会主义市场经济，毫不动摇巩固和发展公有制经济，毫不动摇鼓励、支持和引导非公有制经济发展，加快建设一批产品卓越、品牌卓著、创新领先、治理现代的世界一流企业。其中，创新领先是重中之重。另外，既然是世界一流，就必然要求企业具有国际影响力。

国务院国资委从2018年开始，选取航空、能源、投资建设等11家中央企业，深入推进世界一流示范企业创建工作。11家中央企业有航天科技、中国石油、国家电网、中国三峡集团、国家能源集团、中国移动、中国宝武、中航集团、中国建筑、中国中车集团、中广核等。2023年2月，国资委又把中国电科、中国石化、中国海油、中国华能、中国一汽、中国远洋海运、中粮集团、招商局集团、华润集团、中国建材10家中央企业和上海汽车、安徽海螺、深圳投控、潍柴控股、京东方、万华化学、宁波舟山港7家地方国有企业列入创建世界一流示范企业范围。什么是世界一流示范企业？国资委的解释是"世界一流示范企业是综合实力强、社会影响力大、具有全球竞争力的领先企业，在规模体量、产业发展、技术创新、品牌运营、资源配置等方面具有全方位、综合性的竞争优势"。同时，国资委明确提出，示范企业要带头加快提升核心竞争力、增强核心功能，并划定了科技创新、价值创造、公司治理、资源整合、品牌引领等五项重点能力建设。这为创建世界一流企业指出了奋斗方向。

关于世界一流企业的界定，清华大何志毅教授认为，世界一流企业是个相对的概念，各个产业差别很大，很难相比。他主张"一流企业主要是相同产业中竞争的优胜者……必须有产业内一流的属性"，"产业中可以取前四名作为一流企业"。根据他们的研究，中国2021年在世界各个产业前四名的领军上市公司有74家，连续五年列入世界各个产业前四名的领军上市公司有46家。其中，中央企业20家，地方国有企业12家，非国有企业14家。他虽然没有明确指明这些就是世界一流企业，但指向还是比较明确的。

在世界一流企业中，中国企业不能缺席，中国民营企业也应有一席之地。那么，哪些中国民营企业可以认定为世界一流企业？何志毅教授十分严谨，他只是指出，有14家民营企业连续五年是世界各个产业领军上市公司。2023年3月他在《上海证券报》发表文章，也只是指出中国有10大民营企业离世界一流企业最近，最具冲击世界一流企业的实力。它们是腾讯、阿里巴巴、中国平安、华为、宁德时代、美的集团、万科、工业富联、网易、立讯精密。

对这个问题，用"产品卓越、品牌卓著、创新领先、治理现代"和具有国际影响力的标准来衡量，可否这样说：华为是世界一流企业，实体经济中的福耀玻璃、海尔、吉利、比亚迪、宁德时代、格力等企业，网络经济中的百度、阿里巴巴、腾讯等企业，似也可以被认定为世界一流企业？当然，对此，仁者见仁、智者见智。

2. 培育、发展现代化中小型企业，特别是"专精特新"中小型企业

一个健全的企业结构，不可能全部都是大型企业，更不可能都奔向世界一流企业。它是一个金字塔形的结构。在金字塔结构的顶端，是一批世界一流企业，其下则是一大批大而又强又优的大型企业，金字塔的基础则是大量的中小型企业，其中应以"专精特新"中小型企业为中坚力量。在任何社会，企业结构都是大、中、小企业并存、互补的。即使是在企业兼并收购盛行、垄断资本猖獗的情况下，中小企业也从未消失。大、中、小企业各有其优势。大企业资本雄厚、规模巨大，可以从长远利益出发，进行中小企业无法承担的生产、经营和科研活动，促进经济发展，为大众主流市场服务。中小企业小巧灵活，接近人民群众，可以满足市场专业化、个性化和小批量的需求，而且往往由于船小好调头，敢于进行风险较大的技术创新而异军突起。

习近平在2022年9月指出："中小企业联系千家万户，是推动创新、促进就业、改善民生的重要力量。"中小企业的作用十分明显：一是为大型企业提供生产所需的基础零部件和销售渠道；二是为广大群众提供生活所需的一切，保证社会生活正常运行；三是为社会提供充分就业的保障；四是在某些专门技术领域进行突破，实现创新；等等。它们是建设现代化经济体系、激活社会主义市场经济活力、推动经济实现高质量发展的重要基础，是现代社会经济赖以存在并发展的必要条件。可以这样说，没有中小企业，社会经济就不可能正常运转。因此，无论哪一个国家、哪一个社会都要重视并扶持中小企业的成长和发展。

20世纪50年代和60年代，日本中小企业的地位和作用就十分重要。1953年，日本总理府统计，日本中小企业的数量占全部企业数量的99.4%，从业人员占81.1%。1960年，日本通产省统计，日本的中小企业数量占日本企业总数的99%，雇佣的员工数量占69%，产品附加价值占50%左右。中小企业在就业上发挥重要作用，在技术上也发挥承前启后的作用。因此，日本政府特别重视中小企业的发展。很多隐形冠军企业（隐身于大众视野之外的中小企业）大多是中小企业。

德国也十分重视中小企业的发展。在耳熟能详的德国企业和品牌中，有相当大的一部分企业是中小企业。有人甚至把它们称为"德国资本主义的核心和灵魂"。德国经济和对外出口具有强大实力，这与数量庞大而生机勃勃的中小企业是分不开的。机械设备制造业及信息和通信产业领域更是以中小企业为主。2011年，德国机械设备制造业有6300家企业，其中87%是中小企业，雇佣高素质的劳动者达90.8万人。这些企业都是以技术和质量取胜。德国的中小企业建立在家庭生产和地区工作的基础上，能够充分地利用大量技术精湛的手工艺人，集中生产精密度要求较高的产品，如手表、时钟、照相机、乐器和光学仪器等，甚至结构复杂的涡轮机和发动机等。而且，中小企业十分重视技术人才的培养，有80%的技术工人是它们培养出来的，其中很多人具有工程学学位。因此，德国的中小企业有着小而精的特点。小，规模小，从业人员较少；精，产品科技含量高和单位产值较高。它们的产品质量高、设计精、售后服务好、定位准。德国的机械产品是无可争议的高端设备，是系统和配件出口的世界冠军，而创造出如此骄人成绩的是中小企业。

在中国，2012年国务院提出："鼓励小型微型企业发展现代服务业、战略性新兴产业、现代农业和文化产业，走'专精特新'和大企业协作配套发展的道路，加快从要素驱动向创新驱动的转变。" 2013年，工业和信息化部明确提出促进"专精特新"中小企业的总体思路、重点任务及推进措施。此后多次发布有关文件，部署促进中小企业的健康发展。据工业和信息化部等几个部门联合公布的数据，2020年年底，在规模以上企业（包括规模以上工业、服务业，有资质的建筑业，限额以上批发和零售业、住宿和餐饮业企业）中，中小企业有90.9万户，占全部规模以上企业的95.68%；营业收入137.3万亿元人民币，占60.83%；资产总额168.3万亿元，占55.01%。在规模以上工业企业中，有研发活动的小微企业占全部有研发活动企业的比重为81.1%。它们吸纳了70%以上的农村转移劳动力，提供了80%的城镇就业岗位。中小企业的地位和作用十分突出。

中小企业群体与整个企业群体一样，也是有层次的，是梯形结构。在最基层，庞大的、数量众多的中小企业基本上是在完善的市场经济体系中自由生长、发展或消失。有一部分优质中小企业在政策导向下认清产业发展规律，在不断创新中脱颖而出，向高层次发展。国家确定构建包含创新型中小企业、"专精特新"（以创新为基础，向专业化、精细化、特色化、新颖化发展）中小企业和专精特新"小巨人"企业三个层次的梯度培育体系。

专精特新中小企业的特点是在某一个领域内具有较强的科技力量、先进的设备工艺、科学管理体系和突出的市场竞争力。其中创新是灵魂，这一点与大型企业的发展是完全一致的，也是经济发达国家的经验。在日本、德国等国家，很多隐形冠军企业多数是中小型企业。有些企业规模很小，只有一百多名员工，却在某个领域掌握了全球最前沿的技术和专利，具有极强的创新能力和技术储备能力，帮助它们在竞争激烈的全球化市场中独占鳌头。典型案例：日本的哈德洛克（Hard Lock）公司，专门生产螺母，积累了独特的技术和诀窍，对不同的尺寸和材质有不同的对应偏芯量。它们生产的螺母是世界上最好的，也是旁人无法仿造的。几乎全世界的飞机、轮船、高铁都采用它们生产的螺母。德国的多尔曼（Dorm）公司也是一家世界一流的中小型企业。它生产的产品很普通，如门锁、铰链和玻璃幕墙等，但它居于德国专利拥有者前50，还将工厂开到国外。

因此，想成为专精特新中小企业，首先要在"专""精"上下功夫，不要求大求全，关键要重视技术研发和转化，要迎难而上、自强不息，加快提升基础研究和应用研究的能力，加快提升技术创新能力，解决产业中的"卡脖子"难题。中小企业因为独立研发实力不强，一方面要积极培育自己的研发力量，另一方面要以我为主，主动、积极地与高校、科研院所共同开展产学研用相结合的创新合作。

2022年6月，工业和信息化部印发《优质中小企业梯度培育管理暂行办法》，提出在"十四五"期间，努力在全国推动培育一百万家创新型中小企业、十万家"专精特新"中小企业、一万家专精特新"小巨人"企业。经过引导、培育，现已取得良好成效。据报道，截至2022年，中国已经培育7万多家"专精特新"中小企业，其中"小巨人"企业已有8997家。天眼查研究院2022年8月发布《"专精特新"企业十强城市洞察报告》（十强城市指北京、上海、宁波、深圳、天津、重庆、成都、青岛、东莞、厦门），到2022年中期，中国东部沿海地区专精特新"小巨人"企业，主要集中在智能制造业、计算机、通信以及为制造业提供支撑的科技创新和服务行业。北京、上海、深圳等地重点在人工智能、集成电路、生物制药、新能源汽车等领域培育出一批高成长性、创新能力强的"专精特新"企业。

现代化企业成长、发展、壮大，一般来说，都经历由小到大、由大到强到优，再由强、优到久的过程。做大，是企业的规模扩大，是企业所掌握的资源数量增加，是"量"的表现。做强做优，是企业素质和核心竞争力的提升，是"质"的表现。它是企业所掌握的资源通过创新、改革、重组等实现优化，它反映在企业效率、增长率、收益率，以及产品品牌和企业声誉等方面。做久，就是让企业永葆青春，这是时间维度的体现。它是上述两者不断促进、作用的结果，反映在企业的可持续发展上，反映在企业成为"百年老店"上。整个过程是通过创新、变革和管理等手段，积累、整合并促使资源不断增值实现的。

这个成长、发展过程，不仅是多元化经营的大型企业的追求，也是大量中小企业应有的追求。"专精特新"中小企业，虽然专业化、规模小，但也应追求与其相当的规模，更不用说"强"，小而强而优而久，也是中小企业的目标。德国多尔曼公司、日本哈德洛克公司，它们虽小但占有很大的世界市场份额，不仅成为全球化企业，而且列为世界一流企业。它们已经为我们做出榜样。中小企业不能盲目求全求大，但也不能完全排斥做大。有些"专精特新"中小企业发展到一定程度，在技术创新的基础上，不仅对产品持续迭代升级，打造出"专精特新"冠军产品，在实力强大的情况下，也可以努力打造出多个"专精特新"冠军产品，从而做强做大做久。

大型企业与中小企业之间不是隔绝的。在整个产业链中，两者完全是互补的。大型企业是行业的领军企业，它在培育"专精特新"企业方面，可以起到头雁的作用。"群雁高飞头雁领。"作为整个产业链的头部企业和中小企业的大客户，大型企业具备较强的产业链整合能力，在"专精特新"企业实现高质量发展中，可以发挥重要作用。它能够有效地带领相关上下游产业链上的企业呈雁群式的发展。反之，中小企业在"专精特新"方面的发展，必将反馈大型企业，促进大型企业进一步做强做优，从而推动整个行业的转型升级。

（二）调动一切可以调动的力量，锻造千千万万家现代化企业

中国要培育、壮大千千万万家现代化企业，要发展一批世界一流企业，不是轻而易举的事情。这需要充分利用、发挥各个方面的力量，要充分利用国内国外两个市场、两种资源，要加快形成以国内大循环为主体、国内国际双循环相互促进的新发展格局。

兴办现代化企业，需要调动的力量可以概括为三种：国内两大股力

量，即国家力量和社会民间力量；第三种是国外力量。国家力量是全方位的，有关经济部门责无旁贷，应该担负主导责任。但是单靠它们的力量是不可能完成如此庞大而艰巨的任务，还需其他部门，特别是科技部、教育部等的协作。但最主要的还是企业界的力量。国外力量是多方面的，包括资金、技术、人才、管理经验等。

国家要求：要"营造好的政策和制度环境，让国企敢干、民企敢闯、外企敢投"。就是要想方设法调动这三个方面的力量。

1. 通过改革、重组，激发、增强国有企业活力，推动国有企业向世界一流企业进军

由国家力量兴办的国有企业，是中国经济的根本。它在社会主义市场经济中始终处于主导地位，它的发展关系到整个国民经济的兴衰，关系到社会主义制度的安危。它是推进国家现代化、保障人民共同利益的重要力量，是中国特色社会主义的重要物质基础和政治基础。因此，激发国有企业活力，加速国有企业发展，是培育现代化企业的主要方面。

怎样才能充分调动国有企业力量？改革是唯一之路。从1979年开始，国有企业始终处在改革中，在改革中求发展，在发展中再改革，不断完善，不断前进。发展过程基本分为四个阶段。

（1）1979年进入早期探索阶段

这一阶段的重点是实施旨在激发国有企业活力、以改变激励机制为中心的改革。

从以利润留成为主要内容的扩大企业自主权试点入手，通过实行经济责任制、"利改税"（即以利润形式上缴国家的纯收入改为税收上缴）、推行承包经营责任制（以承包经营合同形式，确定国家与企业的责权利关系，实现企业自主经营、自负盈亏）等一系列改革，下放权力，划分国家与企业之间、企业与职工之间的责权利关系，适当分开所有权与经营权，激发企业活力，把企业推向市场。

进行经营机制的转换，重点是落实企业生产经营自主权，同时打破企业的"铁饭碗""铁工资""铁交椅",把国有企业进一步推向市场,促使企业成为自主经营、自负盈亏、自我发展、自我约束的商品生产和经营单位,成为市场的主体。

(2)第二阶段是从1993年11月中共十四届三中全会开始到2002年党的十六大的召开

这一阶段改革与发展方向是建立现代企业制度,对国有经济进行战略性调整。

当时,国有企业改革的方向是建立"产权清晰、权责明确、政企分开、管理科学"的现代企业制度,使企业成为适应市场的法人和竞争主体,开启了以公司制、股份制改革为主要形式的现代企业制度建设。

建立现代企业制度是一项正确却十分复杂的任务。国有企业在推行以增强激励机制为中心的改革后,仍然面临着一个问题,经济效益并未得到同步提高,亏损严重,特别是中小企业。这成为国有企业发展的瓶颈。

鉴于这一情况,1995年9月,中央对国有企业的改革与发展提出新思路:一是转变经济增长方式;二是实行"抓大放小"的改革战略。这两者是紧密相连的,不抓好推行大型企业集约发展,不放活数以万计的小企业,就不可能实现经济增长方式的转变。因此,建立现代企业制度必须同步对国有企业实施"抓好大的,放活小的"战略性改组。

放小,就是放开、放活数以万计的小企业。对国有小企业采取改组、联合、兼并、租赁、承包经营、股份合作制、出售等形式,把大量属于一般性竞争性领域、低效的企业转化为民营企业。

抓大,就是在关系国民经济命脉的重要行业和关键领域,集中力量抓好一批大型企业和企业集团,并由它们带动一大批关联企业进行调整和改组,促进生产要素向大型优势企业流动,形成跨地区、跨行业、跨所有制的企业集团,进一步培育具有国际竞争力的大公司、大集团。

这一阶段的经历十分艰难,却取得了实质性的突破。国有大型企业通过重组兼并不仅越来越庞大,而且都是精兵强将,成为国家经济的主力部队,在深化改革中继续大踏步地向前发展壮大。

（3）第三阶段是从党的十六大到党的十八大

这一阶段的重点是改革国有资产管理体制，实行由中央政府和地方政府分别代表国家履行出资人职责，享有所有者权益，权利、义务和责任相统一，管资产和管人、管事相结合的国有资产管理体制。2003年设立各级国有资产监督管理委员会，完善国有资产监管制度；并且，为进一步落实国有企业独立市场地位，加快建设现代企业制度的步伐，重点推进和规范公司制、股份制改革。

与此同时，国有企业继续抓大，把资源集中投入关系国家安全和国民经济命脉的重要行业和关键领域，做强做大主业。通过强强联合、兼并重组等方式，形成一批有较强综合竞争力的大型企业集团。

（4）从党的十八大开始，进入国有企业在新时代进行全面深化改革阶段

这一阶段国有企业的发展与改革是在中华民族伟大复兴中国梦的伟大历史进程中进行的。它有以下三个重点。

一是从管企业向管资本转变，完善以管资本为主的国有资产监管体制，特别强调加强国有资产监管，不仅防止国有资产流失，考核资本的增值保值，而且要关注资本的增值是通过什么途径获得的，监管资本的运行方向是否符合主责主业，有无违背使命要求和偏离资本功能定位。

二是完善中国特色现代企业制度，坚持党对国有企业的领导，并把混合所有制改革作为突破口。

2016年习近平指出："坚持党对国有企业的领导是重大政治原则，必须一以贯之；建立现代企业制度是国有企业改革的方向，也必须一以贯之。中国特色现代国有企业制度，'特'就特在把党的领导融入公司治理各环节，把企业党组织内嵌到公司治理结构之中，明确和落实党组织在公司法人治理结构中的法定地位，做到组织落实、干部到位、职责明确、监督严格。"

通过完善中国特色现代企业制度，激发国有企业的活力。

三是推进国有企业高质量发展，把企业做强做优做大，加快建成具有全球竞争力的世界一流企业。

2016年7月，国务院印发《关于推动中央企业结构调整与重组的指导意见》，推动国有资本向关系国家安全、国民经济命脉的重要行业和关键领域集中，向前瞻性战略性新兴产业集中，向有竞争力的优势企业和主业集中。同时，通过横向联合、纵向整合、专业化整合等方式推动中央企业重组整合，形成一批具有创新能力和国际竞争能力的世界一流跨国公司。

在党的十九大上，习近平指出，"要完善各类国有资产管理体制，改革国有资本授权经营体制，加快国有经济布局优化、结构调整、战略性重组，促进国有资产保值增值，推动国有资本做强做优做大，有效防止国有资产流失"；"深化国有企业改革，发展混合所有制经济，培育具有全球竞争力的世界一流企业"。在党的二十大报告中，他又进一步强调："深化国资国企改革，加快国有经济布局优化和结构调整，推动国有资本和国有企业做强做优做大，提升企业核心竞争力。"为此，央企集团加快了战略性重组和专业化整合，对同一业务或同质业务的企业进行整合，将资源向优势企业和主企业集中。特别是在一些重点领域和战略性、前瞻性新兴产业，加快培育竞争能力强、资源配置优的一流企业。

目前，已经先后完成一批大规模的重组项目。通信、电力、建筑等行业企业有关效率指标达到世界一流水平。今后，在继续推行专业化重组和产业链重组的同时，将进一步开展行业化重组，它与产业链重组结合在一起就成为产业化重组。这是对整个产业进行重组。重点是通过产业化重组推进战略性新兴产业的发展。这项重组不仅在央企和国企内部进行，而且要向全社会各类所有制企业开放，用市场化方式进行股权合作，共同推进现代化产业的发展。

这四个阶段的界限并非一刀切的，而是相互交叉的，前一次征程包含下一次征程的内容，而下一次征程又是前一次征程的延续。

改革开放以来，国有企业发展与改革的过程，就是从"激发企业活力"到"增强企业活力"的过程，最终要求是建设成为世界一流企业。目前，中国国有企业控制的行业和领域主要包括涉及国家安全行业、自然垄断行业、重要公共产品和服务行业，以及支柱产业和高新技术产业。

根据《国务院关于2021年度国有资产管理情况的综合报告》，到2021年，全国国有企业（不包括金融企业）资产总额达到308.3万亿元。国有企业又分为中央企业和地方国有企业两类。

在中央企业中，国资委监管的有97家，2022年年底增长为98家。中央企业资产总额为102.1万亿元，营业收入为41.73万亿元，利润总额2.86万亿元，研发投入强度为2.5%。另外，还有中央金融企业26家（资产总额达到236.4万亿元）；由财政部履行出资人职责的实体企业5家、文化企业4家。这些企业都是庞大的集团。地方国有企业资产总额为206.2万亿元，实现营业收入为33.83万亿元，利润总额为1.66万亿元。地方金融企业资产总额为116.1万亿元。

进入世界500强企业榜单的国有企业，2020年为96家，2021年增加到99家。其中，国资委监管的央企47家，财政部监管的金融等企业12家，地方国资委监管的国企39家；另有一家为福建兴业银行。在中国国资委监管的47家企业中，发电、航运、船舶等行业企业主要效率指标已达到世界一流水平；电网、通信等行业企业专利数量和质量位居全球同行业领先水平；在航天、深海、能源、交通、国防军工等领域中，涌现出一批原创性科技创新成果；高铁、核电、特高压等企业已经成为具有自主知识产权的国家名牌。这些企业，不仅本身是创世界一流企业的强劲力量，而且是扶持新生的现代化企业的主要力量。

国有企业数量不多，却是千千万万家现代化企业的标杆，是国家经济发展的主力军，是国家经济安全的屏障，是全面建设社会主义现代化国家的根本。2016年，习近平在全国国有企业党的建设工作会议上，充分肯定国有企业的重要性。他说，"国有企业是中国特色社会主义的重要物质基础和政治基础，是我们党执政兴国的重要支柱和依靠力量"；"我国国有企业为我国经济社会发展、科技进步、国防建设、民生改善作出了历史性贡献，功勋卓著，功不可没"。

国有企业永远是中华民族伟大复兴的经济支柱，是培育千千万万家现代化企业的核心。

2. 充分肯定民营经济的地位和作用，大力推动民营企业迅猛发展

改革开放以来，民营企业从无到有、从小到大，已经形成一股不可小觑的力量。

为充分调动民间力量兴办企业，中央因势利导实施一系列政策措施。

（1）强调民营企业的重要性

中共十一届三中全会后，中央确定"以经济建设为中心"的总方针。同时，纠正过去脱离中国国情盲目追求公有化程度的做法，改变了生产资料公有制一统天下的局面。这表明一方办企业局面的结束，一个多方办企业的新时期的到来。

1980年12月，温州的章华妹领到了第一张个体工商户营业执照，从此打开了调动民间力量发展经济的大门。1984年4月，大连的姜维领到了全国首个私营企业的执照。一些科技人员带头纷纷组建公司，引发北京中关村第一次科技创业潮。东南沿海地区私营经济的发展模式异彩纷呈——温州模式、苏南模式、珠江三角洲模式、晋江模式。民营企业由此登上中国经济的舞台。1988年4月，第七届全国人民代表大会通过《中华人民共和国宪法修正案》，确定"国家允许私营经济在法律规定的范围内存在和发展。私营经济是社会主义公有制经济的补充"。但是，由于思想禁锢等，1988年下半年到1991年，民营企业发展缓慢，甚至停滞。不少地区的多数民营企业"犹抱琵琶半遮面"，不得不羞羞答答地戴上一顶红帽子。

1992年，邓小平南方谈话发表后，兴起了新一轮创业兴业高潮。很多知名大型企业都在这个时期迈开了步伐。

1997年，党的十五大把"公有制为主体、多种所有制经济共同发展"确立为中国的基本经济制度，明确提出"非公有制经济是我国社会主义市场经济的重要组成部分"。在1998年国企改革中，实行"抓大放小"的政策，放开了竞争性领域，让其他力量进入，进一步促进了民营企业的发展。

党的十六大提出"毫不动摇地鼓励、支持和引导非公有制经济发展"，极大地鼓舞了民营企业的发展。

党的十八大进一步强调："保证各种所有制经济依法平等使用生产要素、公平参与市场竞争、同等受到法律保护。"中共十八届三中全会明确提出"两个都是"和"三个平等"的重要论点。"两个都是"，即：公有制经济和非公有制经济都是社会主义市场经济的重要组成部分，都是我国经济社会发展的重要基础。"三个平等"，即：要坚持权利平等、机会平等、规则平等，废除对非公有制经济各种形式的不合理规定，消除各种隐性壁垒，制定非公有制经济进入特许经营领域具体办法。中共十八届五中全会强调，要"鼓励民营企业依法进入更多领域，引入非国有资本参与国有企业改革，更好激发非公有制经济活力和创造力"。党的十八大以后，习近平在不同的会议上多次强调"弘扬企业家精神""发挥企业家才能"。

党的十九大报告直接使用"民营企业"代替以往"非公有制经济"和"民营经济"的表述；强调要"激发和保护企业家精神，鼓励更多社会主体投身创新创业"，还把"两个毫不动摇"写入新时代坚持和发展中国特色社会主义的基本方略。

中央一次又一次地强调民营企业的重要性，不断地提高民营企业的地位，实施一系列政策措施，鼓励民营企业的发展，极大地鼓舞了民间力量兴办企业。民营企业如同雨后春笋，遍地发芽，茁壮成长。

不可否认，从2018年年初，舆论场上出现某些否定、怀疑民营经济的言论。针对这些荒谬言论，党中央坚决驳斥，一再表达坚决支持民营经济的立场。习近平一再强调："中国经济发展能够创造中国奇迹，民营经济功不可没！""民营企业和民营企业家是我们自己人。""我国民营经济只能壮大，不能弱化，不仅不能'离场'，而且要走向更加广阔的舞台。"并且特别强调"三不变"，即"非公有制经济在我国经济社会发展中的地位和作用没有变！我们毫不动摇鼓励、支持、引导非公有制经济发展的方针政策没有变！我们致力于为非公有制经济发展营造良好环境和提供更多机会的方针政策没有变！"要"让民营经济创新源泉充分涌流，让民营经济创造活力充分迸发"，并鼓励"拓展国际视野，增强创新能力和核心竞争力形成更多具有竞争力的世界一流企业"。

（2）国家从四个维度充分调动、发挥民间力量兴办现代化企业

一是不断提高民营经济的地位，增强民营经济的作用，强调民营经济是"公有制经济的补充"，与公有制经济"共同发展"，是"社会主义市场经济的重要组成部分"，进而把非公有制经济与公有制经济置于同等重要地位。

二是不断拓展民营经济准入的领域。从开始规定"在法律规定范围内"，到竞争性领域，然后又鼓励民营经济"依法进入更多领域"，进一步扩展到基础设施、公用事业领域和金融领域，以至国防科技等领域。2022年11月，国家发展改革委明确表示，将推动民营企业参与国家重大战略，支持民间投资参与102项重大工程等项目建设。其中，交通、水利、铁路、高速公路、港口码头及相关站场、服务设施等是首批重点。同时，支持民间投资参与科技创新项目建设，支持民营企业承担国家重大科技战略任务，鼓励平台企业加快人工智能、云计算、区块链等领域重点项目建设。

三是构建、优化民营经济的创新创业环境和营商环境。从党的十六大开始，国家一而再再而三地强调"毫不动摇鼓励、支持和引导非公有制经济的发展"，在各种政策上，如税收、融资、人才、技术、用地、资源等方面，给予民营企业便利、优惠。同时，法律上明确要保护民营企业产权和企业家权益；各种市场主体处于同等地位，平等使用生产要素，公开、公平、公正参与市场竞争。

四是逐步放松、最终彻底打掉套在民营企业经营者头上的"紧箍圈"。1979年，邓小平指出，我国资本家阶级中有劳动能力的绝大多数人已经改造成为社会主义社会中的自食其力的劳动者。这个讲话为原工商业者摘下资本家的帽子。2001年7月1日，江泽民在庆祝中国共产党成立八十周年大会上的讲话中，明确指出，私营企业主"也是有中国特色社会主义事业的建设者"。中共十五届六中全会还肯定吸收私营企业主等新的社会阶层中的优秀分子入党。不少私营企业主的优秀代表被推荐或当选各级党代表、人大代表、政协委员等。之后，又把民营企业的创始人、兴办者称为"企业家"，强调要弘扬优秀企业家精神，营造尊重企业家的良好环

境。习近平更是表明，民营企业和民营企业家都是"自己人"。所有这一切，极大地激发了非公有制经济活力和创造力，鼓舞了民间力量兴办企业的积极性。

（3）中国民营企业的地位日益显著

民营企业在中国广阔的大地上获得迅速发展。它们从小到大、由弱变强，不断发展壮大。

根据国家市场监督管理总局的数据，截至2022年9月底，民营经济市场主体超过1.57亿户，其中民营企业4740.8万户，个体工商户1.1亿户。民营经济贡献了50%以上的税收，60%以上的国内生产总值，70%以上的技术创新成果，80%以上的城镇劳动就业，企业数量占比超过90%。民营企业积极响应"一带一路"倡议。根据全国工商联的统计，2021年，民营企业500强中，有195家企业参与了"一带一路"建设，主要以制造业和基础设施建设为主。

在2021年中国企业家联合会、中国企业家协会发布的中国500强企业名单中，2020年民营企业已经增加到249家，与国有企业251家平分秋色。

中国企业500强中国有企业与民营企业数量变化示意如图5所示。

根据中华全国工商业联合会2022年9月7日发布的中国民营企业500强调研分析报告，2021年，中国民营企业营业收入在5亿元以上的已达8602家。2021年，民营企业500强的企业资产总额为41.64万亿元（比2020年下降17.92%）。全年营业收入总额为38.32万亿元。按营业收入排名：京东9515.92亿元，居首位；阿里巴巴8364.05亿元，居第二；恒力集团7323.45亿元，居第三；正威国际集团7227.54亿元，华为6368.07，分别位居第四、第五。全年纳税总额达1.37万亿元，占全国税收总额的7.91%；税后净利润1.73万亿元。员工总数达1094.15万人，其中京东集团有38.54万人。

中国民营企业不仅进入国内500强企业榜，而且进入世界500强企业榜单。2020年进入世界榜单的民营企业已达39家（包括香港，不包括台湾地区），2021年有37家。

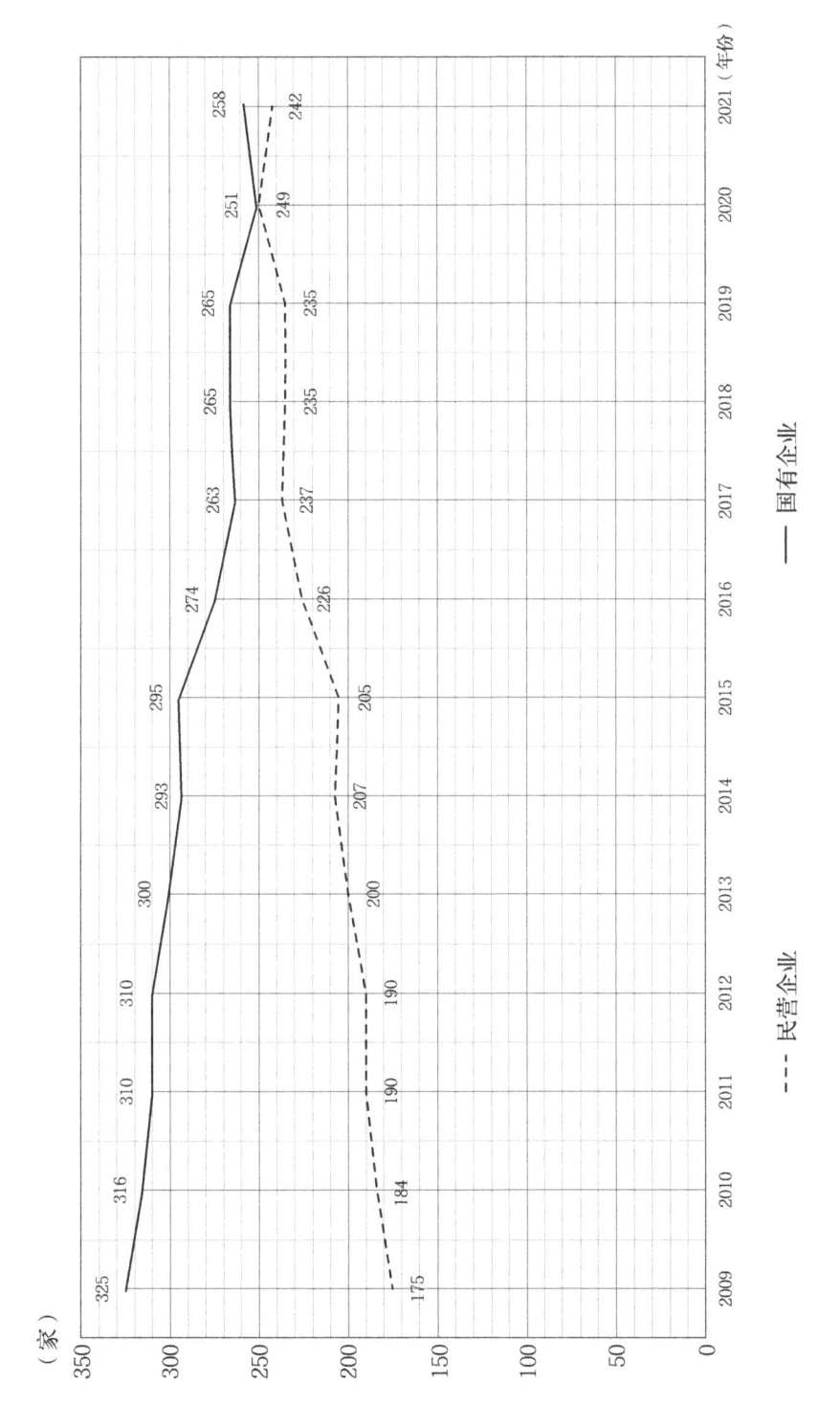

图5 中国企业500强中国国有企业与民营企业数量变化示意

---- 民营企业　　—— 国有企业

资料来源：中国企业联合会、中国企业家协会发布的中国企业500强名单。

中国的民营经济已经成为稳定经济的重要基础、国家税收的重要来源、技术创新的重要主体、人民就业的重要保障，是经济持续健康发展的重要力量。2023年7月，中共中央和国务院发文，高度评价民营经济的作用。《中共中央 国务院关于促进民营经济发展壮大的意见》指出："民营经济是推进中国式现代化的生力军，是高质量发展的重要基础，是推动我国全面建成社会主义现代化强国、实现第二个百年奋斗目标的重要力量。"同时要求"促进民营经济做大做优做强，在全面建设社会主义现代化国家新征程中作出积极贡献，在中华民族伟大复兴历史进程中肩负起更大使命、承担起更重责任、发挥出更大作用"。

在培育千万家现代化企业中，在向世界一流企业进军中，社会民间力量是一股不可忽视的力量。

3. 扩大开放，充分调动、利用国外资源和市场，促进现代化企业的发展和壮大

充分调动、利用境外的资源和市场，培育中国现代化企业，是十分有效的途径。

（1）坚持改革开放

1979年以来，中国一直坚持对外开放政策。这打开了充分利用境外资源和国际市场的大门。

对外开放，首先，从扩大开放地区着手。1979年7月中央确定创办深圳、珠海、汕头、厦门四个经济特区。1984年开放大连、秦皇岛、天津、烟台、青岛、连云港、南通、上海、宁波、温州、福州、广州、湛江和北海十四个港口城市。1985年2月，将长江三角洲、珠江三角洲和闽南三角区列为经济开放区。1988年4月，兴建中国最大的经济特区——海南经济特区。1990年，开发开放上海浦东。上海浦东实行经济技术开发区和某些经济特区政策。自1992年后，多个省份设立国家级高新技术开发区。对外开放的步伐逐步由沿海向沿江及内陆和沿边城市延伸，由点到线再扩大到面。2013年，成立中国（上海）自由贸易试验区，到2020年，我国自由贸

易区达到21个。此外，2018年还将海南岛确定为自由贸易港。

其次，开放的领域逐渐扩大，从开放商品市场、资本市场、技术市场、劳务市场开始，逐步拓展到能源交通等基础设施，以及金融、电信、科技教育、服务业等领域。在市场准入上，由正面清单变为负面清单，"非禁即入"。2018年，中央经济工作会议还指出，要"推动由商品和要素流动型开放向规则等制度型开放转变"。

再次，放宽各种政策，放开或取消各种限制，建设法治化、国际化、便利化的营商环境。如在比较长的一段时间里，在同等条件下，在税收、投资、外汇管理等方面，给予外商投资高于国民投资的待遇。现在对外资，继续强调要高标准落实准入后国民待遇，依法依规平等享受支持政策，在要素获得等方面享受平等待遇；降低关税，取消各种非关税壁垒；强化外商投资企业金融支持，让符合条件的外商投资企业上市；等等。

最后，加强与世界各国的联系、合作。2001年我国加入世贸组织；2013年，提出"一带一路"倡议；举办中国国际进口博览会；等等。

上述一系列政策措施极大地吸引了境外资源进入中国，极大地打开了国际市场，拓宽了中国企业走出去的道路。所有这一切，直接或间接地推动了中国现代化企业的发展壮大。

（2）充分利用境外资源

境外资源的利用，包括资金、技术、人才和管理制度等。

一是资金的利用，特别在初期。利用外资大体有四种方式：一是成立外资独资企业；二是成立中外合资企业或中外合作经营；三是到境外上市融资；四是向境外财团筹款兴办企业或扩大企业。中国部分互联网企业是在获得国外资金后发展起来的。

在培育中国自己的企业中，前两者可以起到间接的促进作用，后两者起到直接的作用。

长江三角洲地区和珠江三角洲地区是吸引外商投资的主要区域。中国为吸引外商直接投资，努力打造一流的营商环境，为外资打开"三重机遇之门"。一是实行国民待遇原则，确保外资在准入领域、要素获取、经营运行、知识产权保护等方面享受平等待遇。二是强化金融支持，支持外商投资企业在交易所上市融资，支持各类金融机构向外资企业提供金融服务和融资。三是引导投资方向，支持外商投资创新发展，参与中国科技强国战略，鼓励外资在中国设立研发中心。

中国统计年鉴显示，中国实际使用外资金额，1983年有22.60亿美元，2010年突破1000亿美元大关，2020年达到1443.69亿美元。另据报道，2021年吸收外资再创历史新高，达到1735.8亿美元，首次突破了一万亿元人民币，达到了1.15万亿元人民币，主要投资资金来自美国、日本、德国、英国、韩国等国家。

二是引进技术。引进技术的主要方式：一是从境外购置生产设备、生产线，从而带来技术；二是购买少量的境外产成品，进行仿造；三是直接购买设计、制造图纸、工艺流程、配方等境外技术。在改革开放初期，前两者是常用的方式。

三是引进人才。目前有数量众多的外国专家在中国工作。2022年中国工程院外籍院士就有111名。其中，美国54人，英国12人，加拿大8人，澳大利亚6人，日本5人，俄罗斯和法国各4人。中国新闻社报道，2021年年初，常住上海的外国专家达9.3万人。

四是引进管理制度和管理方法。中国不少知名企业，如华为、海尔等，在借鉴国外管理制度和方法的基础上，结合自身的特点，创建符合自己实际情况的新制度和新方法，从而发挥有效作用，促进自身的发展壮大。

以上是引进来，实际上走出去也是利用国外力量的重要方面。例如，派出或鼓励大批留学人员，在境外学习科学技术，学习管理等，回国后他们创业创新，对中国培育现代化企业起到重要作用。中国新闻社2021年年初报道，在上海工作和创业的归国留学人员达14万人，创办企业4000余家。

（3）开拓国际市场

国际市场的开拓，更是直接促进我国现代化企业发展的重要方面。

首先，国际货物贸易、服务贸易的发展，为中国企业打开了国外市场。进口，为中国企业发展提供所需的技术、装备、原材料等。出口货物和服务直接有利于中国企业的发展与壮大。其次,在中国现代化企业发展到一定程度,企业走出去,进入国外市场,更是进一步提高现代化企业水平,成为国际性企业、世界级企业的必由之路。

(三)充分发挥政府与市场两方面的作用

为了充分地调动各方面的力量兴办千千万万家现代化企业,必须共同发挥两只手——市场"看不见的手"(Invisible Hand,也称"无形之手")和政府"看得见的手"(Visible Hand,也称"有形之手")的作用。

1. 关于政府与市场关系的三种观点

(1)将两者完全对立起来、非此即彼的观点

一种是只要政府这只"看得见的手",强调政权的力量,完全排斥市场的力量。在计划经济时代,政府处于绝对统治地位,没有市场,即使有市场,市场也不起什么作用。

另一种是只要市场这只"看不见的手",完全排斥政府的力量。西方部分学者认为市场机制具有"天然合理性",没有缺陷。市场经济本身具有完善的自我调整机制,它可以保证经济长期均衡运行,并对资源进行最佳配置。改革开放后,中国某些学者也片面地鼓吹实行自由市场经济体制,极力贬低甚至诋毁政府的作用。

(2)主张两者是并行的、河水不犯井水的关系

持这种主张的,有两种表述:一是,市场主要协调资源配置,政府负责基本公共产品;二是,国家只要管好宏观经济的调控就行,不要管微观经济的运行。"两只手"各管各的,不越雷池一步。

(3)两只手不可偏废

既要有"看不见的手",也要有"看得见的手",两只手要共同发挥协调作用,两者之间不是互斥的而是互补的,正如太极图的黑与白,既对立又统一,你中有我,我中有你,统一成一个整体。

历史充分证明，即使是资本主义国家的社会经济发展，这两只手都起着重要作用。

2. 两只手各自的重要作用

（1）"看不见的手"的重要作用

"看不见的手"的作用是调节各种生产要素的配置，即依据市场运行的规律，通过供求关系和价格机制，在资本市场、劳动力市场、自然资源市场、技术市场和信息数据市场上，对社会化大生产及其再生产过程进行自动调节，促使各种生产要素实现最优化、最高效的动态配置。自由竞争、优胜劣汰是市场运行的基本规则。企业为求生存、求发展，保持企业活力、久盛不衰，必须在激烈的竞争中努力培育自己的优势，不断降低成本、改进质量，创新产品和服务。为此，企业本能地不断努力积累资本、更新设备、扩大生产；企业自觉地不断加强技术创新，改进生产工艺流程，提高产品档次，增加花色品种，推进企业升级转型，提升企业整体优势；企业主动地不断探索市场规律，提高应对市场变化、驾驭市场风险的能力，及时主动地调整生产经营活动，满足瞬息万变的市场需求。在"看不见的手"的作用下，上述一系列活动，一方面使企业能够以最低廉的成本实现资源的最优化配置，使企业在竞争中立于不败之地；另一方面，客观上，必然不断地促进科学技术的进步，使整个社会资源得到最优化配置，推动社会生产力的不断发展，改善整个社会的物质条件，丰富社会的物质财富和精神财富。

（2）"看得见的手"的重要作用

"看得见的手"的作用也十分明显。其实，纯粹的自由市场经济体制只是理论上的东西，现实中根本不存在。即使是资本主义国家，也不可能出现完全的自由市场经济体制。资本主义经济发展的每一步，都有政府引导、扶植、规范、促进的力量发挥作用。资本主义经济的发展历史充分证明这一点。以老牌的资本主义国家英国为例，资本主义经济和企业，都是在国家权力——政府的强有力的推动下建立起来的。从都铎王朝开始，英国实施一系列条例、法令、措施，鼓励、保护工商业的发展。它鼓励和支持圈地运动，剥夺农民的土地，建立起资本主义企业所必需的资本和劳动力的供给机制，为资本原始积累提供基础。之后，国家权力又通过残酷的殖民掠夺和海外扩张，为资本主义企业的发展扩大海外市场，并创造巨额的货币资本。美国企业同样是在国家权力的扶持、保护下发展、壮大、扩张起来的。南北战争为资本主义工商业的发展扫清道路。此后，美国联邦政府制定、实施一系列政策，如赠与土地，减免特种税，给予某种事业的经营专利权，发放各种补助金、津贴等，同时大规模修建铁路运输系统等基础设施，积极扶持、鼓励、刺激、促进工商业的发展。之后更是倾国家之力，保护、帮助美国企业走向世界。这些都给人以这样的启示，现代化企业的诞生、发展、成长，需要一个强有力的国家政权的扶持和保护。社会主义国家的企业要在资本主义国家重重包围、遏制下成长，壮大，进入世界，更需要一个强大的国家政权为自己开辟道路。

所以，"看得见的手"和"看不见的手"，对于国家经济的发展，对于企业的发展都是不可缺少的。市场这只"无形的手"，主要调节整个领域各种生产要素，使其达到最有效的结合。国家政府这只"有形的手"主要发挥以下五个方面的作用。

第一，建设和维护市场经济运行的良好环境。重要的是保障政局的稳定、政策的连续、社会的和谐；同时充分地提供市场经济运行所必需的公共产品。

第二，引导、扶植、规范市场经济的建立和完善。引导，就是国家根据整个世界形势和国内实际状况，制定正确的产业政策引导企业发展。扶植就是扶持、培育，通过税收、融资等方面的优惠和便捷，使各类企业成长、壮大。规范，就是让企业走向正轨、正道，使社会经济健康发展。

第三，消除市场经济固有的仅靠市场本身力量不可克服的缺陷。市场经济有促进社会经济发展的重要作用，是不可缺少的，但是必然存在阻碍社会经济健康发展、影响企业正常成长的负面东西。例如，在市场经济中，企业会采取各种手段追逐高额利润，甚至通过违法乱纪行为破坏市场公平竞争原则。这需要政府制定反不正当竞争法等法律法规和采取市场监管等手段予以纠正、阻止、打击。又如，在市场竞争中，优胜劣汰、弱肉强食，必将扩大贫富差距，破坏企业内劳资关系，引发社会动荡不安，不利于企业顺畅运营。这需要国家通过各种分配政策予以平衡。再如，市场经济发展到一定高度后，垄断资本和各种垄断企业崛起，垄断行为破坏了市场中公平公正的交易，扼杀了市场机制，阻碍了经济正常运行。这就需要国家制定有关反垄断等法律法规，加强监管，予以防制、制止。再如，在市场经济中，各自独立分散的企业，仅仅依据"价格信号"和自身的利益进行决策，具有盲目性，使社会生产呈现无政府状态，最终必然导致经济危机。这些危机严重阻碍以致破坏整个经济的运行。美国建国后发生的经济危机20余次，其中严重的有7次。经济都是在国家的干预下缓解、复苏过来的。最为有名的就是1929年的大萧条。在这次危机中，市场的自我调节功能完全失灵，美国政府不得不全面干预，实施"新政"，大力调整经济结构，建立社会保障等各种保障制度，动用国家力量救助陷于困境的中小企业和社会弱势群众，大肆兴建公共设施，才逐步实现经济复苏。2008年的国际金融危机，美国、欧盟、日本等经济体推出量化宽松等救市政策才得以解救各国经济。上述这些市场经济带来的问题，都需要国家政权这只"有形的手"来干预，或纠正，或阻止，或挽救。

第四，有效应对社会经济运行中出现的意外事件。在社会经济的实际运行中，往往出现突发事件，如火灾、洪水、飓风、地震、海啸等自然灾害，甚至战争。企业面临灭顶之灾的时候，更需要国家政权的援助。

第五，有为政府具有强大的执行力。它能够"总揽全局，协调各方"，迅速缓解各方不同利益的掣肘和纷争，取得统一的解决方案，快速推动事业发展的进程。当然，有为政府不能包办一切，应有所为，有所不为，有所抓，有所放。中国经济社会的惊人快速发展充分说明有为政府的作用。

在社会主义市场经济中，必须正确处理好效率与公平、活力与秩序、自立自强与对外开放等重大关系，政府的"有形之手"的作用更为重要。

当然，"有形之手"不能插手纯粹是企业经营的内部事务。但是，在社会经济中，企业的活动不局限于内部孤立地运行，它与外界有千丝万缕的关系。它们与同行业企业的关系、与产业链中上下游企业的关系、与客户的关系、与消费者的关系，以及企业内部与员工的关系，是否正确处理，都会直接或间接地影响社会经济的运行、社会生活的安定。对于这些关系的处理，政府义不容辞，必须加以监管。

综上，宏观经济与微观经济都不是孤立运行的，很多都是重叠的、交叉的。微观经济与外部有着千丝万缕的联系，即使企业内部，如劳资关系等，不少也与社会秩序相关。微观经济的运行一旦涉及国家利益或者公共利益，国家必须过问、干预。当然，过问、干预的方式多种多样，可以是经济的、法律的，也可以是其他方式的。

因此，为了优化生产要素的配置，为了体现效率、促进公平，正确的选择是，既要充分发挥市场的作用，用"看不见的手"激发企业活力，开展竞争，创新科技，改善产品，增进服务，实现资源配置的最优化。同时，也要发挥政府的作用，既有序地引导、扶植企业发展，又规范企业前进的道路，帮助企业克服市场的消极面，应对各种各样的事故。从而把"有为的政府"与"有效的市场"更好地结合起来。在这一点上，任何国家都一样，只是出发点不一样，内容与方式方法不同。至于两者之间的平衡点，也就是"度"，哪个多一些，哪个少一些，或者平分秋色，则要根据每个国家、每个时期的实际情况确定，不能一概而论。

综上所述，为了完成第二个百年任务，把中国建成社会主义现代化强国，需要有千千万万家现代化企业，特别需要全球化大企业，以及世界一流的大企业。这是一项十分艰巨而又光荣的任务，必须调动一切可以调动的力量，全力以赴。同时，还要抓好以下五项工作：第一，要为千千万万家现代化企业的崛起营造良好环境；第二，要建立起一支以企业家为首的具有理想、善于创新、勇于拼搏、团结协作的职工队伍；第三，要充分发挥企业家精神；第四，要仰望星空，也要脚踏实地，踏踏实实地做好几项工作，正确处理好方方面面的关系；第五，认认真真地以史为鉴，披荆斩棘，排除万难，让中国大地上崛起千千万万家现代化企业的梦想成为现实。

营造有利于现代化企业崛起的良好环境

任何事物的形成、成长、发展，都不是凭空的，必然有其存在、发展的土壤。企业的成长、崛起，也必须有其客观条件。这种条件包括各个方面，有政治的、经济的、法律的、社会的等。

一、建立并坚决维护持续稳定、安全的国家政治生态环境

一个持续稳定、安全的国家政治生态环境是现代化企业崛起的必要条件，而且是首要的。"太平"才有"盛世"，处于"乱世"，整日逃亡，流离失所，不能"安居"，何来"乐业"，这是很浅显的道理。古今中外历史充分证明这一点。中国在半殖民地半封建社会时期，在帝国主义国家压迫下，民族企业只能在少数领域、局部地区有限发展，即使有优秀的人才，要把企业做大做强，形成一定的气候，也是很难想象的。几十年来，中东战争几起几落，阿富汗、伊拉克、黎巴嫩、叙利亚等国战祸连连，数以百万计的难民背井离乡、流离失所。这些国家在战火纷飞、社会动荡不安的状态下，要培育、壮大现代化企业，岂不是痴人说梦。

因此，营造有利于经济社会发展的国家安全环境、政治稳定环境、社会安定环境，是确保现代化企业崛壮成长的首要和必要条件。

二、构建高水平的社会主义市场经济体制

建设社会主义市场经济体制,是中国现代化企业崛起的必要客观条件。它的建立、完善,以至达到高水平,是一个漫长而又曲折的过程,其内容是与时俱进的。1993年中共中央明确提出要建立社会主义市场经济体制。随着发展,它的要求和内容不断充实和完善。2020年5月,中共中央、国务院发布《关于新时代加快完善社会主义市场经济体制的意见》,提出"为贯彻落实党的十九大和十九届四中全会关于坚持和完善社会主义基本经济制度的战略部署,在更高起点、更高层次、更高目标上推进经济体制改革及其他各方面体制改革,构建更加系统完备、更加成熟定型的高水平社会主义市场经济体制"。党的二十大又明确要求"构建高水平社会主义市场经济体制"。

(一)从计划经济转型为社会主义市场经济需要"破"和"立"

中华人民共和国建立后,实行的是计划经济。从计划经济转型为社会主义市场经济,不是一蹴而就的事情。这是一个"破"和"立"的曲折的过程,需要漫长的时间才能完成。"破"和"立"主要体现在意识形态、法律法规制度和权利格局三个方面。

1. 意识形态上的"破"和"立"

在意识形态上,要破计划经济思维的禁锢,立发展社会主义市场经济的思维。

中共十一届三中全会以后,党的工作以经济建设为中心,实行改革开放。当时,认识到计划经济体制的缺陷,必须改革。但是,如何改革?怎样开放?没有顶层设计,需要"摸着石头过河"。中国应该实行什么经济

体制？对此，是有一个认识的过程，也是一步一步地完善确定下来的。1979年11月，邓小平提出社会主义市场经济这个概念。他在接见外宾时提出："说市场经济只存在于资本主义社会、只有资本主义的市场经济，这肯定是不正确的。社会主义为什么不可以搞市场经济？"而且他明确指出"社会主义也可以搞市场经济"。以后，他在多个场合，反复使用"市场经济"这一提法。但是，这种认识是逐步被人接受的。

1979年12月，提出把单一的计划经济调节改为计划调节与市场调节相结合，以计划调节为主，注意发挥市场调节的作用。1982年，正式提出"以计划经济为主、市场经济为辅"的观点。1984年10月，提出"改革计划体制，首先要突破把计划经济同商品经济对立起来的传统观念，明确认识社会主义计划经济必须自觉依据和运用价值规律，是在公有制基础上的有计划的商品经济"。1987年，正式提出社会主义有计划商品经济的体制应该是计划与市场内在统一的体制的观点。1992年年初，邓小平南方谈话再一次强调："计划经济不等于社会主义，资本主义也有计划；市场经济不等于资本主义，社会主义也有市场。"党的十四大明确提出"我国经济体制改革的目标是建立社会主义市场经济体制"。建立社会主义市场经济体制的论断，从根本上破除了市场经济姓"资"、计划经济姓"社"的传统观念。

对市场作用的认识也是逐步深入的过程：市场开始被定为有辅助作用；后调整为"市场在国家宏观调控下对资源配置起基础性作用"；接着确定为重要作用。中共十八届三中全会进一步确定"市场在资源配置中起决定性作用"。

对资本的认识也是逐步深入的。过去只看到资本逐利性的负面影响，把它排除在生产要素之外，现在认识到资本逐利性的积极方面，它是必要的生产要素。这种思想意识的改变表现在两点。

首先是对民营企业的认可。改革开放后，中央一再强调，民营经济在整个国民经济中的重要作用。2023年7月，中共中央和国务院进一步指出："民营经济是推进中国式现代化的生力军，是高质量发展的重要基础，是推动我国全面建成社会主义现代化强国、实现第二个百年奋斗目标的重要力量。"

其次是对民营企业主作用的认识上，也需破和立。

一是要采取各种方式，引导人们认清民营企业主在市场经济中的地位和作用。特别是那些创建、亲自组织经营企业，并把企业做大做优做强的民营企业主，也就是民营企业家，他们是具有天赋、才能和高度创造力的人，他们承受着高强度的工作压力和风险，他们对社会做出了重要贡献、给社会带来巨大的收益。要尊重他们获得的经济利益和社会地位，赋予他们崇高的成就感和荣誉感。要营造尊重企业家、崇拜企业家、学习企业家、激励企业家创业的社会环境。1992年3月，刘永好、张宏伟等民营企业家第一次走进全国政协大会会场，表明国家对民营企业家的重视和尊重。

二是，要从各个方面支持企业家和创业者。更积极地营造尊重和激励企业家和创业者干事、创业的氛围；保障企业经营自主权；建立一系列融资和孵化机制，为创业者提供良好条件；在有条件的情况下，尽可能地减轻企业税负；建立政府重大经济决策主动问计企业家的工作机制；建立涉及企业政策和信息的公开发布机制；等等。

三是，宽容对待企业家在经营中的某些失误甚至错误。企业家是人，是一个自然人、经济人、社会人。他们也有七情六欲，会有这样那样的缺点，也会犯错误。因此，要宽容对待他们，鼓励他们探索，构建创新失误容错机制，允许他们失败，包容他们的个性等。即使极少数企业家一时走上歧路，只要迷途知返，就允许他们改过自新，继续努力将企业做好、做大、做强。总之，要营造一个宽容、开放的大环境，让企业家能够心无旁骛地经营企业，以恒心办恒业，扎根市场，深耕市场，勇敢前进。

2. 在法律法规和制度上的"破"和"立"

改革开放后的一段时间里，过去基于计划经济体制建立起来的某些法律法规与发展市场经济不适应。在摸索前进的改革道路上，不可避免地出现了"违规、违法"的问题，即违反过去制定的法律法规。实际上，这正是改革需要的，改革就是要打破这些不适宜的东西。但是什么是真正的改革、什么确实违法违规，是建立、完善社会主义市场经济体制必须解决的一个重要问题。

其中，十分关键的是对政策、法规、办法以及各种行为，用什么标准来衡量、检验。邓小平在1985年10月接见美国企业家代表团时指出，检验的唯一标准是，是否"有利于社会生产力的发展"。他在1992年年初的南方谈话中进一步指出：判断改革开放姓'社'姓'资'，标准应该主要看是否有利于发展社会主义生产力，是否有利于增强社会主义国家的综合国力，是否有利于提高人民的生活水平。这实际上也是建立社会主义市场经济体制的标准和要求。

3. 在权力和权利格局上的"破"和"立"

在计划经济时期，企业隶属于各经济部门和各级地方政府；资源由政府通过行政手段，采取指令性计划进行配置。各级政府掌握着权力和利益。改革开放后，从计划经济转轨到市场经济，实行多种所有制并存的方针，权力和权利的格局必然发生变化。某些执掌经济管理权力的干部和部门，有时会用计划经济的观念处理企业问题、市场问题，这是难以避免的。

以上三个方面的"破"和"立"不是一朝一夕完成的。在这个过程中，可能出现某些问题。

第一，转轨过程中，在某些具体的经济政策上，可能存在一定的模糊性和不确定性。这会影响市场经济的正常发展。同时，国际政治经济形势瞬息万变，国内经济发展日新月异，新情况不断出现，思想观念、政策法规、制度措施等都可能出现跟不上形势，或滞后，或应对不及时等情况。在特定阶段，这会不利于某些企业的发展。例如，在经济转轨过程中，脱颖而出的创业创新型企业对经济结构的调整起到引领作用，但是人们一时对其认识不足，受到部分社会舆论的怀疑。

第二，由于市场经济尚不成熟、不完善，可能产生某些不应有的破坏市场经济的行为。例如，某些人为了"富起来"，"八仙过海各显神通"，有些行为违背市场经济规律，甚至破坏了市场经济。某些国有企业、乡镇企业在改制过程中侵吞公有资产。某些企业通过不正当的资本运作手段操纵资本市场，资本野蛮生长和无序扩张等。

第三，在转轨过程中，必须警惕来自另一方面的干扰和破坏。国内外的某些势力，无意或有意忽视或忘记"中国共产党领导"和"社会主义"这两个定语，大力美化、推销西方自由市场经济，主张在资源配置中由市场决定一切；企图把社会主义市场经济体制引向歧途。因此，必须坚持中国共产党的领导和社会主义制度。习近平指出："我国经济发展获得巨大成功的一个关键因素，就是我们既发挥了市场经济的长处，又发挥了社会主义制度的优越性。"坚持社会主义市场经济改革方向，就是将社会主义基本制度与市场经济结合起来，社会主义市场经济是在中国共产党领导和社会主义制度的大前提下发展的市场经济。

（二）从计划经济体制转向社会主义市场经济体制是一个漫长的过程

从计划经济体制转向市场经济体制，没有什么经验可以借鉴，一切的一切都在摸索中前进，边探索，边改正，边纠错，是"摸着石头过河"。计划经济体制下形成的思想意识、观念、法律法规和制度，以及权利、权力格局等会起阻碍作用。转轨过程中可能出现某些矛盾甚至破坏性因素。因此，建设社会主义市场经济体制不可能一蹴而就，是要一步一步改变，一步一步向前推进的，从不完善到比较完善再到完善，从不成熟到比较成熟再到成熟，进而达到高水平，这是一个漫长的过程。

虽然过程漫长，企业命运有起有伏，但是社会主义市场经济体制的作用和威力十分明显。它极大地解放了生产力，促进了生产力的发展。短短几十年，中国已一跃成为世界第二大经济体，充分证明了走社会主义市场经济道路的正确性。从中国各地区经济发展水平来看，社会主义市场经济体制越完善，经济发达程度也越高，人民收入也越高。中国东南沿海地区特别是广东、江苏、浙江等地，民营经济迅速壮大，国有企业经过改制面目一新，飞跃发展。这充分说明经济发展与社会主义市场经济体制发展的程度密切相关。

社会主义市场经济体制的建立和完善，涉及多个方面，需要高效规范、公平竞争、充分开放的全国统一的大市场体系，需要法治化营商环境，需要具有道德规范和社会秩序的社会环境。

三、建设高效规范、公平竞争、
充分开放的全国统一的大市场体系

构建高水平的社会主义市场经济体制，需要强大的、高水平的市场作为坚强的支撑。目前，中国的市场结构比较多元化，不仅有商品市场，还有土地等自然资源、劳动力、资本、数据、技术等生产要素市场，已经具备了商品、生产要素优化配置的条件。但是这个市场有待规范、有待完备，大而不强，还未充分调动有助于企业发展和壮大的力量。因此，中国必须建设高标准的全国统一大市场体系。这样的市场体系具有以下四个特点。

1. 统一全国的市场基础制度规则

这是统一的重点，它的主要内容如下所述。一是完善统一的产权保护制度。其包括完善依法平等保护各种所有制经济产权的制度体系；依法保护企业产权及企业家人身财产安全；强化知识产权的保护；等等。二是实行统一的市场准入制度。严格落实"全国一张清单"管理模式，严禁各地区、各部门自行发布具有市场准入性质的负面清单。三是维护统一的公平竞争制度。坚持对各类市场主体一视同仁、平等对待。四是健全统一的社会信用制度。此外，还要做到建设高标准联通市场设施；统一生产要素和资源市场（包括土地和劳动力市场、资本市场、技术和数据市场、能源市场和生态环境市场）；建设高水平统一商品和服务市场；实现公平统一市场监管。

2. 各类市场主体具有平等地位和权利，实现公平竞争

党的十八大以来，党中央一再强调要平等对待各类市场主体，激发它们的活力，提振它们的信心。党的十八大提出，"毫不动摇鼓励、支持、引导非公有制经济发展，保证各种所有制经济依法平等使用生产要素、公平参与市场竞争、同等受到法律保护"。《中共中央关于全面深化改革若干重大问题的决定》指出,"坚持权利平等、机会平等、规则平等,废除对非公有制经济各种形式的不合理规定,消除各种隐性壁垒,制定非公有制企业进入特许经营领域具体办法"。2021年,习近平强调,要"平等对待各类市场主体"。这一点已经在法律层面上得到确认。《中华人民共和国民法典》明确规定:"国家实行社会主义市场经济,保障一切市场主体的平等法律地位和发展权利。"

市场主体地位和发展权利的平等,是实现公平竞争的必要条件。要实现公平竞争,还要破除不当的市场竞争和市场干预行为,使其规范化。重点强化反垄断。当前主要破除平台企业数据垄断,防止其利用数据、算法、技术等方式排除、限制竞争。

3. 充分开放,破除地方保护和区域壁垒

各地区不能搞"小而全"的自我小循环,更不能搞地区封锁。有的地方不顾自身的比较优势,盲目地进行低水平重复建设,形成过度的同质竞争;有的地方甚至以"内循环"为名,搞地区封锁。这些都是地方行政力量对市场的不当干预,是阻碍建设全国统一大市场的壁垒,必须打破地方保护和市场分割,约束政府对市场的不当干预行为。改革开放以来,中国出口额年均增长18%,而省际的贸易额年均增长只有4.8%。这充分说明,打通国内贸易的堵塞点,建立统一大市场的必要性。此外,还要全面清理歧视外资企业和外地企业的各类政策。

4. 实现高效规范

市场要达到高效规范,必须充分发挥两只手的作用。要正确处理政府和市场的关系。一方面,政府要尊重市场经济一般规律,最大限度地减少对市场资源的直接配置和对微观经济活动的直接干预,充分发挥市场在资源配置中的决定性作用;另一方面,也要更好地发挥政府作用,有效地弥补市场的失灵。在市场建设上,要清除妨碍统一市场建立的潜规则,全面

构建"亲""清"政商关系。

按照上述要求，统一制度规则，废除对非公有制经济各种形式的不合理规定，消除各种隐性壁垒；破除不当市场竞争和市场干预行为，逐步形成公平、透明的游戏规则，确保规则公平、运行透明，并使企业对社会稳定和发展趋势有足够的信心，对企业发展前景充满期待，从而能一往无前地把企业做大、做优、做强。

四、营造法治化营商环境

社会主义市场经济本质上是法制经济,必须服从依法治国的总体要求,必须以保护产权、维护契约、统一市场、平等交换、公平竞争、有效监管为基本导向,资本活动要依法进行。

社会主义市场经济中必然有各种形态的资本,要发挥资本作为生产要素的积极作用,同时有效控制其消极影响。因此,为企业崛起营造必要的环境应该包括两个方面的内容。这两个方面如同一枚硬币的正反两面,是相辅相成、缺一不可的。正面的是对企业家及其经营的企业给予"保障、帮助、扶持、培养",保护他们的各项权益,肯定他们的贡献,给予他们应有的社会地位,弘扬他们的精神,让企业家放开手脚,做大做强企业。反面的是必须对企业家及其经营企业的行为进行"规范、约束",要求企业本身严格遵纪守法,不能无序扩张、野蛮生长。要支持和引导资本规范健康发展。在建立和完善社会主义市场经济体制中,企业家,特别是民营企业家,是冲击计划经济体制的先行者,也是建立、完善新体制的受益者。可是,个别人出于一己私利,忘却基本的道德,成为社会主义市场经济规则和秩序的破坏者,做出违法经营行为。为此,政府理所当然地运用法律法规引导企业依法经营,使企业在正轨的道路上不断前进。规范、约束企业行为,并不是限制企业的发展,相反,这会促使企业在正确的道路上走得更远,崛起壮大。

法治经济就要把一切经济活动纳入法治化轨道,主要到三点:一是保护企业家的合法权益,赋予私有财产和公有财产平等地位并平等保护;二是维护公平交易、公平竞争的市场环境;三是对一切经济活动实施有效监管。要做到有法可依,执法必严。

（一）有法可依

要加强立法工作，健全并完善经济领域法律法规体系。1994年7月1日，国家正式颁布了《中华人民共和国公司法》，表明中国进入与国际惯例接轨的规范化管理时期。目前，中国已经制定了比较完备的法律体系。其中，最重要的有两类法律。

1. 保护合法权益的法律

保护合法权益的法律从保护和鼓励现代化企业发展的角度出发，主要涉及以下两个方面。

（1）保护财产权

这是最根本的，没有这一条，其他一切无从谈起。

中共十八届三中全会提出，公有制经济财产权不可侵犯，非公有制经济财产权同样不可侵犯；国家保护各种所有制经济产权和合法权益。中共十八届四中全会提出要"建立健全以公平为核心原则的产权保护制度，加强对各种所有制经济组织和自然人财产的保护"。

《中华人民共和国宪法》明确规定"国家保护社会主义的公共财产"；"国家依照法律规定保护公民的私有财产权和继承权"；"国家保护个体经济、私营经济等非公有制经济的合法的权利和利益"。《中华人民共和国民法典》也做出具体规定。这在法律上确保企业和企业家个人的合法权益。这样才能形成长期稳定发展的环境。

（2）保护知识产权

在社会主义市场经济中，需要特别强调的是保护知识产权。这对培育现代化企业十分重要。知识产权是权利人对其所拥有知识资产的专有权利。企业的发明创造，使用的商标、名称、图像和外观设计，都属于知识产权。知识产权制度的建立和实施，有助于规范市场秩序；弘扬以创新为荣、剽窃为耻的风气。保护知识产权，就是保护创新。知识产权制度可以保障创新者权益，激发创新者创造活力，促进创新人才的成长和发展。它可以促进创建过程中形成的原始创新能力、集成创新能力和引进吸收再创新能力转变为企业参与市场竞争的能力。它是激励企业家投入创新、创业的"护身符"。只有切实做好这一点，才能激励企业不断创新，推动企业成为知识产权创造和运用的主体。建立和完善知识产权制度是当代市场经济体制的重要基础。

以前的一段时间，中国对知识产权的保护重视较少，产权意识较淡薄。申请专利的企业数量较少，没有形成知识产权优势。这极大地不利于国内企业的创新，而外国企业趁机在中国知识产权领域"跑马圈地"。一些技术领域的知识产权基本被他们控制。在商标方面，国外品牌触角伸向各个行业，中国原有部分知名品牌被挤出市场，或被收购、侵吞；在国外则被抢注。在版权方面，计算机操作系统的知识产权基本被微软垄断。

为了改变这种局面，国家加大保护企业知识产权的力度，制定了《中华人民共和国著作权法》《中华人民共和国商标法》《中华人民共和国专利法》三部法律。近些年，中国保护知识产权工作有了显著的进步，取得显著成效。国家知识产权局还在加快编制《知识产权强国战略纲要（2021—2035年）》（简称《纲要》）。《纲要》的实施，将极大地完善社会主义市场经济体制，改善法治化营商环境。

此外，消费者权益的保护也是十分特殊而又重要的一个方面。它与商品供应者的权益虽无直接关联，但是，一旦消费者权益受到严重损害，市场经济也难以健康发展，必然阻碍企业的发展。20世纪90年代，国内消费品市场充斥着假冒伪劣商品，为纠正、消灭这种欺诈行为，切实保护消费者权益，1994年1月1日施行《中华人民共和国消费者权益保护法》，规定："经营者提供商品或者服务有欺诈行为的，应当按照消费者的要求增加赔偿其实际的损失，增加赔偿的金额为消费者购买商品的价款或者接受服务的费用的一倍。"以后，该法被修正、完善，把保护消费者的合法权益作为全社会的共同责任。

2. 维护公平交易、保护公平竞争市场环境方面的法律

其中，最重要的是反垄断法。反垄断法是市场经济的基础性法律制度，被誉为建设和发展市场经济的"经济宪法"。完善的社会主义市场，必须允许生产要素的自由流动，竞争公平、有序，企业优胜劣汰，必须防止、制止市场垄断。这是世界市场经济普遍实行的政策。中国从计划经济体制向市场经济体制转型，首先必须打破行政性垄断，包括行业垄断和地区垄断。行业垄断，应在不危害国家安全和经济安全的原则下，逐步打破。在市场经济体制初步形成后，就要重点防止市场垄断。

《中华人民共和国反垄断法》自2008年8月1日施行，目的是预防和制止垄断行为，保护市场公平竞争，提高经济运行效率，维护消费者利益和社会公共利益，促进社会主义市场经济健康发展。该法明确指出以下三种行为属于垄断行为：经营者达成垄断协议；经营者滥用市场支配地位；具有或者可能具有排除、限制竞争效果的经营者集中。同时规定，国务院设立反垄断委员会，负责组织、协调、指导反垄断工作；国务院反垄断执法机构负责反垄断统一执法工作。鉴于中国经济社会快速发展，针对互联网快速发展的新业态和出现的新问题、新矛盾，2020年中央经济工作会议进一步指出，要"强化反垄断和防止资本无序扩张"。强调"反垄断、反不正当竞争，是完善社会主义市场经济体制、推动高质量发展的内在要求"。"要完善平台企业垄断认定、数据收集使用管理、消费者权益保护等方面的法律规范。要加强规制，提升监管能力，坚决反对垄断和不正当竞争行为。" 2022年6月，全国人大常委会表决通过《全国人民代表大会常务委员会关于修改〈中华人民共和国反垄断法〉的决定》。这是健全统一、开放、竞争、有序的市场体系的重要举措。修改主要涉及以下三个方面。

第一，鉴于创新日益成为经济发展的新的动能，把"鼓励创新"纳入反垄断法立法目的体系。这创新了西方国家反垄断法和中国原有反垄断法只把维护竞争机制作为立法的目的体系。

第二，首次以法律形式规制数字平台经济垄断行为。数据成为新的生产要素，数字经济在经济构成中的比重日益提高，大型数字平台逐渐居于

市场支配地位，市场上的新型垄断行为逐渐出现，如数据垄断、大数据杀熟、屏蔽封杀、二选一等，破坏了公平竞争的环境，使资本无序扩张。此外，大数据信息的采集、泄露、贩卖，将极大地危害国家利益、社会安定和私人生活。针对这种现象，新的反垄断法明确规定，"经营者不得利用数据和算法、技术、资本优势以及平台规则等从事本法禁止的垄断行为"。

第三，规范行政执法行为的公平竞争审查制度、"安全港"制度。为了建立全国统一大市场，政府在进行社会管理、经济管理中，必须全面落实公平竞争审查制度，消除各种市场壁垒，遏制地方保护主义、产业保护制度等垄断之风，使各类资本机会平等、公平进入、有序竞争，激发市场主体的创业、创新活力。

在反垄断问题上，必须澄清一点，反垄断的根本点是反对垄断行为，不是不分青红皂白地一概反对垄断地位。企业走向垄断，是市场竞争的必然趋势。生产集中化也是社会大生产的要求。它既有利于企业地位的巩固，也有利于经济效率的提高，更有利于企业参与国际竞争。在中国，经济发展尚处在追赶阶段，生产集中度有待进一步提高。中国是社会主义国家，在某些涉及国家安全等重大国计民生领域，实施由国家控制的政策性的或战略性的垄断是必要的。它们在国家的要求和引导下必定不会实施垄断行为，相反能够充分有效地利用社会资源，积极主动创新，追求技术进步。垄断行为是指通过操纵价格、控制生产和销售等，损害消费者和公众利益；或者限制竞争，阻碍甚至排挤其他企业的发展；或者由于垄断不思进取、故步自封，阻碍创新和技术进步，不再提高效率，不再降低成本，满足于既得的高额利润。这些垄断行为，处于垄断地位的企业可以实施，不占有垄断地位的几家大企业为了获得高额利润，通过相互协议或者联合也可以实施。要反对的是这样一些垄断行为。

中国在经济活动主要领域的法律体系日趋完善，相对健全，但是存在某些空白点，如国家安全、科技创新、防范风险等重要领域和数字经济、互联网金融、人工智能、大数据、云计算等新兴领域，需要加快立法步伐。

（二）执法必严

执法必严，就要加强执法工作，加强执法力度；完善市场经济监管制度和监督机制。法律的生命力在于实施。"天下之事，不难于立法，而难于法之必行。"有了完善的法律法规体系，还需要严格执法，把"纸上的法律"变成"行动中的法律"。否则，法律法规将成废纸一张。当前中国法治经济的一个问题是执法不严，亟须加强监管，加强执法力度。

五、构建具有道德规范和社会秩序的社会环境

成熟的、健康的市场经济环境，不仅要有规范企业行为的法律法规等硬约束，引导企业经营者依法经营，还应该有规范企业行为的软约束，营造具有道德规范的、成熟的、健康的经济生态环境。在道德层面上，在资本面前摆上最基本的"红绿灯"，告诉资本，哪些是红灯，哪些是绿灯，红灯停止，绿灯可行。这有两个方面的要求：一是整个社会建立道德规范和社会行为准则；二是企业内部道德责任的培育，企业经营者应该具有自律精神，有法治意识、契约精神、守约观念，自觉地按市场准则行事，维护市场健康成长。

纵观中国企业的发展，个别企业经营者对维护整个社会秩序和经济秩序的有序进行缺乏责任感。在他们眼中，不存在市场规则、公平竞争。他们往往"不按牌理出牌"，不择手段打击竞争对手。为了利润的最大化，他们行走在法律边缘，甚至违背法律规定、道德规范。这是十分危险的。因此，在孵育现代化企业的生态环境中，构建具有道德规范和社会行为秩序的生态环境是十分重要且迫切的任务。

构建有道德规范的社会生态环境，最根本的一条是建设诚信经济。

（一）市场经济是诚信经济

市场经济是法治经济，更是信用经济、诚信经济。

关于诚信，中国古代贤明之士有所论述。司马迁在《史记》中说："然其言必信，其行必果，已诺必诚。"

"诚者，天之道也；思诚者，人之道也。"诚信是立国之本、立人之本，也是立企业之本。诚信，无论在国家层面、社会层面还是在个人层面，或者在政治、经济、法制等各个领域，都是十分重要的。没有诚信，

各个层面、各个领域都会出现混乱。企业更是如此，缺少诚信，不仅造成社会资源的巨大浪费，而且使企业陷入巨大的风险甚至无法生存以致破产。

诚信缺失是中国健全、完善社会主义市场经济体制的绊脚石。在经济活动中，恶意拖欠和逃避银行债务，拒不执行生效裁决；逃税、骗税、偷税；坑蒙拐骗，商业欺诈，制假售假等屡禁不止；电信诈骗猖獗；食品药品安全事件时有发生。建立诚信经济，刻不容缓。

（二）政府在建立诚信经济过程中的作用

建立诚信经济，各级政府责无旁贷。党的十八大指出，深入开展道德领域突出问题专项教育和治理，加强政务诚信、商务诚信、社会诚信和司法公信建设。

第一，在这四大领域中，政务诚信是首要的，包括司法公信。政府首先要重视并不断提高自身的公信力。为政之道，首先是取信于民。政府必须守信，获得人民的信任，才能推动诚信经济的发展。战国秦孝公时，商鞅想要变法，为了取得民众的信任，他在咸阳城的南门竖立一根三丈长的木头，下令说，如有人将此木搬到北门，可赏十金。百姓围观，但因猜不透他的意思，没人敢来搬木头。商鞅便将赏金提高到五十金。众人更加疑惑。后来有一人愿意一试，独自将此木扛到北门。商鞅立即召见此人，赏金五十，并夸他是秦国真正的良民。百姓见此情况竞相称赞商鞅令出必行。商鞅由此取信民众。次日颁布变法令，变法令顺利地逐一实施。这个事例说明诚信对国家兴盛的重要性。公信力强则民心聚，公信力弱则民心散。公信力强弱直接影响国家政策的顺利推行，关系国家兴衰。

第二，政府应该积极推动商务诚信、社会诚信的建设。20世纪90年代，国内经济出现"三角债"风潮。为解决这一困境，当时政府采取铁腕手段，大力整治。1992年5月，解开了多年的"三角债铁链"。这是一次政府主导商务诚信、社会诚信建设的行为。商务诚信是诚信经济建设的重点。它是商务关系有效维护、商务运行成本有效降低、营商环境有效改善的基本条件，是各类商务主体可持续发展的生存之本，也是各类经济活动高效开展的基础保障。

为了建设商务诚信、社会诚信，国务院2014年明确指出，"社会信用体系是社会主义市场经济体制和社会治理体制的重要组成部分"。这种体系的建设将"以法律、法规、标准和契约为依据，以健全覆盖社会成员的信用记录和信用基础设施网络为基础，以信用信息合规应用和信用服务体系为支撑，以树立诚信文化理念、弘扬诚信传统美德为内在要求，以守信激励和失信约束为奖惩机制，目的是提高全社会的诚信意识和信用水平"。要在全社会树立诚实守信为荣、假冒欺骗为耻的道德风尚。

（三）建设诚信经济的过程中，企业家应承担的责任

营造诚信经营的市场环境，不仅是政府责任，更是每位企业家的共同责任。企业家应该坚持诚实守信，努力做诚信守法的表率，良好的市场环境自然能够形成和完善。企业家要同方方面面打交道，调动人、财、物等资源，没有诚信寸步难行。在没有诚信的社会中，企业只能苟活，难以茁壮成长。而没有诚信的企业，最终必遭唾弃，走向消亡。习近平在2022年指出："要培育文明健康、向上向善的诚信文化，教育引导资本主体践行社会主义核心价值观，讲信用信义、重社会责任，走人间正道。"

建设并完善社会主义市场经济，就必须在整个社会中营造一个爱国敬业、遵纪守法、诚信经营的氛围，让这些要求植入每个人的心中，融进每个人的血液中，成为他们精神的不可或缺的一部分，成为他们行动中自觉遵守的准则。这是成熟的社会主义市场经济体制的标志，也是成熟社会的标志。

建立一支以企业家为核心、以企业文化为灵魂的战斗队伍

一家现代化企业的成长，绝对不可能一蹴而就，也绝对不可能一帆风顺。它必然要经历从无到有、从小到大、从弱到强的过程，经历以小博大、以少胜多、以弱胜强的过程。在披荆斩棘中，杀出一条血路，从企业建立之初的力求"活着"，到"做大""做强""做久"，成为全国性大企业、全球性大企业，甚至成为屹立不倒的世界一流企业。现代化企业首先需要有一位敏于行、勇于闯的企业家。但是，企业家单靠个人之力，不能使企业成长壮大的，他必须有其他力量支持。日本企业家稻盛和夫在纽约的一次演讲中说过，"一名出色的管理者，要具备三种力量：第一种力量是'自力'，另外两种力量'他力'"。"自力"是管理者自身具备的能力或力量。两种"他力"是：管理者的得力助手、左膀右臂，以及企业员工的支持所产生的力量；宇宙、自然赐予企业发展的力量。他在"他力"中提到的左膀右臂的扶助和企业员工的支持，是需要企业家重点解决的两大问题。而"他力"中的宇宙、自然赐予的力量，可否理解或更改为时代给予的机遇、历史赋予的使命？这需要企业家去捕捉和把握，并把它刻入企业全体成员的心中，融入企业整个运营之中。以上所说的三种力量，可否认为是一家现代化企业崛起应有的条件呢？

一、 一位优秀的企业家

（一）企业家的作用

沧海横流显砥柱，万山磅礴看主峰。

在任何一个组织中，领袖的作用都是不可忽视的。时势造英雄，但英雄可以反作用于时势，推动时势的发展。

马克思主义从来不否定个人在历史中的作用。马克思主义主张，人民群众是历史的创造者，但是从未否定，而且充分肯定伟大人物、杰出人士对社会历史的推动作用、影响作用。他们是历史发展趋势、社会发展脉络的先知先觉者。他们的活动可以加速或者延缓社会历史的发展进程，影响社会历史的局部面貌。

这一点，在动物界也都存在。羊群有领头羊；大雁南飞有头雁；蜂群有蜂皇；连蚂蚁搬家都有领头的。2021年5—6月，云南一群野象周游云南各地，就是一头头象带领的。

人类社会中，不论中外，一个国家的兴衰与领导者密切相关。沙俄崛起自彼得大帝。中国历代王朝的兴亡，更为明显。有了秦皇、汉武、唐宗、宋祖，才有大秦的大统一、汉朝的开疆拓土、唐朝的各国朝拜、五代十国分裂割据的结束。中国革命之所以能在敌强我弱的艰难困境下，短时间内取得巨大胜利，正是由于有了伟大领袖毛泽东。

经济领域也是如此。中国企业管理学界，强调企业领导者的重要性，流行着一句名言："狼领导的一群羊，能打败羊领导的一群狼。"在企业界经常看到这样的情况：一家濒临破产倒闭的企业，由于变更领导层，引入精明强干的企业家，起死回生。一家欣欣向上的企业可能因为领导者孱弱、目光短浅而一落千丈。在国内外强手林立、竞争十分激烈的情况下，一家新生的企业要想冲破重重阻力，异军突起，从低端迈向中端到高端，从边缘前沿走到核心领域，成为佼佼者，成为全球性企业，其难度可想而知。在强弱分明的状态下，要以小博大、以弱胜强、以少胜多，关键在于企业的领军人，在于优秀的企业家。一家企业的成功，根源于企业家的理想和追求、胆识和魄力、能力和坚韧。

在现代化企业崛起中，企业家都是不可或缺的领导者。企业家是怎样的一种人？"企业家"一词最早出现在16世纪，原意是"冒险事业的经营者或组织者"。当时没有企业，这是一个军事用语。英国第一次工业革命后，才应用于经济领域。1815年，法国经济学家让·巴蒂斯特·萨伊认为，企业家是冒险家。他们是面对"不确定性"，进行"创造性破坏"，实现生产要素重新组合的人。他们是"不墨守成规、不死循经济循环轨道的，常常是创造性地变更其轨道的"人。1942年，经济学家熊彼特提出，企业家是"创新的灵魂"。而创新就是对新产品、新市场、新生产方式、新组织开拓和新原材料来源的控制调配。管理学家德鲁克认为，企业家是革新者，是勇于承担风险、有目的地寻找革新源泉、善于捕捉变化，并把变化作为可供开发利用机会的人。这些学者的观点有一个共同点，都把"创新""变革"作为企业家的主要特征，甚至是唯一特征。

从现代化企业发展的实际情况看，企业家将扮演以下角色：高瞻远瞩、多谋善断的企业发展战略的决策者；极具智慧和艺术地把各种不同资源高效整合，生产出人们喜闻乐见的高品质产品的组织者；敢于自以为非、勇于第一个吃螃蟹的创新者；在千难万险的征途中带领企业冲破惊涛骇浪、坚定不移地向既定目标勇敢前进、屹立不倒的掌舵者。最重要的一点，他们是凭借个人理想信念、人格魅力、智慧才能、进取精神、坚韧毅力把来自五湖四海的各种优秀人才、广大员工凝聚一起，组建一支具有高度文明、高度活力和不屈不挠战斗精神的队伍，并成为这支队伍的核心。他们带领这支队伍战胜各种困难，创造出能够不断创新的现代化大型企业，以至世界一流企业。

劳动力、自然资源、资本、科技、数据等生产要素都是客观存在的，在未被有效组织前，只是静静地躺在那里。企业家的任务和作用就是以先进的理念、先进的管理，把这些生产要素充分调动起来，将它们完善、高效地组织起来，并且在不断创新的基础上，不断地重新组织、生产出符合国家需要、人民需要的高质量产品，提供令人满意的服务，开拓出广阔的市场，为企业创造更多的财富，为满足社会需要、促进国家经济发展做出贡献。各种孤立的生产要素，只有在企业家手中，才能活起来，才能在复杂多变的竞争中发展壮大起来，才能真正成为财富，成为人们生活品质改善和提高的源泉。企业家能改变一家企业，而一家强大的企业还能带动一个城市的发展，甚至成为一个国家经济发展的重要因素。美国经济之所以跃居世界第一位，就是因为有通用电气、AT&T、微软、苹果、谷歌等优秀企业不断涌现。这些企业之所以能茁壮成长，正是由于其背后有爱迪生、贝尔、盖茨、乔布斯、佩斯等优秀企业家。韩国的三星，日本的丰田、本田、松下等，荷兰的阿斯麦，它们对于各自国家经济发展的贡献都是有目共睹的。

纵观当今世界，很多发展中国家固然缺乏诸多经济要素，但最缺乏的是能够参与市场竞争的企业家，包括企业的创建者和职业企业家。中国正处于社会主义市场经济建设的攻坚期和深水区的关键阶段，继续进行的经济体制改革和发展，需要正确认识企业家特别是民营企业家的地位和作用，正确对待他们。在中华民族伟大复兴的征程中，需要真正的企业家不是几个、几十个、几百个，也不是几千几万个，而是以十万、百万计，是一支具有鲜明时代特征、民族特色、世界水准的中国企业家队伍。2023年5月，二十届中央财经委员会第一次会议指出，要大力建设世界一流企业，倍加珍惜爱护优秀企业家，大力培养大国工匠。

（二）国内外企业家的翘楚

国内外企业的实践充分说明，凡在国际经济、国内经济中做出杰出贡献的企业，都有一位杰出的企业家。

杰克·韦尔奇，1981年出任美国通用电气公司（GE）董事长和首席执行官。在他执掌通用电气的19年里，公司的销售收入增长四倍以上，世界排名第五；税后利润增长近十倍，世界第一；总市值跃升为世界第二；给股东的年均回报率达24%。公司连续三年在《财富》杂志评选的"全美最受推崇的公司"中名列榜首。公司旗下12个事业部在各自市场上保持龙头地位。《财富》杂志把通用电气公司的高成长性和辉煌成就归功于韦尔奇的人格魅力和先进的经营管理理念。

美国克莱斯勒公司在经营中发生巨额亏损，福特汽车公司的总经理艾科卡走马上任，一举扭亏为盈。同一家企业，同一批员工，仅仅更换了企业领导人，企业就发生翻天覆地的变化，充分说明优秀企业家的重要性和作用。

20世纪50年代，日本有四大知名企业家，即松下幸之助、盛田昭夫、本田宗一郎、稻盛和夫，他们被誉为日本"经营四圣"。稻盛和夫创建两家公司并带进世界500强企业行列；78岁的他临危受命，接手濒临破产的日航，仅用一年时间就带领日航起死回生，并做到日本行业第一。他创造了阿米巴理论：把整个公司分割成许多被称为"阿米巴"的小型组织，每个小型组织都是独立的利润中心，独立经营，从而有效推动企业的发展。

改革开放以来，随着社会主义市场经济体制的建立和不断完善，一大批具有爱国情怀，又有抱负、有胆识、勇于创新、敢于拼搏进取的中国企业家茁壮成长。他们顺应历史潮流，建设起一大批具有时代特征、民族特色、世界水准的中国企业。他们把企业的发展同国家的繁荣、民族的兴盛、人民的幸福紧紧地结合在一起，为国担当，为国分忧，为中国经济社会强劲发展、综合国力显著增强做出重要贡献。习近平高度重视企业家群体在国家发展中的重要作用。他要求企业家"努力成为新时代构建新发展格局、建设现代化经济体系、推动高质量发展的生力军"。

回顾中国一些知名企业的领军人物，他们都是中国的骄傲。

2021年，在世界企业500强中，中国大陆企业有136个，绝大部分是央属国有企业。它们的掌门人是国务院或者国资委从众多人选中选拔出来的，个个都是货真价实的企业家。例如，宋志平，1979年毕业于河北大学化学系。2009年，出任中国建筑材料集团公司董事长时，公司负债33亿元人民币。在他领导下，中国建筑材料集团重组1000多家水泥企业，进入世界500强企业行列，成为中国建材行业领军企业、全球领先的建材制造商。2009年，他同时受命担任中国医药集团总公司董事长，在他的带领下，有关企业进行重组，到2013年，中国医药集团成为中国医药行业中首家进入世界500强的企业。2018年他荣获"《财富》CEO终生成就奖"，2019年荣获"70年70企70人中国杰出贡献企业家"称号和"新中国成立70周年卓越贡献企业家终身成就奖"，是中国优秀企业家的代表人物。现任中国上市公司协会会长和中国企业改革与发展研究会会长。宋志平又是企业经营管理专家，出版多部有关企业管理的专著，是北京大学、清华大学、武汉理工大学和济南大学等高校教授。

2019年，获得"70年70企70人中国杰出贡献企业家"称号的企业家还有中国化工集团有限公司董事长宁高宁、中国第一重型机械集团有限公司董事长刘明忠、中国远洋海运集团有限公司董事长许立荣、中国电子信息产业集团有限公司董事长芮晓武、中国盐业集团有限公司董事长李耀强、中国能源建设集团有限公司董事长汪建平、中国黄金集团有限公司董事长宋鑫、中国保利集团有限公司董事长徐念沙、中国航天科工集团董事长高红卫、中国石油化工集团公司原董事长傅成玉、华润（集团）有限公司董事长傅育宁、中国电子科技集团有限公司董事长熊群力等。

改革开放后，中国民营企业家破土而出。他们多数白手起家，企业历经千难万险成长起来，为中国经济发展做出重大贡献。2018年10月，中央统战部和全国工商联推荐宣传改革开放40年百名杰出民营企业家。

为人们所熟知的企业家不少。其中，佼佼者当属华为的任正非。短短的二三十年间，他把当初注册资金只有2.1万元的一家毫不起眼的小企业华为发展成世界通信巨头的强劲对手，美国对其不断遏制、打压。针对美国的打压，任正非沉着冷静应对，有理有节回击，并以此为契机，加强内部科技创新，探索新的突破口，继续推动华为更上一层楼。他为国人树立了威武不屈、敢于斗争、善于斗争的榜样。华为业务遍布170多个国家和地区，有员工近20万人，其中53%是研发人员。《世界经理人》杂志认为，"华为在国际市场上势不可挡的攻击性以及由此带来的成功，为任正非赢得了西方媒体的尊敬"。任正非被视为中国通信设备制造领域的神秘"教父"。2005年美国《时代》周刊把任正非评为"影响世界的100位名人"。2009年任正非被《福布斯》评为"最受国际尊重的中国内地企业家"。2011年，他入选美国《财富》杂志评选的"中国最具影响力的50位商界领袖"榜单，位列榜首。华为的成长和崛起，任正非功不可没。可以说，没有任正非，就没有华为。

海尔集团的创始人张瑞敏。1984年以来，张瑞敏成功地把一家濒临倒闭、资不抵债的集体所有制生产电冰箱的小厂带出困境。1991年12月创建海尔集团（以下简称"海尔"）。在他的带领下，海尔先后实施名牌战略、多元化战略和国际战略等，重点发展科技、工业、贸易、金融四大支柱产业。2021年，海尔已成为中国电子信息百强之首、世界第四大白色家电制造商。它在全球30多个国家和地区建立设计中心、制造基地和贸易公司，有员工5万多人，电冰箱、空调、洗衣机、电视机等16个产品被评为中国名牌。在经营海尔的过程中，张瑞敏坚持以"人的价值最大化"为核心，创立"人单合一"等一系列企业管理模式。有人称他为"中国管理之父"。他获得荣誉很多：多次入选《财富》杂志评选的"中国最具影响力的商界领袖"榜单，其中2005年、2006年两年位居榜首；2012年，欧洲顶级商学院IMD授予他"IMD管理思想领袖奖"；2018年，被中共中央、国务院授予"改革先锋"称号，并被评价为注重企业管理创新的优秀企业家；2020年，中国管理科学学会授予其该会的最高荣誉"管理科学特殊贡献崇敬奖"，他是获得该奖的首位企业家。

福耀玻璃工业集团的创始人曹德旺，14岁辍学走向社会，在街头卖过烟丝，贩过水果，拉过板车，修过自行车。30岁，进入一家乡镇玻璃小厂当采购员，不久，承包了这家连年亏损的小厂，并将主业转向汽车玻璃。1987年，创立福耀玻璃有限公司（以下简称"福耀"）。在他的带领下，福耀快速成为中国最大的汽车玻璃供应商。它生产的汽车玻璃占中国汽车玻璃市场份额的70%以上，成功地挺进国际汽车配套市场，成为宾利、奔驰、宝马、路虎、奥迪等品牌的重要配套供应商。它在美国、德国、俄罗斯设有工厂，是世界第二大汽车玻璃厂商。它的部分高新技术产品代表当今世界最高的制造水平，拥有独立的知识产权。2009年，曹德旺荣获"安永全球企业家大奖"。这个奖项有企业奥斯卡之称，全球最成功、最富有创新精神的杰出企业家才能获此殊荣。2019年，他荣获"70年70企70人中国杰出贡献企业家"称号。

吉利的李书福，白手起家，1982年开始做照相的生意。1986年开始创业，制造电冰箱及电冰箱零配件，后进入摩托车行业。1996年创办吉利集团，1997年正式进入汽车制造业。2001年吉利获得轿车生产资格。此后，吉利集团一直走自主创新的道路，在中国汽车行业的发动机、变速箱等核心技术领域率先取得重大突破。2006年吉利跨出国际化的第一步，相继收购多家国外企业。最为轰动的是上演了一场"蛇吞象"的大戏，小小的一家中国民营企业吞并了世界著名汽车品牌沃尔沃。在李书福的带领下，吉利成为中国成长最快的民营汽车企业。2018年，吉利集团已创建吉利汽车、沃尔沃汽车、路特斯汽车、远程新能源商用车等十余个知名品牌；有5个全球工程研发中心和5个全球造型设计中心。它在中国、美国、瑞典、比利时等设有制造工厂；拥有4000多家产品销售及服务网点；全球员工超过12万人。此外，它还设立吉利学院、三亚学院、浙江汽车职业技术学院等10所院校。吉利集团进入2012年世界500强企业榜单。李书福被人称为"汽车疯"，又被誉为"中国版亨利·福特"。他本人先后荣获"全国优秀乡镇企业家""青年改革家""经营管理大师""十大民营企业家""中国十大慈善家"等称号，并被《福布斯》列入全球亿万富豪榜。2022年李书福入选中国"25位年度影响力企业领袖"。

王传福，出身农家，十年寒窗，刻苦学习，26岁当上高级工程师、副教授。1995年，他白手起家，借款创办比亚迪公司。2003年，该公司发展成为中国第一、全球第二的充电电池制造商。王传福成为"电池大王"。同年，公司进入电动汽车行业。由于其有电池领先技术的支持，2006年研制成功搭载自主研发的世界第一款铁动力电池的纯电动轿车F3e；2008年12月推出全球第一款不依赖专业充电站的F3DM双模电动车（用电动车系统和混合动力系统两种技术相结合的方式控制发动机），拉开了全球新能源汽车变革的序幕。此后，各种类型的纯电动车相继问世，比亚迪成为新一代"绿色汽车"的领导者。截至2022年，比亚迪新能源汽车已连续九年销量稳居全国第一。王传福称，比亚迪汽车要在"2025年实现销量世界第一"。目前，比亚迪业务横跨汽车、轨道交通、新能源和电子四大产业，有员工22万多人。截至2021年，它的新能源汽车遍布六大洲的70多个国家和地区。它通过太阳能电站（发电）、储能电站（储电）、电动车（用电）改变传统的能源消耗方式，改善环境，实现可持续发展。王传福深得"股神"巴菲特的赞赏。巴菲特称赞王传福是"真正的明星"（一说是"伟大的企业家"），是他最欣赏的全球四位CEO之一（其他三位是亚马逊的贝佐斯、精密机件的多尼根、苹果的库克）。巴菲特认为，王传福具有独特的管理运营能力，比亚迪是一家年轻而充满活力的创新型公司。2008年巴菲特首次对中国民营企业进行长期的战略性投资，认购比亚迪10%的股份。新能源汽车的广阔发展前景和巴菲特的投资，刺激比亚迪股价飙升。2009年9月，王传福一跃成为当年的中国首富。2015年，比亚迪荣获联合国成立70年来首个针对新能源行业的"联合国特别能源奖"；2019年，王传福入选"福布斯年度商业人物跨国经营商业领袖"名单，荣获"70年70企70人中国杰出贡献企业家"称号；2021年位列"福布斯中国最佳CEO榜"第三，入选"中国经济年度人物"；2022年，入选中国"25位年度影响力企业领袖"。

格力电器的董明珠，1990年进入公司时，只是一名基层销售员，但是她为公司打开并占领中国空调市场立下汗马功劳，被人誉为"中国营销女皇""营销凤凰"等。2001年4月，她出任格力电器的总经理，后任总裁，2012年5月任命为格力集团董事长。在她的带领下，格力在很多重要技术领域实现重要突破与创新，实现"国际领先"，公司在已有基础上进一步发展，不断做大做强，大踏步地进入并扩展海外市场。她获得很多荣誉：2003年荣获首届世界华商妇女大会"十大最具影响力的华商妇女"称号；2004年至2009年，五次入选美国《财富》杂志评选的"全球50名最具影响力的商界女强人"；2005年，被授予"最具价值十位卓越商业领袖"的称号；位列2017年福布斯中国最杰出商界女性排行榜第一；在2019年全球最具影响力女性榜上位列第44；上榜2021年《财富》全球最具影响力的商界女性榜，位列第七；等等。

宁德时代的曾毓群是宁德时代新能源科技公司的董事长兼总经理。他是农家子弟，1999年与陈棠华等人共同组建新能源科技公司。2011年二次创业，创立宁德时代新能源科技公司，专注于新能源汽车动力电池系统、储能系统的研发、生产，是中国锂电重大贡献者。2017年，宁德时代的动力电池销量占全球份额的32%，动力电池系统使用量连续六年位居世界第一。曾毓群被评为"2019—2020年度全国优秀企业家"；2022年被评为

"2021年中国民营经济十大新闻人物"，被《中国企业家》评为"2022年度影响力企业领袖"。

互联网的兴起催生了很多优秀企业家。其中最知名的当推BAT的创始人，即百度李彦宏、阿里巴巴马云、腾讯马化腾，以及后来居上的京东刘强东。他们在改变生活方式、便利生活活动、提高生活质量方面，做出重要贡献。

李彦宏构建了百度搜索网站，让人们能够快速地搜索到古今中外的各种信息、知识。人在家中坐，能知天下事。百度每天都要响应来自100多个国家和地区的数十亿次搜索请求，是互联网用户获取中文信息和服务的最主要的入口。它服务十亿互联网用户，是全球最大的中文搜索引擎。但是，他不满足于此。他认为，"互联网是前菜，人工智能才是主菜"。他雄心勃勃地研发类脑软件，努力占领人工智能领域的制高点，使"中国大脑"成为全球最大规模的人工智能共享平台。他是中国乃至全世界率先推动人工智能前沿科技研究的企业家之一。2019年，美国《哈佛商业评论》评出的全球最受关注十大AI领军人物，李彦宏是唯一的中国面孔。他创办的百度是中国人工智能领域技术积累最深、布局领域最广的代表性公司。2010年到2013年，李彦宏连续三年获评"《福布斯》全球最具影响力人物"；2018年，获得"改革开放40年百名杰出民营企业家"的称号；2022年入选"2022年度影响力企业领袖"。

马云创建的阿里巴巴集团经营多项业务。他创建了电子商务平台，极大地满足了人们的购物需求，使生活更便捷；创建了支付宝，极大地简化了人们支付行为，推动消费市场的繁荣。阿里巴巴为数以亿计的消费者和数千万的中小企业服务。它致力于让天下没有难做的生意，开拓数字经济时代的商业基础设施，推动各行业走向数字化、智能化。2009年，马云获得CCTV经济年度十年商业领袖奖，被美国《时代》杂志评为"百大最具影响力人物"；2017年，被美国《财富》杂志评为"年度全球领袖人物"；2018年，被全球化智库评为"世界最具影响力十大华商人物"；等等。此外，马云还被联合国授予"可持续发展目标"创导者、联合国贸易和发展会议青年创业和小企业特别顾问、联合国数字合作高级别小组联合主席等。

马化腾打造了一个庞大的"QQ帝国",为中国人创造了全新的沟通方式。腾讯的微信使数以亿计用户的社交活动十分快捷、丰富多彩,给他们带来集即时沟通、娱乐社交和生活服务为一体的新移动生活方式。微信支付使用户可以通过手机完成支付流程,为用户提供安全、快捷、高效的支付服务。除此之外,马化腾还创建各种娱乐平台。腾讯游戏已成为国内最大的网络游戏社区,它以"用心创造快乐"为理念,打造各种精品,丰富人们生活。腾讯将进一步加大数字化投入,夯实数字化技术能力,更加深入地探索产业互联网,积极拥抱新环境,探索新的发展道路。马化腾获得2004CCTV中国经济年度新锐奖,入选美国《时代》周刊"全球最具影响力商界人士25人"名单;2006年,被《中国企业家》杂志评为"最具影响力的企业领袖";从2007年开始,被美国《财富》杂志多次评为"中国最具影响力的商业领袖",2014年、2015年先后荣登榜单的第一、二位;2013年,在《财富》杂志发布的"年度全球商界风云人物"排行榜中,排名第三位;2018年,在福布斯发布的"十大最具影响力CEO"名单中,排名第十。腾讯在2022年发布的"中国民营企业500强"榜单上排名第六。

刘强东的京东,也是一个购物平台。它凭借诚信经营、质量保证和自建物流系统的快速递送优势,迅速发展壮大。2020年世界500强企业中位居第59,在民营企业中仅次于华为(位居第44),而超过阿里巴巴;2021年跃居到第46位,超过华为。

除了上述这些为人熟知的企业家外,还有很多敢于改革、勇于创新、迎难而上、奋勇前进的企业家,如恒力集团的创始人陈建华和范卫红夫妇等。

(三)澄清、明确两个认识

第一,什么样的企业家才是优秀的企业家?把各种生产要素组织起来,为社会提供商品和服务,为国家经济发展做出贡献是企业家的基本职责。但是，仅做到这一点，并不能称之为"企业家"。分析上述企业家取得的成绩或做出的贡献，不难发现他们都具有某些特质，如先进性、充分性、高效性、创新性等，这些就是企业家精神。也就是说，具备企业家精神的人，特别是有创新精神的经营者，才能被称为"企业家"。美国知名经济学家熊彼特在《经济发展理论》一书中说，企业家把各种生产要素组织起来进行生产，并通过不断创新改变其组合方式才带来了经济增长。这里提出了企业家必须具备的两个条件：一是把各种生产要素组织起来进行生产；二是通过不断创新改变其组合方式。两者缺其一，就不能称为"企业家"。只具有前一个条件的企业领导者，如厂长、经理、总经理、总裁等，实际上只能是企业经营者，而不是企业家。正如其他领域一样：演艺界的演员很多，能够称得上表演艺术家的不多；教育界有教师、校长等，但能称得上教育家的却是凤毛麟角。

第二，要明确"企业家"与"资本家"都是经济范畴的用语而不是道德范畴的用语。两者之间有区别，也有重叠。什么是企业家？上文已经阐明。在资本主义国家，资本主义企业的所有者，就是名副其实的资本家。他们依靠手中控制的资本，通过企业活动，以追求最大利润为目的，剥削劳动者的剩余价值。如果他们对各种生产要素的结合、对企业的经营管理亲力亲为，而且达到上述要求的，他们是资本家，又是企业经营者，也有可能成为企业家。如果他们自己不从事上述组织活动，不从事经营管理工作，纯粹是一个食利者，那么他们是不折不扣的资本家。资本主义企业中的职业经理人，受雇于资本家，为资本家从事上述活动，他们有可能成为企业家而不是资本家。在社会主义社会，多种经济成分并存，情况比较复杂。国有企业的经营者可能是企业家，但不是资本家。民营企业的资本所有者，是资本家，也可能是企业家，两者可能重叠。如果仅是资本主，不从事生产经营活动，那么他只是资本家，不是企业家。在民营企业中，有少数资本所有者并不追求利润而是真心地为国为民创办企业，经营企业，这些人是真正的企业家，而不是资本家。在混合经济中，在国有控股或持股企业中，由国家委派的主要高级管理人员有可能成为企业家；其余持股者，除了职工持股以外，持股达到一定比例后应该是资本家。同理，在其他股份制企业中，除职工持股者或者从股市上购买少量股票的持有者外，其余的在持股达到一定比例后便是资本家。现在网上有些人，把某些人，从过去称其为"企业家"贬称为"资本家"，多数是从道德层面上、从情绪上做出的判断。其实，资本具有负能量和正能量的两面性，作为资本人格化的资本家也具有发挥负面作用和发挥正面作用的两面性。在资本主义发展中，资本家是生产力发展的推动者。在社会主义社会初级阶段，资本依然是重要生产要素，"资本家"也是推动社会生产力发展的一股重要力量。资本所得是合法的、正当的，资本家也不是不光彩的角色。

二、一个各司其职又相辅相成、团结一致的班子

(一) 红花需要绿叶扶持

俗话说,"单丝不成线,独木不成林""一个篱笆三个桩,一个好汉三个帮""红花还需绿叶扶持"。个人的知识、经验和精力毕竟有限,只凭个人单打独斗,即使三头六臂也难以应对四面八方的纷繁复杂事情。东晋道教理论家葛洪在《抱朴子·贵贤》中曾形象地描述辅佐者的重要。他说:"舍轻艘而涉无涯者,不见其必济也;无良辅而羡隆平者,未闻其有成也。鸿鸾之凌虚者,六翮之力也,渊虬之天飞者,云雾之偕也。"就是说,放弃轻舟不用,想要渡过无边无际的大海,是不可能的;没有英才的辅助,想要天下太平、国力强盛,也是没有听说过的。鸿鸾之所以凌空翱翔,是凭借翅膀的力量;虬龙之所以遨游天宇,是借助云雾的力量。一个国家之所以能强盛,或一个组织之所以能壮大,不是其领导者一个人能做到的,必须有一个各司其职又相辅相成、团结一致的班子。

中国历史上,很多开国帝王虽然雄才大略,足智多谋,但是上马打天下时,仍需要纶巾羽扇、出谋划策的一众谋士,需要手执戈干、占城掠地的如云猛将。下马治天下时,需要"栋梁之材"的辅佐。"夫材之用,国之栋梁也,得之则安以荣,失之则亡以辱。"(王安石《材论》)他们成为"元首",必须有"股肱"和"手足"才能成体、成人。唐太宗在位时,魏徵上书奏明此理:"臣闻君为元首,臣作股肱,齐契同心,合而成体,体或不备,未有成人。然则首虽尊高,必资手足以成体,君虽明哲,必藉股肱以致治。"(《贞观政要·卷三·君臣鉴戒》)唐太宗也清楚认识到"以天下之广,四海之众,千端万绪……岂得以一日万机,独断一人之虑也。"(《贞观政要·卷一·论政体》)唐太宗之所以能开创"贞观之治",正因为文有魏徵、房玄龄、杜如晦、长孙无忌等为其出谋划策,

武有李靖、尉迟敬德、秦叔宝、程知节等为其冲锋陷阵。明太祖朱元璋很生动地描述过："鸿鹄之能远举者，为其有羽翼也。蛟龙之能腾跃者，为其有鳞鬣也。人君之能致治者，为其有贤人而为之辅也。"（《明史·选举志》）他能够在崛起的群雄中脱颖而出，就是因为有刘基、李善长等为其出谋划策，有骁勇善战的徐达、常遇春等武将为其披荆斩棘。刘邦是沛县一个小吏，他之所以能击败逐鹿中原的群雄，特别是击败力能扛鼎的项羽，创建大汉，就是因为他有一个强有力的、各司其职的班子：一个是运筹帷幄、决胜于千里之外的张良；一个是在战场上所向无敌、为其横扫千军的韩信；一个是治理政事、调度粮草，为其坐镇后方的萧何。刘邦说过："运筹策帷帐之中，决胜千里之外，吾不如子房。镇国家，抚百姓，给馈饷，不绝粮道，吾不如萧何。连百万之军，战必胜，攻必取，吾不如韩信。此三者，皆人杰也，吾能用之，此吾所以取天下也。"（《史记·高祖本纪第八》）中国历代开国君主或中兴君主多是这样。贤良之士众，则国家之治厚。历史事实从古到今无不充分说明这一点。

不仅开国帝皇这样，一方大员或一方枭雄也是如此。典型代表如清末曾国藩。他是书生出身，是一个文职官员，却创建了湘军。有趣的是，在他领军与太平天国作战时，过程往往不顺利但最终战胜了太平天国。这是因为他麾下聚集着一批人才，如李鸿章、左宗棠、胡林翼、曾国荃、彭玉麟、郭嵩焘、江忠源等。他深知左膀右臂的重要作用，"举天下之才，以成天下之事"，是善于用人、成就自己大业的杰出代表。

经营企业也是如此。即使是优秀的企业家也需要得力助手，需要强有力的左膀右臂。否则，不可能把企业做大做强，不足以撑起一个大规模的企业。运营好一家企业必须有班子、有团队、有坚强的领导核心。

日本松下电器公司创始人松下幸之助既懂得经营，又理解人心，但是还需要高桥荒太郎的鼎力相助才使公司顺利发展。本田汽车公司创办人本田宗一郎擅长开发和制造，还需要精通财务、善于经营的藤泽武夫作为搭档，才把公司办成世界级的企业。

华为的任正非学的是建筑，干的是基建工程，对通信是外行，对国际事务更是"土老帽"（任正非自称），但他创建了通信技术世界一流企业，除了他本人睿智过人、勤于学习之外，主要是有众多得力助手。他们不是固定不变的，而是随着企业的发展更新。先后有：孙正芳，1992年在任正非的三次邀请后进入华为，善于与人沟通，是华为第一任董事长，任期长达19年，是任正非最得力的助手，在华为有"左非右芳"之说，被任正非称为"华为的名片"，曾入选《福布斯》"最有权势女性"榜单；李一男，技术天才，对技术发展趋势、产品走向具有惊人的敏感度和准确的把握能力，1993年进入华为，1996年就被提拔为主管技术的副总裁，为华为做出重要贡献；郭平，在应对思科、摩托罗拉等诉讼纠纷中立下汗马功劳；陈黎芳，负责全球公共关系事务，经常代表公司在世界权威论坛上发声；等等。现任董事长梁华，曾任公司供应链总裁、全球技术服务部总裁、审计委员会主任等。副董事长、轮值董事长三位：徐直军，曾任无线产品线总裁、战略与发展委员会主任等；胡厚崑，曾主管全球市场业务，参加世界相关论坛和峰会，与各国有关部门的头面人物频繁交流、沟通，为华为顺利打开国际市场通道做出贡献；孟晚舟，曾任销售融资与资金管理部总裁、财务部总裁、国际会计部总监等。还有常务董事余承东、汪涛等。梁华、徐直军、胡厚崑、余承东、汪涛是20世纪90年代加入华为的，一直是任正非的得力助手。

　　李书福创建吉利的一片天地，固然离不开他个人的魅力、智慧和能力，但是更少不了麾下得力"干将"的付出。首席财务官尹大庆，为吉利建立有效的融资平台，将各金融渠道纳入这个平台。这对吉利的发展至关重要。赵福全，曾任世界知名汽车品牌戴姆勒·克莱斯勒公司的技术总监，是国内汽车行业公认的资深人士。李书福三顾茅庐，将他请进吉利。他为吉利的发展立下汗马功劳，在整合技术体系、建立研究机构、引进国际人才等方面，付出很大的心血。首席运营官童志远，是公认的技术型高管，主要负责国内各部门之间的协调和运作。副总裁杨健，行事有礼有节、张弛有度，在吉利发展中与李书福配合默契，堪称珠联璧合。李书福曾说："我始终相信，有杨健在，就有阵地在。"此外，沈晖直接负责吉利收购项目的相关国际事务；收购部总监袁小泉，总体负责沃尔沃事宜；张梵，在收购沃尔沃的项目中，负责吉利与沃尔沃总部之间的协调和公关。

李彦宏创建百度时就认识到建立团队的重要性。他说："我知道经营一家公司是必须要靠一个团队精神合作的……当时……困难不少……仅凭一份交情和共同的梦想……找到几个优秀的骨干力量。"与他一起共同创业的优秀骨干有张志东、陈一丹、许晨晔和曾李青。他们五个人，按照各人的特点和优势分别担任首席执行官（CEO）、首席技术官（CTO）、首席行政官（CAO）、首席信息官（CIO）、首席运营官（COO）。随着公司的发展，管理团队逐渐扩大。目前有罗戎（首席财务官）、王海峰（首席技术官）、沈抖（集团执行副总裁，负责人工智能领域工作）、余正钧（首席战略官CSO）、梁志祥（集团资深副总裁、总法律顾问）、崔珊珊（集团资深副总裁，负责人力资源管理）、李震宇（集团资深副总裁，负责智能驾驶业务和管理）等。

马云学的是英语专业，他不懂互联网技术，不懂计算机，对软件、硬件等一窍不通，对销售也是完全外行。他能把阿里巴巴打造成世界500强企业，很重要的一个原因是，吸纳众多高端人才，打造了一个明星团队。马云很早就认识到，一个人是打不下江山的。他一直提倡中国企业要讲究团队精神。他说"一个人怎么能干，也强不过一帮很能干的人""我运气好，用到许多合适且很优秀的人"。1999年3月创建阿里巴巴时，有"18罗汉"的团队（其中彭蕾、戴珊、金建杭、吴泳铭、蒋芳五人为现有合伙人）。不久，时任瑞典银瑞达公司副总裁的蔡崇信加入（曾任阿里巴巴的首席财务官），他有资本、懂财务、懂法律。后来，雅虎搜索引擎专利发明人吴炯（有技术）、在通用电气工作16年的关明生（懂管理）等相继加入。这三人也是马云闯天下的骨干力量和左膀右臂。马云称他们四人为"O"团队（马云担任CEO、关明生担任COO、蔡崇信担任CFO、吴炯担任CTO）。有这样的团队，他"觉得非常骄傲"。

马化腾的班子成员有刘炽平（总裁）、许晨晔（首席信息官）、任宇昕（首席运营官），刘胜义、汤道生、张小龙、卢山、网大为、马晓轶、罗硕瀚、郭凯天、奚丹等为高级副总裁，分管有关事业群。

董明珠对班子的重要性有切身感受。她曾经是格力电器创办人朱江洪的"绿叶"，是朱江洪把她扶持成"红花"。她很感慨地说过："一个人的成功不是一个人的问题，要有一帮人。有人说红花靠绿叶配，有的时候我希望自己做绿叶而不是红花。"

企业家与得力助手之间的关系，不能限于利益得失、利害关系，以满足物质欲望的方式来构建关系是难以持久的。他们首先应该志同道合、相互信赖，这样才能同心同德、共克时艰。否则，可能中途分道扬镳，甚至反目成仇。

（二）领导班子应有的主要成员

在世界形势瞬息万变、科技创新日新月异、市场竞争异常激烈、经营规模日益扩大的情况下，得力助手不能只有一两个或两三个。一个崛起的全球性大企业的班子成员应该多多益善。领导班子应力求稳定，但成员不是固定不变的，会随着形势的变化而变动。

领导班子至少应该包括以下几方面的人才，且形成一系列的梯队，即每位得力助手也应该有辅佐他的助手。

第一，能掌握企业全局，调度、指挥、控制企业各个方面、各个部门的工作，即现代化企业的总裁、总经理。

第二，能够为企业发展出谋划策的策划者。这样的人，主要为企业提供有关战略决策的建议，能运筹帷幄决胜于千里之外。当然，战略决策以至各阶段的战役决策，不是这些策划者或者企业领导人一人拍脑袋就能决定的。个人决策的好处是快速，但弊端明显。一是易出差错。领导者纵有天大的本领也很难完全把握环境与市场的变化。特别是在科技迅猛发展的时期，未来市场的"能见度"越来越低，个人决策往往导致错误。二是领导者事事亲自决策。这样的领导者会陷入事务的汪洋大海，无暇思考主要战略问题。三是一人决策，缺乏自上而下和自下而上的沟通和交流，缺乏透明度，广大员工甚至高层管理人员不能及时理解和接受决策，很难准确贯彻执行决策。因此，决策需要集思广益，至少需要通过掌握各方面情况的一个班子的集体磋商。同时，在当今世界错综复杂、诡谲多变的形势下，为了做出正确决策，还需要有能力的组织开展信息情报的收集和分析工作，要有负责收集信息、处理信息、分析信息、综合信息等人员。例如，腾讯为此任命集团高级执行副总裁James Mitchell为首席战略官，全面负责公司战略的规划和实施，提供业务规划及业务模式等方面的战略建议等。另外，专门设置首席信息官一职，由公司主要创办人之一的许晨晔担任。

第三，能够为企业开拓广阔市场的开拓者。

第四，能够为企业不断研发新产品的科研创新者。不少企业设置首席技术官。例如，腾讯公司对技术和研发工作十分重视，不仅有几名高级管理者分管此项工作，还专门设置首席探索官的职务，由高级执行副总裁网大为（美国人）担任。网大为自2001年加入腾讯后，一直致力于公司的国际化和新领域的探索，长期关注美国新兴技术的发展，主导并积极推动公司在新兴技术、创新理念方面的发展。

第五，能够为企业充分调动并充分发挥各生产要素作用的组织管理者。

第六，高超的财务管理者。

第七，人力资源管理者。

第八，精通国内外法律法规、善于处理企业法律事务的法律人才。他会引导企业合法合规经营，并保护企业正当、合法的权益。例如，腾讯的马化腾切身体会到法律人才的重要性。他曾说过："域名注册让我吃了不少苦头，但也让我意识到法律武器在企业经营中的重要地位。"为此，腾讯积极招聘法律人才并专门建立法律部门，由高级副总裁郭凯天分管法务工作。阿里巴巴还设立首席法务官，现由俞思瑛担任这一职务。

现代化企业需要一个班子，不仅是当前企业经营的需要，而且是企业长远发展的必要。企业家个人的领导才能是企业发展的重要因素，在企业发展过程中起到关键作用。但是，如果企业过分依赖企业家个人，一旦企业家因为各种原因离任或离世，那么对企业将是沉重的打击，严重的甚至走向破产。国内外不少企业是家族企业，往往是子（女）承父业。在中国，万向集团的鲁伟鼎是鲁冠球的继承人，娃哈哈集团的宗馥莉是宗庆后的继承人，碧桂园的杨惠妍是杨国强的继承人，新希望集团的刘畅是刘永好的继承人等。韩国的三星集团，美国的洛克菲勒财团、摩根财团等，以及日本的很多企业，都是家族世袭企业。但这不是现代化企业应有的模式。现代化企业要确保企业管理权的平稳过渡，必须选择最合适的人来接替。一般有两种选择。一是外聘，聘用杰出的职业经理人，如美国的艾柯卡和韦尔奇等。二是在企业原有高级管理层中选拔，这是常用办法。这就是企业必须有企业家，还必须有一个班子的另一个重要原因。企业只有不断培育出优秀的企业家，才能基业长青。

三、一支能打硬仗、打胜仗的队伍

"积力之所举，则无不胜也；众智之所为，则无不成也。"（《淮南子》）一家企业的成功，不仅需要企业家，需要少数精英管理层，还需要一支召之即来、来之能战、战之必胜的队伍。这应该是一支勇于冲锋陷阵、善于打硬仗的队伍，更应该是一支众志成城、群策群力、协同作战、共同奋斗、发扬团队精神的队伍。这两点都十分重要，缺一不可，而后一点更为重要。任正非十分强调群体奋斗。他说过，"华为将自己的目标选定向世界一流公司靠拢，而现在差距又这么大，更迫切地需要英雄，需要那种群体奋斗的英雄"。一家现代化大企业，员工数千人、数万人，甚至数十万人。这样一支庞大队伍，任正非认为，不仅是像狼群一样群体作战，也更像是一个超大的蜂群。他希望华为能够打造成一个类似于蜂群的团队。蜜蜂是最勤劳而且组织性、团队性最好的动物之一。在蜂群中，蜜蜂都有自己明确的职责：有的负责采蜜，有的负责清扫，有的负责打仗，有的负责筑巢，有的负责产卵，有的负责哺育等。一只蜜蜂的力量很微小，但不计其数的蜜蜂一旦形成一个群体，就可以完成很多匪夷所思的工作。他要求华为人建立起超强的群体意识，培养出极强的团队精神。华为内部应该营造出互帮互助、荣辱与共、唇亡齿寒、团结协作、共同奋斗的氛围。华为有一句口号："胜则举杯相庆，败则拼死相救"，体现了华为的团队精神。

李书福谈到吉利在国内外市场呈现几何级扩张时说："当然这和管理层的努力、吉利员工上上下下的顽强拼搏是分不开的。正是有这种感人的团队合作精神，相互鼓励、相互支持的局面，吉利汽车才会在战略转型过程中产生非常令人满意的效果。"

现代化企业需要的这样一支队伍，绝不是乌合之众，也不可能与生俱来。它必须经过千锤百炼才能锻造出来。正如我们的红军队伍，成员来自五湖四海，有农民，有城市贫民，有知识分子，有被俘虏或投降的敌军官兵，甚至有土匪等。它成为一支战无不胜的队伍，是因为在中国共产党的领导下，接受了残酷战火的锻造。企业中能打硬仗、打胜仗的战斗队伍，也需要通过思想教育、知识传授、技能培训、实践锻炼、困难磨砺、失败考验等才能形成的，而其中企业文化的薰陶十分关键。

四、积极的企业文化是一支队伍的灵魂

（一）企业文化的重要性和巨大力量

企业文化是企业生存、竞争和发展的灵魂。海尔的张瑞敏曾说："所有成功的企业都必须有非常强大的企业文化，它会将所有人凝聚在一起。所以，企业文化就是企业精神，企业精神就是企业灵魂，而这个灵魂如果是永远不衰、永远长青的，企业就会永续存在。"任正非认为："资源是会枯竭的，唯有文化才能生生不息。"他曾经说过："一个优秀的稳定的企业，不仅拥有先进的技术，拥有合理的组织结构，拥有非常完善的管理体系，此外也必定拥有非常丰富的企业文化……良好的企业文化能够有效促进企业的发展，引导企业的前进方向，并确保企业可以在一种更加稳定的状态下一直发展下去。"企业的产品有生命周期，只有企业文化才是生生不息的。生生不息的企业文化能促进产品精益求精、不断更新，从而使企业基业长青。日本知名企业家稻盛和夫说过："一家企业即使资金雄厚，拥有大量优秀人才，但是如果不能树立明确的经营理念和哲学，无法提高企业员工凝聚力，那么它终将难以维持一个有效运转。"

企业文化是无形的，看不见，摸不着；但是，它无处不在，无时不在。它体现在企业每位员工的精神面貌、工作作风、待人接物、生活方式等方面。它是无形的，但是"无形胜有形""无声胜有声"。企业文化具有推动企业发展的用之不竭的力量。

（1）引领力

企业文化在潜移默化中激发企业员工的使命感、责任感；为企业员工指明工作目标和方向；塑造员工的价值观，引导员工的行为，指引企业管理层做出经营决策。

（2）凝聚力

它能凝聚来自不同领域、不同层面的所有员工的心，将他们拧成一股绳，鼓励他们追求共同的梦想，引导他们坚定不移地执行企业决策。它使企业员工认识到企业是全体员工共同的企业，提倡荣辱与共、团结奋斗、一方有难、八方支援，出现问题一起上的团队意识和集体主义精神。它使企业员工认识到企业的繁荣兴衰与他们休戚相关，以企业的繁荣昌盛为荣，自觉地为企业努力工作。

（3）激励力

它使员工认识到自己行为的意义，产生自豪感。它使员工在工作中体现自己的价值，获得成就感和他人的尊重。它能激发员工的积极性、主动性，促使员工自觉地奋发向上、努力创新。它给予员工前进的动力，所有员工前进的动力构成企业内在发展的力量。

（4）约束力

企业文化中的理想、道德、价值观和行为规范，指出什么是该做的、什么是不该做的，它既是指向性的、鼓励性的，也具有约束性。在企业整体文化氛围中，它使员工不断地自觉修正自己的行为，使其与企业文化相协调。这种软性约束力可以更持久、更有效。

（5）辐射力

企业文化具有影响社会的作用。优秀的企业文化不仅能凝聚企业内部的各种力量，而且还具有辐射力，影响企业外部，影响社会。在企业外部，它会以多种多样的形式表现出来，形成企业在公众中的形象，影响公众态度、公众舆论，以及企业美誉度。优秀的企业文化通过媒体、公共关系活动等传播给社会，辐射到社会，有助于在社会公众中树立企业的良好形象，从而极大地推动企业发展。同时，优秀的企业文化也有助于营造良好的社会文化氛围，为企业发展创造外部机遇。

在企业文化的熏陶下，在这些力量的作用下，全体员工具有使命感、责任感、归属感、满足感、荣誉感、自豪感，再辅之制度上的激励和约束，员工的切身利益与企业要求结合起来，促使所有员工形成一个整体，员工与企业形成一个整体、形成一个利益共同体，员工不是被动地而是自觉地为企业的发展壮大竭尽全力。这是形成一支能打硬仗、打胜仗队伍的灵魂。

不言自明，具有巨大推动作用的企业文化是积极的、切合实际的企业文化。一切背离正确道路的企业文化最终必然导致企业的悲剧，甚至贻害社会。

（二）企业文化的主要内涵及其形成

（1）企业文化必须体现历史赋予的使命

中国共产党担负着团结带领人民全面建成小康社会、推进社会主义现代化、实现中华民族伟大复兴的重任。企业文化，首先应体现整个国家与民族赋予企业的使命。任正非在华为创业的第五年就提出："20年后，世界通信市场三分天下，华为必有其一。"《华为基本法》第一章第一条开宗明义宣布，华为将"成为世界级领先企业"。后来又宣称："把数字世界带给每个人、每个家庭、每个组织，构建万物互联的智能世界……推动世界进步。"体现这样使命感的企业文化才能激发出员工内心的真善美和创造力。把企业的使命感融入所有员工的内心，并落实为具体的经营行为，将是推动企业克服困难、持续发展的强大动力。优秀的企业文化就应该有这样的格局。

（2）企业文化必须体现正确的价值观

企业倡导建立的文化，表达企业的价值趋向：是企业利益高于国家利益、社会利益、人民利益，还是前者服从后者？是丛林竞争、弱肉强食，还是共同合作、互惠共赢？是无情的"管、卡、掐"，还是员工权益优先的人文关怀和团结一致进行拼搏？

党的十八大确定了社会主义核心价值观的基本内容。它表现在三个层次："富强、民主、文明、和谐"，是中国社会主义现代化国家的建设目标，是国家层面的价值目标；"自由、平等、公正、法治"，是对美好社会的生动表述，是社会层面的价值取向；"爱国、敬业、诚信、友善"，是公民基本道德规范，是公民个人层面的价值准则。企业文化必须体现社会主义核心价值观。

（3）企业文化与民族文化有着千丝万缕的关系，密不可分

企业文化必须体现民族文化。任正非认为："华为的企业文化是建立在国家优良传统文化基础上的企业文化。"企业文化的民族特征能给企业带来持续的推动力。中华优秀传统文化内涵十分丰富。精髓有五。

一是"天下为公""行天下之大道""天下兴亡，匹夫有责""达则兼济天下"等爱国情怀和社会责任感。

二是"以人为本"。古代文献中关于"以人为本"的论述很多。最早是春秋时期齐国名相管仲提出来的。他在向齐桓公陈述霸王之业时，强调"夫霸王之所始也，以人为本。本理则国固，本乱则国危"（《管子》）。孟子强调"民为贵，君为轻"。他们的表述虽略有差异，但是都以人为本和以民为本，本质上是完全相同的。结合实际，"以人为本"强调必须充分尊重个人，充分发挥个人才能，充分关注个人权益；强调理解人、关心人，用愿景鼓舞人，用精神凝聚人，用发展激励人，用环境培育人；强调团队精神、集体奋斗。

三是"和为贵"，持中贵和的和谐思想等，《道德经》提出，"天之道，利而不害；圣人之道，为而不争"，说的也是和谐。它们表现在现代企业文化上，就是讲究和谐、平衡、互利、共赢。企业内部各层（高层、中层、基层）之间，企业与收购企业之间，与上下游合作伙伴之间，均建立平等协商、和衷共济、互相尊重、互相融合、价值共创与共享、共同成长的关系，形成利益共同体。对竞争对手的基本态度，也不是零和博弈、斩尽杀绝，把对手置之死地而后快，而是和平竞争、相互促进、一起前进。

四是"言必信，行必果"，"一言既出，驷马难追"，"一诺千金"等诚信观念。这是市场经济必有的品质，是市场经济健康发展的条件。

五是"天神合一"的思想,认为人和自然是一体的,是密不可分的。这与中国当前主张的"人与自然是生命共同体"和现代化企业绿色发展的理念是完全一致的。

不可否认,有些中国历史文化是糟粕,如"君君臣臣、父父子子","三纲五常"等级森严的思想;"士农工商"排序中鄙视、蔑视商人的思想;等等。这些思想有碍于社会主义市场经济的建设,不利于现代化企业的培育和发展,必须摒弃。

(4)企业文化与企业创始人或领导者有着紧密的联系

企业文化深受创始人或领导者个人信念和价值观的影响。创始人或领导者在创办或领导企业时会将个人的价值观、信念、设想、作风传递给企业,带领企业走向成功。企业的成功又会使企业管理层以至全体员工崇拜他们,并接受他们的价值观、信念等。久而久之,逐渐形成企业文化。马云曾经说过:"创始者对企业文化的影响肯定是有的。"

典型的例子是华为的企业文化与任正非的军旅生涯有着密切的关系。华为的所作所为,处处都表现出军事元素。在开拓市场中,采取"农村包围城市"策略等。在行动中,"集中力量打歼灭战",对准一个城墙口"冲锋",以及"让听得见炮火的人呼唤炮火"等。针对美国"制裁",2020年华为启动旨在"去美国化"的"南泥湾计划"。在组织结构上,实行"红蓝军"建制;从2015年开始,用十年时间实施"精兵战略",形成独立体系作战模式;2021年又组建煤矿军团、海关和港口军团、智慧公路军团、数据中心能源军团、智能光伏军团,任正非亲自指挥,以便于集结资源的同时,穿插作战,提升工作效率,把相关领域的工作做深做透;等等。军事元素在企业文化中的体现更为明显。任正非把军队文化的诸多元素熔铸在华为文化中,纪律、秩序、服从,以及进攻精神、永不服输、统一意志、团队意识等,把人民解放军的保家卫国、无私奉献、艰苦奋斗、攻坚克难,敢于突防、占领高地、协同作战、生死与共等优秀品德和精神,铸进华为的企业文化,并成为其精髓。

企业文化并非在创业之始就已经完善,企业文化的建设需要过程。任正非认为,企业文化"是一种生产关系,不仅包含了知识、技术、管理、情操……也包含了一切促进生产力发展的无形因素"。它是一个复合体,不可能在企业建立之初就有了完备的形态。它是在企业发展过程中逐渐形成和完善起来的。万科公司是中国知名的房地产企业。它的创始人王石说过:"万科的企业文化是从创立之初到现在的一个积累总结的结果。在过去很长一段时间里,公司并没有形成明确、统一的文化理论,也没有自觉地开展企业文化建设,只是从2001年开始,才形成了一套系统的企业文化体系。"

(三)对中国现代化企业文化的探索

各个企业由于所处时代不同、性质不同,以及企业经营者的认知和态度各异,企业文化也不同。企业文化的呈现,往往是多方面的,而且不同企业的语言表述也不尽相同,不可能千篇一律。

(1)老牌企业的企业文化

老牌企业,如同仁堂药店以"济世养生、精益求精、童叟无欺、一视同仁"来表达全体员工为济世苍生,严格按照工艺,严格质量管理,严格执行纪律的企业精神。西单商场以"诚实待人、诚人感人、诚信送人、诚恳让人"来表达全心全意为顾客服务的企业形象。王府井百货大楼以"一团火"精神表达用"大楼人"的光和热照亮、温暖每个顾客心的奉献精神。

(2)新生知名企业的企业文化

改革开放后,新生的知名企业都有各具特色的企业文化。

海尔是其中的佼佼者。它的企业文化是依据斜坡球体论引申出来的。海尔认为,企业如同爬坡的球,它身受两方面的压力:一是市场的激烈竞争;二是企业内部职工的惰性。如果没有一个止动力,它就会下落。因此,企业必须时刻警惕自己是否处于"危险性"位置,应该处处"谨小慎微"，不允许任何环节、任何时候出现任何纰漏，将各种可能出现的"险情"化大为小、化小为无。依据上述理念，海尔创建"OEC管理法"（Overall Every Control and Clear）。在此基础上，海尔逐渐形成具有鲜明个性的企业文化："敬业报国，追求卓越"的企业核心价值观；"自以为非"，永无止境的"创新"精神；"迅速反应，马上行动"的工作作风；"用户永远是对的"理念；以及矢志不渝地"创中国的世界名牌"的发展目标。这种文化使海尔这个"爬坡的球"有了"牵引力"，不仅不会下滑，而且会不断前进。

1994年2月，海尔当家人张瑞敏写了一篇题为《海尔是海》的散文，不仅介绍了海尔文化，还说明海尔所以取得成功，根本在于它有一支来自五湖四海，依靠"敬业报国，追求卓越"和无私奉献精神紧密地凝结在一起，为同一个目标即使粉身碎骨也在所不辞的队伍。《海尔是海》内容抄录如下：

海尔应像海。唯有海能以博大的胸怀纳百川而不嫌弃细流；容污浊且能净化为碧水。正如此，才有滚滚长江、浊浊黄河、涓涓细流，不惜百折千回，争先恐后，投奔而来，汇成碧波浩渺、万世不竭、无与伦比的壮观！

一旦汇入海的大家庭中，每一分子便紧紧地凝聚在一起，不分彼此形成一个团结的整体，随着海的号令执行着而又坚定不移地冲向同一个目标，即使粉身碎骨也在所不辞。因此，才有了大海摧枯拉朽的神奇。

而大海最被人类称道的是年复一年默默地做着无尽的奉献，袒露无私的胸怀。正因其"生而不有，为而不持"，不求索取，其自身也得到了永恒的存在。这种存在又为海中的一切提供了生生不息赖以生存的环境和条件。

海尔应像海，因为海尔确立了海一样宏伟的目标，就应敞开海一样的胸怀。不仅要广揽五湖四海有用之才，而且应具备海那样的自净能力，使这种氛围里的每一个人的素质都得到提高和升华。海尔人都应是能者，而不应有冗者、庸者。因为，海尔的发展需要各种各样的人才来支撑和保证。

要把所有的海尔人凝聚在一起，才能迸发出海一样的力量，这就要靠一种精神，一种我们一贯倡导的"敬业报国，追求卓越"的企业精神。同心干，不论你我；比贡献，不唯文凭。把许许多多的不可思议和不可能都在我们手中变为现实和可能，那么海尔巨浪就能冲过一切障碍，滚滚向前！

我们还应像大海，为社会、为人类做出应有的贡献。只要我们对社会和人类的爱"真诚到永远"，社会也会承认我们的永远，海尔将像海一样得到永恒的存在，而生活于其间的每一人都将在为企业创一流效益、为社会做卓越贡献的同时得到丰厚的回报。海尔人将和整个社会融为一个整体。

海尔是海。

吉利的企业文化，随着企业的发展不断充实，逐步形成四大文化。奋斗者文化，这是吉利强大的、富有凝聚力的内部力量的来源，也是吉利实现战略目标的根本动力。问题文化，强调"找自己的问题叫'智慧'，找别人的问题叫'真诚'"，发现问题，解决问题，体现吉利员工的主人翁精神、责任感和不断挑战自我的精神。对标文化，一方面通过对外部优秀企业的卓越做法进行对标，向标杆看齐，推动吉利实现跨越式发展；另一方面在公司内部通过树立标杆找到差距，激励员工不断超越自己、超越标杆，追求卓越。合规文化，要求企业的行为必须坚持高标准，符合商业道德，诚实守信、公平透明，依法合规经营，以求长期可持续的发展。

TCL在2006年遭遇危机，其中有并购国外企业的原因，但李东生认为，主要原因是没有及时解决企业文化中长期存在的问题，没有坚决地把企业的核心价值观付诸行动，没有在推进企业文化变革创新方面做出最正确的判断和决策。当时写了一组文章《鹰之重生》。在文章的开头，他借用了一个故事：

鹰是世界上寿命最长的鸟类，它一生的年龄可达70岁。

要活那么长的寿命，它在40岁时必须做出困难却重要的决定。这时，它的喙变得又长又弯，几乎碰到胸脯；它的瓜子开始老化，无法有效地捕捉猎物；它的羽毛长得又浓又厚，翅膀变得十分沉重，使得飞翔十分吃力。

此时的鹰只有两种选择：要么等死；要么经过一个十分痛苦的更新过

程——150天漫长的蜕变。它必须很努力地飞到山顶，在悬崖上筑巢，并停留在那里。

鹰首先用它的喙击打岩石，直到其完全脱落，然后静静地等待新的喙长出来。鹰会用新长出的喙把爪子上老化的趾甲一根一根拔掉，鲜血一滴滴洒落。当新的趾甲长出来后，鹰便用新的趾甲把身上的羽毛一根一根拔掉。

5个月以后，新的羽毛长出来了，鹰重新开始飞翔，重新再度过30年的岁月！

李东生说，这篇文章使他"更加深深体会到TCL这次的文化变革创新的必要性和紧迫性"，从而"全力推进企业的文化变革与创新"。为此，TCL重新确定TCL愿景、使命和核心价值观。TCL愿景：成为受人尊敬和最具创新能力的全球领先企业。TCL使命：为顾客创造价值，为员工创造机会，为股东创造效益，为社会承担责任。TCL核心价值观：诚信尽责、公平公正、知行合一、整体至上。他号召企业全体员工："为了企业的生存，为了实现我们发展的目标，我们必须要经历这场痛苦的变革！"

格力集团的企业文化概括起来是：以"忠诚、友善、勤奋、进取"的企业精神，以"少说空话、多干实事，质量第一、顾客满意，忠诚友善、勤奋进取，诚信经营、多方共赢，爱岗敬业、开拓创新，遵纪守法、廉洁奉公"的核心价值观，创建格力百年的世界品牌，缔造全球领先的空调企业。

福耀集团是中国最具规模、技术水平最高、出口量最大的玻璃生产企业。"FY"成为中国玻璃工业的国际品牌。它是名副其实的跨国公司。它的企业文化表达是多方面、多层次的。概括起来，它的精华是肩负着振兴民族工业的责任，以顽强拼搏和旺盛长久的生命力，以"融五洲技术、聚四海英才"的宽广胸怀，本着"诚信、务实、创新、高效"的宗旨，坚持"质量第一、效率第一、信誉第一、客户第一、服务第一"，全体员工同德同心、走到一起，为中国人做一片属于自己的玻璃，托起透明的世界，福耀全球。

万科公司的企业文化，用王石的话说，"我们把企业的宗旨确定为

'建筑无限生活'，把愿景确定为'成为中国房地产行业的领跑者'，把核心价值观定为'创造健康丰盛的人生"。这就是万科的企业文化体系。

腾讯是中国知名互联网公司之一。它的微信社交、微信支付，以及腾讯游戏等，几乎每个人每天都在使用，已经成为人们生活中不可缺少的一部分。它的企业文化可以归纳为一切以用户价值为依归，以"正直、进取、协作、创造"为宗旨，为全体员工提供更丰厚的物质保障、更广阔的发展空间、更丰富的精神文化世界，推动科技创新与文化传承，助力各行各业升级，促进社会的可持续发展。

再谈谈华为的企业文化。

对华为的企业文化，华为人自己在不同时间、不同场合也有不同的表述：一说是"垫子文化"。华为创业之初，每个员工在桌子下都放着一张垫子。他们"没有假日和周末，也没有白天和夜晚，累了就在垫子上睡一觉，醒来接着干"。这表达了华为人艰苦奋斗的精神。任正非说过："创业初期形成的'垫子文化'记载的老一代华为人的奋斗和拼搏，是需要我们传承的宝贵的精神财富。"这种"有名的垫子文化，将万古流芳"。一说是"雷锋文化"。华为一直倡导向雷锋学习、向焦裕禄学习。但说得最多的还是"狼性文化"。不少人认为，这才是华为在创建过程中形成的企业文化的精髓。这种文化在中国企业文化的表述中可以说是独一无二的。任正非强调要生存，要"活下去"，就要有"狼性""企业就是要发展一批狼"。任正非曾把狼的优点总结为三条："一是敏锐的嗅觉，二是不屈不挠、奋不顾身的进攻精神，三是群体奋斗的意识。"把这种"狼性"运用到企业：第一，就是要求华为人培养和保持敏锐的嗅觉，见微知著，善于发现市场，感知商机，并果断决策抓住商机，快速响应客户需求；第二，要求华为人培养和保持不屈不挠的、奋不顾身的精神，强有力地执行企业决策，勇往直前，顽强拼搏，决不退缩，永不放弃，不达目的，誓不罢休；第三，要求华为人培养和保持团队合作的意识，统一思想，万众一心，协同作战，共同奋斗，依靠集体力量，夺取胜利。任正非认为，狼，凶狠，有毅力，攻击性强，可是仅仅依靠一匹狼的力量，难以捕获到猎物，更难以同狮子、老虎等大型猛兽对抗、竞争。想要生存，狼必须结成协作意识超强的群体，依靠团队作战力量，击败对手。正是因为狼性文化深入华为人的理念，华为的每位员工都成为冲锋陷阵的"狼"，华为群体成为"狼团队"，华为成为一匹"狼"。后来，这种"狼性文化"被概括为四个词语："学习、创新、获益、团结"。"学习、创新"代表敏锐的嗅觉，"获益"代表进攻精神，"团结"代表群体奋斗。正是这样的"狼性文化"把华为的庞大而又高素质的员工队伍团结起来，把他们锻造成为一支众志成城的团队。正因为有了这样一支队伍，华为才能无坚不摧、攻无不克。在日本富士通和NEC、美国朗讯、加拿大北电、瑞典爱立信、德国西门子、比利时贝尔、法国阿尔卡特八大世界巨头瓜分中国市场的情况下，华为以小博大，以弱胜强，硬是冲开一条血路。然后杀出国门，走向世界，成为世界领先企业。

但是，上述几种表述只是在特定期间、特定领域里强调应用，从根本上说，华为的企业文化有一个完善的过程，有着更深层次的内容。

研究华为的学者出于种种原因也有不同的描述。有的认为，华为文化的核心是团结协作和艰苦奋斗。有的认为，自我批判也是华为文化的主要内容。因为任正非十分强调"华为人要有自我批判的精神"。他曾专门写了一篇文章《为什么要自我批判》。在文中，他指出"要活下去，就只有超越。要超越，首先必须超越自我。而超越的必要条件是及时去除一切错误。去除一切错误，首先就要敢于自我批判"；"批判的目的是优化自己的行为和工作方法，总的目标是要导向公司整体核心竞争力的提升"；"没有自我批判，克服自身的不良习气，我们怎么能把产品做到与国际水平一样高，甚至超过同行？"有的学者把它概括为六点：成就客户，艰苦奋斗，自我批判，开放进取，至诚守信，团队合作。

上面的各种说法可能都有道理，都有据可查，但可能有的是象脚，有的是象鼻，而有的是象耳，只是一部分而非全貌。

实际上，关于华为的企业文化，《华为基本法》早有文字表达。它的第四条明确规定："爱祖国、爱人民、爱事业和爱生活是我们凝聚力的源泉。责任意识、创新精神、敬业精神与团结合作精神是我们企业文化的精髓。实事求是是我们行为的准则。"这明确表明华为企业文化的本质。《华为基本法》还明确华为人的奉献精神具体应体现在三个方面：奉献自己的价值，使团队更加卓越；为客户奉献自己的价值；为整个社会和社区贡献自己的价值。对此，任正非在不同时间、多个场合都有所表述。任正非说过，华为人"没日没夜地拼命干，拼命地追赶世界潮流"，"一切是为了活下去，一切是为了国家与民族的振兴"。他也说过，"是什么使华为快速发展呢？是一种哲学思维，它根植于广大骨干的心中。这就是'以客户为中心，以奋斗者为本，长期坚持艰苦奋斗'的文化"。任正非特别重视艰苦奋斗。他认为，"艰苦奋斗是华为文化的魂，是华为文化的主旋律……我们任何时候都不能因为华为的发展壮大而丢掉了我们的根本——艰苦奋斗"。

有一点需要指出，华为文化不是墨守成规的，而是与时俱进的，随着内外环境的变化而修正。"狼性文化"是在华为创建和发展初期，在"列强"虎视眈眈下，为求生存、求发展必须采用的文化。它体现出任正非曾为军人的风采。一旦华为站住脚跟进入稳定发展时期，成为世界级企业，吸纳世界各地大量人才，接触到各国不同文化，"狼性文化"就显露出其不能适应的一面。"狼性文化"实质上是一种战争文化、刚性文化。在生死存亡之际，企业急需在重重困难之中杀出一条血路，这种文化就十分必要。一旦形势变化，它必须随之改变。过度的硬性管理，使员工工作压力巨大，思想负担沉重，人性化不足的管理不能持久不变。华为已成为跨国大企业、成为世界级企业，需要一套全球化的标准和规则，企业文化必须考虑有关各国的文化，要包容有关国家的文化。不同文化背景的市场需求不一样，员工的价值观念、思维方式、习惯作风差异很大。对此，任正非能够正视现实，他意识到，"狼性文化"必须转型。转型要体现两个特点。一是人性化。"狼性"只是手段,"人性"才是根本。现代化企业应谋求企业目标与个人目标相一致。对企业内部所有员工都要关怀,并使企业与员工命运与共。企业发展了,所有员工都能得利。任正非一直强调要保护个人利益,要给予员工更多的尊重和信任。他呼吁员工不能为工作而工作,要注意调节身心、放松自己,工作之余要享受生活。他还与员工家属沟通交流,把员工家属当成家人来对待。在企业外部,实施共赢原则,"与友商共同发展,既是竞争对手,也是合作伙伴,共同创造良好的生存空间,共享价值链的利益",使企业与竞争对手、合作伙伴之间的关系和谐融洽。二是兼容并蓄。要淡化华为原有的文化,既要体现民族文化又要融合有关国家的文化,主要是西方文化,从而形成一套兼容并蓄的大企业文化。华为文化的转型正在进行中。上述两点也是其他全球性企业文化应具有的内涵。

比亚迪的企业文化十分新颖。比亚迪人总结企业十余年的发展历程,借鉴华为"狼性文化",提出"袋鼠理论",以此作为企业文化的主要内涵。比亚迪汽车销售公司总经理夏治冰对此作了说明。他说:"首先,狼隐含躁性,而袋鼠则更稳健。通过踏实地打造自己的长腿,袋鼠起跳得高且远。其次,相比较狼的凶猛,袋鼠则通过育袋,稳妥地培养小袋鼠(新的产业或者产品),并由此达成企业的发展与传承。最后,狼更强调对竞争对手的进攻,而袋鼠则是习惯自我赛跑。在自己的跑道上,通过自我完善与进步,快速拉开与竞争对手的距离。""长腿",比亚迪有很多条,其中技术是最为关键的一条。比亚迪一直坚持"技术为王,创新为本"。"育袋",比亚迪多年来在电池领域形成生产、技术、营销、资金、管理等众多的庞大资源,使它具有超强的育袋能力,能够帮助、保护像汽车这样的新产业或新产品茁壮、健康成长。"自我赛跑"有两点含义。一是"与自己较劲",不与别人较劲。前者的着眼点是提升自己,后者是遏制对手,在竞争中让消费者做出选择。二是赛跑讲究速度。要求企业的发展速度快于竞争对手的速度。此外,比亚迪受儒家文化影响,强调员工之间的和谐、大同、相互合作，共同向一个目标迈进。在这样的企业文化熏陶下，比亚迪温和又富有竞争力。

阿里巴巴的企业文化有些独特。马云曾毫不避讳地表达过，"我欣赏武侠精神、侠义精神"；"我从小就喜欢听武侠的故事，看武侠的书。因为我是这个公司的创立人，也是这个公司的CEO，所以武侠肯定是在我的公司里面有一些影响，因为创始者对企业文化的影响肯定是有的"；"在阿里巴巴的文化里面，我们确实有这样的东西"。马云推崇金庸小说。阿里巴巴企业文化的用语，就来自金庸小说中的武功招式。在创业初期，阿里巴巴的企业文化确定为九条，被称为"独孤九剑"。不久，九条浓缩为六条，改称"六脉神剑"。2019年，企业文化增加了新内容，即：客户第一，员工第二，股东第三；因为信任，所以简单；唯一不变的是变化；今天最好的表现是明天最低的要求；此时此刻非我莫属；认真生活，快乐工作。阿里巴巴的企业文化重新命名为"新六脉神剑"。同时，企业的很多高管甚至某些中层管理人员都取了江湖"花名"。如马云叫"风清扬"，董事局主席兼首席执行官张勇叫"逍遥子"，还有人叫"苏荃""木华黎""苗人凤""郭靖"……马云的办公室叫作"桃花岛"，会议室叫作"光明顶"，洗手间叫作"听雨轩"等。举办的互联网论坛，被冠名为"西湖论剑"，并请来金庸助阵。阿里巴巴设立的研究院称为"达摩院"。此外，马云还创办了湖畔大学，打造商界"黄埔军校"；参加或组织泰山会、华夏同学会、企业家俱乐部、江南会，组成精英阶层的小圈子。不过，湖畔大学已于2021年4月更改为"湖畔创研中心"；这些精英小组织早在2014年就按国家规定停办。

金庸的武侠小说，引人入胜。这些小说，严格地说，宣扬的是江湖文化。江湖，在中国是明清时期的特殊产物，而延续到民国时期。一般来说，崇尚江湖文化就可能出现江湖社会；有江湖社会，就可能拉圈子、立山头，扩大势力范围，形成江湖帮派。江湖帮派的行事风格是：在内部，讲团结，讲义气，讲忠诚，等级森严；对外，则是弱肉强食、恃强凌弱；

办事，往往为达目的不择手段，无视法纪，敢于突破底线，能做成一般人难以做到的事。而江湖帮派的进一步结盟，旨在扩大势力范围，增强控制力量。这种现象，如果出现在现代社会，出现在资本圈内，将是一种很危险的倾向。有人警告，资本壮大到一定规模，就会觊觎公权力。为达到这一目的，他们不惜抱团取暖，着眼未来，放长线钓大鱼。国外就有这样的组织。如拥有胡佛、罗斯福、腓特烈大帝等的共济会，拥有老布什的骷髅会。社会主义中国，对此更应该警惕。在企业文化中，应竭力避免江湖文化的渗透。

中国千千万万家企业，分属于不同产业部门，分布于不同地域、不同环境，所有制不同，规模大小不等，创立时间长短不一等，各有其不同的企业文化。但是，中国特色社会主义现代化企业的文化，有它们的共同点，或者说是共性。这有待于进一步的探索。根据上述企业文化的主要内涵以及若干主要企业文化的表述，企业文化的共性似乎应包含以下内容：爱国为民、敬业奉献、艰苦奋斗、批判创新、诚信守法、团结协作、包容共赢。

企业文化的这种共性，可能是理想型的，难以十全十美地做到，特别是包容共赢这一条，在丛林法则盛行的现阶段，似乎是幻想。但是这应该成为企业追求的文化。同时，正如前述，由于企业所处的实际情况千差万别，不可能采取同一文化，在文字表达上也不可能千篇一律。

中国企业走向海外，由原来国内企业成为跨国企业，又进一步成为全球性企业，在海外设有众多的供销网站、生产基地、研发中心等，企业面临的一个迫在眉睫的问题是，企业在国内形成的符合中国实际情况的文化如何与企业海外所在地的文化相适应、相融合，形成一种符合全球性企业需要的新的文化。

对这个问题，华为在探索，吉利也做了一些探索。吉利在国内形成的四大文化，具有强大的力量。为建立适合全球性企业需要的新的文化，吉利的指导思想是"求同存异"。"同"从"合规文化"着手，合规是任何一个国家的企业运营时必须遵守的底线。李书福曾经说过："合规是企业可持续发展的前提，是全球经济相互依存、依法竞争的关键，也是人类经济社会不断进步的游戏规则……还是吉利建立全球整合型企业文化的重要手段。"吉利以合规文化作为构建全球性企业文化的出发点，取得了良好的效果。吉利的其他三种文化则由于各国人民观念相异，不能生搬硬套给国外的企业而形成的。吉利处理此种情况的原则是"开放包容"，在尊重、理解对方文化的基础上，适应、包容，逐步融合，最终形成双方都能接受的你中有我、我中有你、合作共赢的良性文化。

在这个问题上，中国的其他国际化、现代化企业也因地制宜地开展了整合工作，取得了不俗的效果。但构建全球性企业文化，依然任重道远。这是需要进一步探索的新课题。

（四）企业文化的落实，化无形为有形

当前的问题是，中国多数企业家对企业文化的重要性认识很不够。已经认识到企业文化重要性的企业中，不少企业的文化建设还停留在纸面，并没有落到实处，"看上去很美，说起来很甜，做起来很难"。企业文化不应该只是贴在墙上、挂在嘴边的漂亮口号，而应该把它内化于员工之心、体现在制度之内、落实到行动之中，成为赢得员工信任、激发员工潜力、凝聚员工团结，并且获得公众信任的行动力量。20世纪90年代，红极一时的托普公司在《托普典章》中表述，托普的企业文化是"诚实信用、以人为本、奉献社会"，并强调"先德后才，德才兼备"的用人准则。可是实际上，托普创始人宋如华通过资本运作等途径，采取种种恶劣手法圈钱、圈地，与其宣扬的企业文化完全背道而驰。他们所表述的只是对外宣传的手段和欺骗员工的麻醉剂。

为了落实企业文化，使企业文化真正地发挥作用，企业首先需要采取一系列措施使企业文化深入人心。海尔的做法是建立"企业文化中心"，专门负责海尔企业文化的构建与传播；在企业内部张贴或设置体现企业文化的各种有特色的标语和标志；办《海尔人报》、海尔电视台、《海尔管

理评论》等，传播海尔文化价值观和理念；印发《海尔员工企业文化手册》，员工人手一本；在网上建立平台，供员工在线交流和企业内外沟通；把海尔文化体现在一些建筑物的外形上，如董事局大楼的外立面的波浪线代表创新，创牌大楼的门形传递出"不创新，门即是墙"的意思；等等。其次，企业文化制度化，即企业文化体现在各项制度中，化无形为有形，化隐性为显性。而各种制度正因为有了企业文化才有了制定基础，才有灵魂，才有生命力，才能真正发挥其良好的效用，促进企业健康发展、茁壮成长。最后，最关键的是管理层，特别是高层的以身作则、言行一致，身教胜于言教。

大力弘扬企业家精神

优秀的企业家必须具备优秀的企业家精神。

企业家精神对企业成功十分重要。它决定企业内在活力、创造力和核心竞争力的形成、培育与提升；它决定企业经营发展的兴衰与企业的存亡。它是企业健康成长、崛起壮大的基因和要素，是促进国民经济发展的强劲动力之一，也是国民经济发展提升、效率提高、行稳致远的重要因素之一。企业家精神弥足珍贵，必须得到重视，应该得到切实培育、保护和弘扬。有人说，企业家精神造就第二次世界大战后日本经济的奇迹，引发美国新经济的兴起。当代中国知名企业华为在任正非的带领下步入世界强手之林。市场活力来自人，特别是来自企业家，来自企业家精神。2016年12月的中央经济工作会议强调"保护企业家精神，支持企业家专心创新创业"。

2020年习近平主持召开企业家座谈会，强调"要千方百计把市场主体保护好，激发市场主体活力，弘扬企业家精神，推动企业发挥更大作用，实现更大发展，为经济发展积蓄基本力量"。习近平勉励"广大非公有制经济人士要准确把握我国经济发展大势，提振发展信心，提升自身综合素质，完善企业经营管理制度，激发企业家精神，发挥企业家才能，增强企业内在活力和创造力，推动企业不断取得更新更好发展"。习近平在2018年11月的民营企业座谈会上强调，"民营企业家要珍视自身的社会形象，热爱祖国、热爱人民、热爱中国共产党，践行社会主义核心价值观，弘扬企业家精神，做爱国敬业、守法经营、创业创新、回报社会的典范"，"推动企业发展更上一层楼，为国家作出更大贡献"。

部分民营企业家认识到企业家精神的重要性。中国民营企业家的重要代表——浙商，在世界浙商大会上提出，"新时代浙商精神就是浙商的魂，是新时代富有浙江特色的企业家精神"。

那么，什么是企业家精神？

企业家精神，在不同的时代有不同的内涵，在不同地区、不同国家、不同发展阶段内涵也有所不同。

在西方，一些经济学家和企业家曾从不同角度描述企业家是具有某些品质的人群。这间接地说明他们对企业家应具有的精神的看法。根据熊彼特和美国芝加哥经济学派创始人弗兰克·奈特的描述，企业家应具有三个特征：敢于冒险，敏于机会，善于创新。在他们看来，企业家是一群在风险世界，尤其是在不确定世界中生存的人，是与很多科学家、哲学家、政治家、艺术家、文学家等同类的人，是一群勇于探索、创造变化、带来革新的"少数派"。苹果的创始人在"Think Different"广告中播出爱因斯坦、鲍勃·迪伦、马丁·路德·金、理查德·布兰森、约翰·列侬、爱迪生、甘地等十数人的影像，并在广告词中描述这些人的独特思维与行为模式："他们我行我素……桀骜不驯……惹是生非……既不墨守成规……也不安于现状……他们改变了事物……让人类向前跨越了一大步……他们是别人眼中的疯子……我们眼中的天才……因为只有疯狂到认为自己能够改变世界的人……才是真正地改变世界。"

2017年9月，中共中央、国务院发布《关于营造企业家健康成长环境 弘扬优秀企业家精神 更好地发挥企业家作用的意见》。其指出优秀企业家精神的内涵：爱国敬业、遵纪守法、艰苦奋斗、创新发展、专注品质、追求卓越、诚信守法、履行责任、勇于担当、服务社会。2020年7月，习近平在企业家座谈会上强调，要弘扬企业家精神，在爱国、创新、诚信、社会责任和国际视野等方面不断提升自己。

企业家精神是企业家这个群体应有的特殊素质。它由多种要素构成，是企业家理念、意识、胆识、魄力、魅力、品质、能力等构成的综合体，是企业家价值取向、知识体系、素质能力的集中表现。它包括多个要素，其核心要素应该是远大而又可行的理想和雄心壮志，高瞻远瞩的战略眼光和深谋远虑的战略谋划，全面而又不断创新、开拓的精神，永不言败、百折不挠和勇攀高峰的意志，遵纪守法、诚信经营的品质，知人善任的能力。这些要素共同构成完美的企业家精神。但是，并不是每位企业家都具备所有企业家精神要素。实际上，企业家全部具备这些要素是十分困难的。因此，企业家精神的核心要素是企业家群体应具备的精神。对企业来说，企业家精神应该体现在企业领导班子集体中，而不仅是对主要领导个体的要求。同时，对具体的企业而言，也很难要求其领导班子集体具备全部企业家精神要素,因为企业都是完全不同的。但是企业领导班子集体所具有企业家精神要素的多寡,决定企业能够走多远。企业领导班子集体具有的企业家精神要素越多,建立一个全球性的巨大企业帝国的概率就越高。创办一家新的企业,并不表明创办者就一定是企业家,更不代表他具有企业家精神。

一、远大的理想和雄心壮志

(一)企业家志当存高远

志当存高远,企业家要有鸿鹄之志,而不是小富即安、目光短浅的燕雀。这是任何伟大创业者必有的精神,也是历史赋予他们的使命。

秦末,陈胜年少受人雇佣耕种、被人轻视时,就发出"燕雀安知鸿鹄之志哉"的叹息;后来聚众起义反秦,曾说:"王侯将相宁有种乎。"刘邦见秦始皇出巡,不禁感叹:"大丈夫当如此也!"拿破仑的名言"不想当将军的士兵不是好士兵",鼓励每名士兵都应该梦想成为一个将军。

企业家兴办企业首先就应该有梦想、有理想,一定要有把企业做大做强、长远发展的远大目标和雄心壮志。这是十分重要的。试想,鼠目寸光、胸无大志、苟且偷安的人,能够创办出国内一流以至世界一流的企业吗?远大理想是决定企业能够走多远的关键。真正企业家的雄心并不在于"利润最大化",应该有把企业办成全国性企业,办成全球性的、世界级的企业,甚至办成超越现有企业的领先企业的理想。企业家没有理想,企业就没有明天和未来。某些企业家豪言壮语地表达他们的壮志。例如,爱迪生的理想是"Light to world"(让全世界亮起来)。迪士尼公司创建者的理想是"Make world happy"(让世界快乐起来)。比尔·盖茨创业时就宣称"让千万人都用得上电脑软件"。山姆·沃尔顿发誓要建立一种既便利又廉价的商业形态,沃尔玛帮他实现了这一理想。

任正非在《华为的红旗到底能打多久》一文中明确告知员工："华为公司追求什么？……华为公司不需要利润最大化，只将利润保持在一个较合理的尺度……华为的追求是在电子信息领域实现顾客的梦想，并依靠点点滴滴、锲而不舍的艰苦追求，使我们成为世界级领先企业。"1998年，华为在研发C&C08程控交换机后，树立向国际进军、成为世界级领先企业的雄心。《华为基本法》第一条开宗明义地宣称，华为要"依靠点点滴滴、锲而不舍的艰苦追求，使我们成为世界级领先企业"。

海尔张瑞敏信奉孙中山先生的一句话，"要做大事，不做大官"。他一开始就给海尔定下"名牌战略"，要求"起点高，生产同类产品中最优秀、最有导向性的、起着引导消费作用的冰箱"。

吉利的李书福说过"人生的关键是理想，我的理想就是造车，造中国人的世界名车"，"让中国的汽车跑遍全世界，而不是让全世界的汽车跑遍中国"。他还根据社会经济的发展，一步一步地提高他的要求：开始提出"做老百姓买得起的好车"；接着提出"造最安全、最环保、最节能的好车"；继而提出"造每个人的精品车"。正是这样的雄心壮志使李书福从昔日的放牛娃成为汽车业的巨子。

王传福为人低调，但他却高调地宣告其雄心于天下。他说"我希望能把比亚迪打造成一个世界一流的汽车企业"。2007年8月，他就宣称："比亚迪要在2015年成为世界第一的汽车企业。""比亚迪"这个名称很有意思：一是像外国名字，体现王传福一开始就放眼世界，要向国际化进军的壮志；二是比亚迪的英文缩写BYD，王传福的解释是"Bring You Dreams"（带给你梦想），用技术改变世界的梦想，用比亚迪电池技术把电动汽车带入人类社会的梦想。这充分表露出王传福的雄心。

曹德旺说过："我们要为中国人做一片自己的汽车玻璃，这片玻璃要代表中国人走向世界，展示中国人的智慧，在国际舞台上与外国人竞争。"

董明珠领导的格力电器，以"缔造全球领先的空调企业，成就格力百年的世界品牌"为目标，要为实现"中国梦"做出更多贡献。她认为，企业家是为了事业才生存，而不是为了生存才经营企业。对事业的忠诚和责任,是企业家不断努力奋斗的动力。

百度的李彦宏说:"我的理想就是'让人们最便捷地获取信息'。"他还说:"百度从第一天起,就胸怀远大理想:我们希望为所有中国人,以至亚洲,以至全世界的人类,寻求人与信息之间最短的距离,寻求人与信息的相亲相爱。"

马云初创企业时表示:"作为一个创业者,首先要给自己一个梦想。"他的梦想是"让天下没有难做的生意"。1999年,他在成立阿里巴巴的第一次全体会议上,激情地宣布:"第一,我们要建立一家生存102年的公司;我们要建立一家为中国中小企业服务的电子商务公司;我们要建成世界上最大的电子商务公司,要进入全球网站排名前十位。"他还喊出了当时被人当作疯话的口号:"做一家中国人创办的全世界最伟大的公司!"

企业家的雄心,不仅把企业"做大",还要"做强",进而要"做久",使企业既快速又稳定的发展,永葆青春,成为百年企业。企业家应该有这种雄心,有长久发展的眼光、策略和格局。

这种理想不可能是与生俱来的,它是随着企业的发展逐步形成、完善的,而且随着时代的变化而变化。同时,它必须有实现的可能性,而不是堂吉诃德式的脱离实际的狂想,或乌托邦式的妄想。理想必须与实践结合,企业家要仰望星空,同时要脚踏实地。切忌志大才疏,落入黄粱一梦的境地。

(二)社会主义社会企业家的理想必备两个要素

不同社会的企业家有不一样的理想。

资本具有逐利的天性。资本主义社会的企业家为资本服务,本质上是资本家,他们的理想必然是追求高额利润,利润越高越好,企业做得越大越强越好,把企业办成全球性企业,成为世界500强中的顶尖者。企业做大做强客观上有利于国家经济的发展,有利于人民生活的改善。不可否认,在资本主义社会的企业家中,有些人不是奔着"钱"去的,而是要实现自我价值；也不能否认，有人具有一定的社会责任感，把做好企业看作历史赋予的使命、国家给予的任务、人民托付的责任，如日本的稻盛和夫。他曾说过："我对卡内基说的'个人的财富应该用于社会的利益'这句话十分认同，因为我也有这样的想法。财富得于天，应该奉献于人类。因此，我着手开展许多社会事业和慈善事业。"

社会主义社会的企业家应该与资本家不同。他们当然也要追求利润，讲究经济效益，否则企业难以生存，谈不上发展，更不可能壮大。成为世界500强的顶级企业应该也是他们的追求，办好企业也是他们自我价值的体现。但是，真正社会主义社会的企业家是具有强烈的爱国情怀和社会责任感的。

1. 必须有爱国情怀

苟利国家生死以，岂因祸福避趋之。爱国情怀是中华优秀传统文化的精髓，也是企业家应有的价值追求。企业营销可以而且应该无国界，但是，企业家是有祖国的。2020年7月21日，习近平在企业家座谈会上明确指出："优秀企业家必须对国家、对民族怀有崇高使命感和强烈责任感，把企业发展同国家繁荣、民族兴盛、人民幸福紧密结合在一起……"他们的理想应该体现出爱国爱民、为国为民的情怀，以国家为主，以人民为本。国家好，民族好，企业才能好。

企业家应该有爱国情怀，要为国担当、为国分忧。这是中国近代优秀企业家的光荣传统。

清末民初的张謇是中国棉纺织领域的早期开拓者、民族实业家。他愤于"利权外溢""国之不振"，本着以"国事为重""办企业主要是为了挽救国家之存亡"的理念，毅然走上"大力兴办、发展近代纺织工业"的坎坷之路。他一生创办20多家企业，先是创办中国第一所纺织专业学校，以后又陆续兴办370多所学校。他教育学生"国耻雪，则各国不得不视我以平等，而国家得自由"。他被毛泽东誉为"中国近代史上万万不可忘记的人"。习近平称他为"爱国企业家的典范"，在南通博物苑参观张謇生平展陈时，又一次誉他为"中国民营企业家的先贤和楷模"。

卢作孚，1925年创办民生轮船公司，陆续整合川江航运，迫使外国航运势力退出长江上游。1938年秋，他坐镇宜昌，组织领导宜昌大撤退，用时40天抢运150余万人、物资100余万吨，保存中华民族工业的命脉。他也被毛泽东评为"中国近代史上万万不可忘记的人"。

1937年抗日战争全面爆发后，爱国侨胞陈嘉庚发起成立"马来西亚、新加坡华侨筹赈祖国伤兵难民大会委员会"，并担任主席，捐募款项，支援祖国抗日战争。1938年，他致电汪精卫，反对其与日本和谈的主张。1940年，组织华侨回国慰劳视察团到重庆，并到达延安慰劳在前线浴血奋战的抗日将士与爱国同胞。1941年，太平洋战争爆发，他组织领导新加坡华侨抗敌动员总会。1942年年初，日军占领新加坡，他隐姓埋名到印尼避难，受到日军重金悬赏通缉。1945年8月日本无条件投降后，重庆各界召开"陈嘉庚安全庆祝大会"，毛泽东特送题为"华侨旗帜，民族光辉"的条幅。1946年，陈嘉庚以南侨总会主席的名义致电美国总统和美国国会抗议美国支援蒋介石的行为，并且指责蒋介石"一夫独裁，遂不惜媚外卖国以巩固地位，消灭异己，较之石敬瑭、秦桧、吴三桂、汪精卫诸贼，有过而无不及"。1949年，陈嘉庚回国出席中国人民政治协商会议第一届全体会议，被选为常务委员；后被选为中央人民政府委员、华侨事务委员会委员。

荣毅仁，中华人民共和国成立后主动认购巨额胜利折实公债；抗美援朝时捐献七架半飞机和大量衣物；积极申请把申新纺织公司等荣氏企业实行公私合营。改革开放后，创建中国国际信托投资公司，广泛开展中外经济技术合作，把其建成综合性的跨国企业集团。

王光英，抗日战争后期，积极兴办民族工业，向解放区低价供应大量军用物资和医疗用品。抗美援朝中，组织天津工商界人士反美爱国大游行。改革开放后，积极拥护对外开放政策，他第一个把其创建的南光公司总部设在香港，并制定公司"扎根香港，背靠祖国，面向世界，实事求是，讲究实效"的方针，完成一系列重要工程项目。

这些企业家把企业发展与国家繁荣、民族兴盛、人民幸福紧密结合在一起，为国担当，为国分忧。

改革开放以来，中国涌现出的一大批企业家都具有这种优秀品质。每一位优秀企业家的成长都是产业报国、实业兴国的精彩华章。

《华为基本法》明确规定，"华为以产业报国和科教兴国为己任""为伟大祖国的繁荣昌盛，为中华民族的振兴，为自己和家人的幸福而不懈努力"。

TCL创始人李东生说过："TCL要做产业报国的'敢死队'，我就是'敢死队长'。"

曹德旺说过："我认为做人第一就是要有高度社会责任感……在社会上，要尽公民之责，要有强烈的民族和国家意识。"他在一篇文章中写道，"必须为国家的发展作一些贡献，这是我的信仰，任何一个成功的企业家都不能没有信仰"；"建设中国，发展中国，保卫中国及实现伟大的中国梦，是每一位中华儿女的责任"。他一直认为"企业家的责任有三条：国家因为有你而强大，社会因为有你而进步，人民因为有你而富足。做到这三点，才能无愧于企业家的称号"。

董明珠一直恪守一个信念——一个有责任的企业，要产业报国、造福社会。她认为，做企业一定要有宽阔的胸怀，要有国家意识，要把企业利益跟国家利益结合起来。这样，就会做出更多有利于百姓、有利于社会的事。这是企业家做企业应该坚持的方向。

企业家爱国有多种实现形式。习近平指出，当前是办好一流企业，带领企业奋力拼搏，力争一流，实现质量更好、效益更高、竞争力更强、影响力更大的发展。把企业做大、做强、做优，也就是为国家"做大、做好蛋糕"。特别是在国家面临各种各样突发困难时，企业家要善于在危机中孕育新机，在变局中开辟新局，努力激发广大员工的创造力，带领企业走出困境，实现新的发展，为国家纾困解难。企业家的理想从根本上说，是带领企业取得非凡成就，独立自主、自力更生和创造性地研发出世界领先的核心技术体系和产品系列，成为世界级的领先企业，为实现中华民族伟大复兴奠定坚实的物质基础，推动中国经济巨轮破浪前进。

2. 必须有社会责任感

办好企业，其目的是提高人民生活的质量，为人民服务。在当前来说，实现共同富裕，应该是企业追求的最高层面。对于企业家本人来说，社会是他们施展才华的舞台。习近平在南通博物苑参观张謇展陈时强调："民营企业家富起来以后，要见贤思齐，增强家国情怀，担当社会责任，发挥先富帮后富的作用，积极参与和兴办社会公益事业。"他说过："只有真诚回报社会、切实履行社会责任的企业家，才能真正得到社会的认可，才是符合时代要求的企业家。"他还指出："只有富有爱心的财富才是真正有意义的财富，只有积极承担社会责任的企业才是最有竞争力和生命力的企业。"

无论是于公还是于私，企业家都应该具有社会责任感。吉利的李书福说过："一个没有社会责任心的企业，最终总是会被市场无情抛弃，这样的企业是不可能实现永续经营的。"社会责任感的内容很多，主要如下。

第一，做好本企业的各项工作。对外，要遵纪守法，诚信经营，公平竞争，要做到货真价实、童叟无欺，等等。在企业内部，稳定就业岗位、关心关爱员工也是回馈社会的一个方面。

第二，要有奉献意识，要回馈社会、服务社会，要投身于各类公益事业，一方有难，全力支援。形式是多种多样的。

一是当国家遭受严重灾害时，以各种方式支援，及时捐钱捐物等。2020年年初，武汉新冠肺炎疫情暴发，各种医疗物资告急。卓尔控股有限公司董事长阎志迅速组织专机从多个国家运输紧缺医疗物资，合作设立七家应急医院，把企业物业改建成三家方舱医院。他明确表示"要不断在企业发展中履行社会责任"。武汉高德红外股份有限公司董事长黄立带领员工加班加点生产全自动红外热成像测温告警系统，捐赠给武汉雷神山医院、火神山医院。

二是参与公益慈善事业。热衷于慈善事业的民营企业家很多，他们把捐赠慈善款项看作回馈社会的重要途径。曹德旺，截至2020年，累计个人捐款110亿元。他曾说过"我有事业，离不开政府的政策和社会各界的帮助，我欠社会的太多"；"人要有良心，我对社会始终抱着感恩的心态，我是通过自己的力量来帮助社会"。他写文章表达过："福耀玻璃集团今天拥有的这一切都是国家给予的，我们深爱着自己的国家，我是怀揣着一颗感恩与感激之心去做这些慈善事业。"他创立的慈善基金会出资100亿元，以"民办公助"的形式，筹建福耀科技大学，为国家培养更多优秀的应用型人才。

三是帮困扶贫。新希望的刘永好倡议发起民营企业扶贫的"中国光彩事业"，号召"万企帮万村"。截至2020年年底，有12.7万家民营企业参与这个行动，精准帮扶13.9万个村。刘永好还打算，在未来五年里，为乡村振兴产业继续投入500亿元，解决5万人就业，培养5万名现代农民和农业技术人员，帮扶5万家小微企业，建设5个乡村振兴示范工程。

第三，保护好环境资源。为守护蓝天、绿水、青山，必须根除企业对自然环境和生态环境的侵害。在追求经济利益的同时，企业家必须关注生态环境利益，把环境利益作为企业经营决策考量的标准。

第四，最重要的是实现共同富裕。企业家应该努力以自己的先富，带动、帮助后来者，实现共同富裕。这应该是企业追求的最高层面。

企业的一切行为都是为了社会。企业追求经济效益，也是为了获得社会效益。强化企业的社会责任，有助于提升企业形象，也有利于企业本身的发展。自觉承担社会责任的企业才能成长为受人尊重的企业，从而提升企业占领市场份额的竞争力。国有企业是国民经济的重要骨干和中坚力量，是中国特色社会主义的重要物质基础，国有企业的企业家更应该履行好经济责任、社会责任和政治责任。中国节能环保集团有限公司的董事长宋鑫认为，企业最佳的社会责任实践，应该在主业优势和时代需要、社会需要之间找到最佳契合点，实现政治效益、经济效益、社会效益和环保效益相统一。

总之，企业的逐步发展、壮大，以至成为全球性企业，最终是为祖国经济繁荣、为民族兴盛、为社会发展、为人民幸福做出贡献。这也是中国现代化企业应该具有的使命——推动历史前进。

二、高瞻远瞩的战略眼光，深谋远虑的战略谋划

我们正处在世界百年未有之大变局的时代，未来变幻莫测，处处充满不稳定性、不确定性、复杂性和模糊性。在这样瞬息万变、扑朔迷离的态势中，探索真相、认清形势、统筹全局、把握方向是企业家应有的责任。任正非说过："领袖的作用是方向感。不在于你是否扛锄头、挖战壕，而在于你是否能领导大家走出困境，找到前进的方向。方向感就是要在多种不确定性中给出确定的判断。"任正非还强调，对于高级干部要砍掉他们的手和脚，只留下脑袋用来仰望星空、洞察市场、规划战略、运筹帷幄。他说过："公司的高层干部要多仰望天空，多思考公司的战略方向。高级干部不仅要具备业务洞察能力、决定力，还要有视野、见识和知识。"企业家一定要做到"观大势，谋全局"，要胸怀大局。不谋全局者，不足以谋一域；不谋长远者，不足以谋一时。

有了理想，有了雄心壮志，如何实现理想和雄心壮志？这就要求企业家有战略眼光，进行战略谋划。

（一）高瞻远瞩的战略眼光

高瞻远瞩，即要站得高，看得远，有广阔的视野。有大视野，就有大胸怀；有大胸怀，才能成就大事业。因此，企业家首先应该有大视野，然后才有大胸怀、大气魄、大格局。

第一，要有国际视野，立足中国，放眼世界。2021年4月，习近平在参观清华大学成像与智能技术实验室时，勉励清华学子："要睁开眼睛看世界，对世界了然于胸，站在巨人的肩膀上"。（中国青年网报道：清华大学卢志同学的回忆）拓展国际视野，才能提高统筹利用国内国际两个市场、两种资源的能力。企业家要了解国内市场，也要了解国际市场；不仅

要有应对国内市场变化的对策，而且要有把握国际市场动向和需求特点的能力，开发出独具特色的国际化产品，创建出国际性品牌。企业家要提高把握国际规则、开拓国际市场以及防范国际市场风险的能力，在国际市场上锻炼成长，把企业办成全球性、世界级的企业，从而在促进国内国际双循环中发挥应有作用。

浙江吉利控股集团之所以能够做大做强，走出国门，就是因为董事长李书福具有广阔的国际视野，认识到企业扩大开放的重要性，从而进行并购沃尔沃、宝腾、路特斯、戴勒姆，收购太力飞行汽车等国际化战略布局，成为世界级企业。曹德旺说过："如果对全球经济没有敏锐的洞察力，就不能管战略。"从长远看，经济全球化仍是历史潮流，中国企业家必须具备国际大视野，才能发挥企业在建设开放型世界经济，推动构建人类命运共同体中的作用，不断扩展，不断强化。

第二，要时刻关注国内政治经济动态，关注国家政策的调整。企业的发展与国内外政治、经济形势的变化密切相关。企业家必须时刻关注国内外形势，及时掌握、判定政治经济风向，及时抓住商机。顺风向而行，企业可以顺利发展，否则可能遭受挫折甚至失败。

第三，不但要了解本行业的前沿信息和技术变化的趋势，也要对其他相关产业和产业链的相关企业的动态有全面深刻的认知与把握。任正非说过："想做一个好的领导者、管理者，你要把阅读面、视野展开，要看清行业的变化，才能不仅能看到当下的形势，而且能预见到今后的趋势、长远的未来，做到未雨绸缪。"

企业家要高瞻远瞩，要具有战略眼光，准确地认清整个形势以及形势的趋向，用全面的观点看问题，用发展的眼光看问题；要能够把握全局，看清楚整体与局部的关系，具有大局观、整体观，把企业发展与整个经济、政治的发展，与社会、国家以至人类发展联系在一起；要有前瞻性，能够审时度势，在局面不确定性的情况下，在千变万化中捕捉蕴藏着的机会。成都武侯祠有一副著名的对联，下联前半句是"不审势即宽严皆误"，指出审时度势的重要性。只有审时度势，才能认清战略方向、确定远大目标,并坚持方向和目标,带领企业从胜利走向胜利,把企业办成真正的世界一流企业。

任正非在《谈干部队伍建设》一文中说过:"视野开阔的团队领导者能看清整体与局部的关系,而视野狭窄的干部则有可能忽略战略机会与战略制高点,甚至带领团队用正确的方法做错误的事情,局部的胜利却造成全局的被动,最终导致战争失败。"

新希望集团有限公司董事长刘永好对这一点有深刻的认识。他认为,企业家要有领导能力,既要脚踏实地、埋头拉车,也必须抬头看路、仰望星空,看国际风云变幻,看大的政策,看行业变化,如此企业发展才可能更好。

马云认为,好的领导者一定要有远见。

宋志平说过:"只有站在未来的人才能影响现在,企业领导者就是站在最高处为企业眺望远方的人,即便经历风吹浪打,也不能阻挡远望者的视线。"

苏洵在《辨奸论》中写下"月晕而风,础润而雨"。意思是,月晕出现,将要刮风;基石湿润,将要下雨,即任何事情的发生都是有先兆的。一个新兴产业的崛起,也会有预兆。在改革开放中,关注形势,高瞻远瞩,对经济发展前景做出预判,不失时机地抓住机遇,从而开创事业的企业家很多。

华为的任正非在前瞻性上是高手。他认为,一家伟大的企业应该懂得审时度势。只有时刻根据新的境遇及时调整战略,才能赢得"生机",才能把握商机。他又认为,华为的成功就在于它把握了时代潮流带来的发展机遇。华为人像狼一样,拥有敏锐的嗅觉,能够第一时间寻找并把握商机。早在1997年,任正非就预见到通信行业的未来。他说:"十年之内,通信产业及网络技术一定会有一场革命。这已被华为的高层领导所认识。在这场革命到来的时候,华为抓不住牛的缰绳,也要抓住牛的尾巴。只有这样,才能成为国际大公司。这场革命已经'山雨欲来风满楼'了。只有在革命中,才会出现新的机遇。"此后,华为研发出5G技术,领先其他企业。2014年，华为宣布研发出一款名为"FusionInsight"的大数据平台。该产品性能十分优越。对这套系统的研发，很多人不理解，认为其花费大量资金和力量，还不能直接产生利润。任正非认为，社会即将进入大数据时代，庞大繁杂的信息需要有效的整合处理。华为必须尽早地构建海量数据信息处理系统，对企业内部和外部的巨量信息数据进行实时与非实时的分析、挖掘、发现数据的全新价值点；否则，将在信息时代被淘汰出局。

比亚迪之所以在短短的时间内，异军突起，成为知名企业，其中一个重要原因就是王传福的前瞻性。进入电池领域后不久他就进军汽车行业，很快他就认识到，汽油、柴油等不可再生能源在21世纪将被新的能源替代，新的替代能源的开发利用势在必行。汽车的燃机时代即将结束，电动汽车会成为中流砥柱。他说："电力取代燃油，是汽车产业的必然发展趋势。"在比亚迪F3DM双模电动车的发布会上，王传福充满豪情地宣布："现在电动汽车时代已经来临，而引领世界汽车市场的，不是美国人，也不是德国人，而是中国人！"2006年6月，比亚迪推出第一款铁动力电池纯电动轿车F3e。它一次充电续航里程达350千米，并实现"零污染、零排放、零噪声"的目标，该技术当时已处于世界领先地位。

中国曾有两类企业蓬勃发展，涉及面广，持续时间长，获利惊人。它们的发展都是有先兆的。一些企业家具有前瞻性，抓住机遇，成为业内佼佼者。

一是房地产业。房地产业在比较长的时间里成为国家经济增长的支柱产业，是有先兆的。1998年，国务院决定：党政机关一律停止实行了40多年的实物分配福利房的做法，推行住房分配货币化；与此同时，出台关于加快建设住房供应体系、允许商业银行开展住房抵押贷款业务等一系列政策；加上中国人民有"居者有其屋"的传统，这些预示着房地产业的发展前景巨大。在相当长的一段时间里，房地产业成为国民经济的支柱产业。在美国《福布斯》亚洲版的2007年"中国富豪榜"上，前四位都是房地产商，在前100名中有39人从事房地产业。

二是互联网企业。目前，互联网已融入每个家庭的生活，人人都离不开它。互联网巨头，俨然成为国民经济中举足轻重的人物。互联网的英文名称是Internet，音译为因特网。网络与网络串联形成庞大网络，最终形成全球化网络。通过互联网，信息可以瞬间传递到很远距离。最早建立的网络是1969年美军用于军事连接的阿帕网（ARPA）。预见到互联网将对未来社会产生巨大影响的是阿尔文·托夫勒。1980年，他在《第三次浪潮》中指出，人类社会正进入一个崭新的时期，新的社会将是"信息社会"，也是"智力和知识社会"。其主要特点是微电子工程、生物工程、宇航工程和海洋工程将成为新兴工业的骨干。他的观点具有前瞻性，但在当时还未引起重视。1994年，美国麻省理工学院研究新媒体的教授尼葛洛庞帝认为，随着互联网技术的成熟，物质性的世界将突然转向虚拟性，通过电子流的方式，知识、信息及商品制造和销售可能带来与以往完全不同的生存方式。这些具有前瞻性的看法预示着互联网企业将会蓬勃发展，人类社会生活方式将发生巨大变化。在中国，有些企业家是互联网时代的先知先觉者。1995年，北京中关村的张树新创办北京瀛海威信息通信公司。她一再宣扬：发展信息产业是中华民族崛起于世界的一个重要机会。此后，丁磊、王志东、张朝阳、马化腾、马云、李彦宏分别创办网易、新浪、搜狐、腾讯、阿里巴巴、百度，成为中国互联网事业的开拓者。在2022年世界500强企业榜单中，中国互联网企业的京东、阿里巴巴、腾讯分列第46、55、121位。

（二）深谋远虑的战略谋划

有了对整个形势的正确认识，企业家需要深谋远虑，制定战略目标。深谋远虑，就是计划得很周密，考虑得很周到。在这种情况下制定出来的战略，才体现出大局性，能覆盖全局，体现主要矛盾，不拘泥于细枝末叶；才体现出前瞻性，能指明前进的大方向；才体现出预见性，能预见风险，提前化解；才体现出主动性，能指导企业处理迎面而来的各种问题；才具有可实现性，战略最终必定实现。

中国古代最有名的战略谋划是诸葛亮的隆中对策。刘备三顾茅庐，见到诸葛亮后说"孤不度德量力，欲信大义于天下，而智术浅短……君谓计将安出？"诸葛亮首先分析天下大势，认为"曹操已拥百万之众，挟天子以令诸侯，此诚不可与争锋。孙权据有江东，已历三世，国险而民附，此可用为援而不可图也"。荆州是用武之地，四川沃野千里，天府之国，而主政者刘表不能守住，且将不久人世；四川的刘璋暗弱，不是立业之主。根据这样的形势，他认为刘备欲成霸业，应采取的战略是"北让曹操占天时，南让孙权占地利。将军可占人和。先取荆州为家，后即取西川建基业，以成鼎足之势，然后可图中原"。此后三国的走向基本符合诸葛亮的谋划。

毛泽东的《论持久战》是近代战略谋划的典范。1938年5月26日，他在延安抗日战争研究会上，全面分析中日战争所处的时代和中日双方的基本特点，并从战略全局出发，驳斥"中国亡国论"和"中国速胜论"；深刻论述抗日战争是持久战，必须经过战略防御、战略相持、战略反攻三个阶段，最后的胜利是中国的。事实证明，毛泽东关于持久战的论断是完全正确的。

世界万物始终处于变化发展之中，战略也不可能一成不变。根据形势的变化，在牢牢把握大方向的前提下，谋划者需要及时调整和不断完善战略。同时，需要注意各个方面的变化，审时度势，因势利导，随机应变，应对挑战，使战略得以顺利实现。

三、全面而又不断创新的精神

创新是企业质的提升，开拓是企业量的扩展。两者都十分重要，但创新尤为重要。创新是企业家精神的灵魂，也是企业家精神的主要特征。试想，一个满足现状、墨守成规、故步自封的人能带领队伍不断攻破堡垒，夺取高地吗？

经济学家约瑟夫·熊彼特在《经济发展理论》一书中强调：生产技术的革新和生产方法的变革在经济发展过程中有着至高无上的作用。"创新是对生产要素与生产条件的新组合。"这是资本主义经济增长和发展的动力，没有"创新"就没有资本主义的发展。他认为，创新是企业内部自行发生的活动，是一种革命性的变化，是用新方法、新技术、新产品替代旧方法、旧技术、旧产品，能创造出新的价值。创新的主体是"企业家"。他认为，作为资本主义灵魂的"企业家"的职能就是实现"创新"。彼得·德鲁克在《创新与企业家精神》中表示，创新是企业家必须具备的精神，是不可缺少的精神，是认定一个企业经营者能否被称为"企业家"的唯一要素。没有创新的企业经营者，不能称为"企业家"。他说："企业家是革新者，是勇于承担风险，有目的地寻找革新源泉，善于捕捉变化，并把变化作为可供开发利用机会的人。"

习近平2015年3月5日参加第十二届全国人大三次会议上海代表团审议时提出：创新是引领发展的第一动力。抓创新就是抓发展，谋创新就是谋未来。国家如此，企业更是如此。2021年7月21日，习近平在企业家座谈会上说："企业家创新活动是推动企业创新发展的关键。美国的爱迪生、福特，德国的西门子，日本的松下幸之助等著名企业家，都既是管理大师，又是创新大师。"

英特尔公司前总裁安迪·格鲁夫认为，"创新是当今企业唯一的出路。淘汰自己，否则竞争将淘汰我们"。福特汽车公司是很好的例子。在福特创业前期，老福特推行很多创新活动，从而把公司推到巅峰。他提出"生产流水线"生产方式，提出"科学管理"理论，创造出富可敌国的财富。但是，他没有跟上时代步伐，没有正视市场需求的变化，一味固守既往策略。在通用汽车等公司紧扣市场需求，生产节能低耗、小型轻便等汽车的情况下，他仍然强烈反对、排斥小福特提出的节能型轿车的生产方案。20世纪70年代，石油危机到来，通用汽车飞跃发展，而福特濒临破产。老福特意识到"不创新，就灭亡"。在当今竞争异常激烈的环境中，企业家必须把创新作为推动企业发展的第一动力，要有敢为天下先、破旧立新、勇于创新、不断创新、全面创新的精神。

创新，顾名思义就是创造出新的事物。形象地说，就是走别人没有走过的路，做别人没有做过的事。日本企业家稻盛和夫说过："昨天走过的路，今天再走一趟，或者去重复别人已经走过的路，这与我的天性不合。我总是选择别人没走过的路，一直走到今天。"他还说过一个有趣的比喻。他走在泥泞的小道上，那甚至不是路。走着走着，突然脚底一滑，跌进了水里，但是他会继续一步一步地向前走。在走的过程中，他无意间发现旁边有平整的大道，大道上车水马龙。如果踏上那条大道，走起来会很舒服。但是，他依然凭借自己的意志，走那条无人通过的小路，而且会坚韧不拔地走下去。在这个比喻中，稻盛和夫把泥泞小路比喻为需要克服重重困难才能开拓创新的事业，把平整的大道比喻为没有新意的路子，有些人只知道步人后尘，跟着别人亦步亦趋。正是创新理念引导他不断向新的领域发起挑战。

（一）创新攸关企业兴衰存亡

世界万物都在发展中。发展实际上就是去旧迎新、破旧立新的过程，所以创新是事物发展的必然过程。对企业来说，企业要发展，就一定要创新。创新是企业生存和发展的根本要素，创新也是企业核心竞争力的重要源泉。创新是企业"精益求精"的必然要求。这是企业内在的要求，没有创新，企业就难以生存和发展。企业家的创新精神正是推动企业创新发展的关键。企业家要做创新发展的探索者、组织者、引领者，勇于创新，重视技术研发，敢于投入资金、人力，有效调动员工的创造力，把企业打造成强大的创新主体。任正非对这一点有深刻的认识。他说："一个企业想要保持竞争优势，想要提升自己的市场地位，那么首先就要拥有强大的创造力，要有非常完善的创新机制。只有在技术和管理上不断创新，不断改进和提升，才有机会做到与时俱进，才有机会在快节奏的竞争环境中始终不落下风。从某种程度上来说，创新就代表了最先进的生产力，代表了前进的动力。"

企业如果不满足于现状，特别想进入国际市场，成为全球性企业，成为世界一流企业，更应该重视创新。

不创新，技术落后，必然挨打。不创新，企业即使做大，也做不强，必然被别人"卡脖子"，寸步难行；即使进入国际市场，也要付出惨痛代价，游走在中低端产品领域，难以打入高端产品领域。有些企业的发展过程，充分说明了这一点。

改革开放后，最初，部分中国企业以极低的成本把产品打入国际市场。从1998年开始，在国际市场上掀起一股"中国制造"的浪潮，特别是在中国加入WTO后，2004年中国外贸规模突破万亿美元大关，超过日本；2005年达到1.4万亿美元。短短几年，价廉物美的中国商品遍布全球，成为欧美消费者生活中不可缺少的一部分。据美国某咨询公司的统计，中国企业制造的产品在全球市场的份额居于第一的有上百种。例如，集装箱为90%，DVD播放机为80%，玩具为60%，礼品为70%，体育用品为65%，自行车为60%，微波炉为50%，彩色电视机和电冰箱均为30%。但这些"中国制造"大多数限于劳动密集型、技术含量较低的轻纺工业产品和家电产品等。劳动力价格低意味着成本低，从而产品在市场上具有价格优势。以迪士尼公司热销的芭比娃娃为例，它在北美的零售价为20美元，中国工厂生产的芭比娃娃的离岸价只有1美元。这1美元，包括制造商和渠道商的成本、利润和各项税收。温州生产的金属外壳打火机占世界销售总量的

90%，其制造成本只有日本的1/10。2005年，欧盟抵制中国纺织品，中国商务部的回应是："中国只有卖出8亿件衬衫，才能进口一架空客380。"过去的两年里，中国购买30架空中客车飞机，有5架就是昂贵的空客380。当"中国制造"席卷全球时，可曾想过，这些"辉煌"基于什么？毫不夸张地说，它们的基础是中国亿万劳动者日夜辛勤的劳动，是他们"血"与"汗"的结晶。这种走向世界，国内生产企业付出耗能多、环境恶化的代价，但获利最多的是国外的大投资商和大渠道商。汽车行业有一种说法，在中国合资汽车企业中，外资提供30%的资本，拥有50%的股份，拿走70%的利润。20世纪90年代，OEM（Original Equipment Manufacturer，贴牌生产）盛行，其实质是一种"代工生产"方式，即企业利用自己掌握的关键核心技术，负责设计、开发并控制销售渠道，具体的加工任务交给别的企业去做。有人估计，贴牌生产产生的利润，国外资本拿走92%以上，生产企业最多拿到8%。那时，中国作为全球最大的影碟播放设备制造基地，每出口一台DVD播放机，需要交18美元的专利费，除去成本，生产企业只能获取1美元的利润。一台标价79美元的MP3播放机，生产企业的纯利润只有1.5美元。在产业的上游，外资掌握创意、设计和核心技术；在下游，外资掌控品牌和销售渠道；生产企业夹在中间流着汗水制造产品。"人家吃肉，我们啃骨；人家吃米，我们吃糠"，这就是当时对"中国制造"最为形象的描述。实际上，这并非企业走向世界，只是产品走向世界。企业掌握的是低端的组装技术，最好的也不过是模仿技术。产品走向世界依靠的是低廉的劳动力、大量资源的消耗等。

接着，企业在国内发展到一定程度，有了足够的资金，有的收购、并购国外一些企业，有的在国外建立生产基地，走向海外，走向世界。例如，海尔的张瑞敏在中国加入WTO后，认识到"走出去，实现国际化是一个必然的选择"。2002年年底，海尔在菲律宾、伊朗和美国等地建立13家工厂，海外营业额达到10亿美元，在白色家电制造商全球排名中跃居第五。海尔电冰箱的市场占有率跃居全球第一。李东生创建的TCL在2003年启动跨国并购的"龙虎计划"，先收购美国一家生产DVD播放机和录像机的公司Go-Video（高威达），继而买下德国的彩色电视机公司施耐德。2004年，又以并购者的身份，与法国汤姆逊集团签约共同组建年销彩色电视机1800万台的新公司，成为全球最大彩色电视机的供应商；与阿尔卡特组建生产手机排名世界第七、中国第一的合资公司。

有些企业走向海外、走向世界，并不表明它们的技术已经达到世界水平。有些企业还是创新不足，没有掌握产品的核心技术。只有少数企业能够集成创新，博采众长，融合成自己的技术。有些企业生产的彩色电视机、电脑和手机等的元器件需要从国外购买。例如，平板电视机的成本中，面板成本占到60%~70%，机芯占到10%，这些核心元器件需要从日本、韩国购买；手机的机型和核心模块也依赖韩国、日本。这些企业能够走出国门、走向世界是十分难得而又可喜的。但是，当我们为此欢呼时，不要忘记：有些企业不过是境外企业的下游装配厂，企业的命脉掌握在资本巨头手中，它们随时可以卡住企业的脖子；这些企业只是做大，还没有做强。

在当今科技日益发展、竞争极其激烈、市场瞬息万变的情况下，只有创新，才是企业求生存、求发展的必由之路。市场竞争促使企业必须创新。企业发展，犹如逆水行舟，不进则退。企业只有不断拼搏、不断创新，才能立于不败之地。企业最大的隐患就是守成，企业不能躺在过去的功劳簿上，单纯地依靠既有优势和成就，沿用过去成功的做法和经验，而是要创新，不断创新。企业是有生命周期的，企业必须转型升级换代，培育不竭的动力，不断追求卓越。因此，拼搏、创新，是企业生命延续的根本，是企业发展壮大的根本。

（二）企业创新的途径

从中国企业发展历程来看，创新经历的过程如下。

第一步是，在初创时期，由于种种条件限制，企业无法独立研究产品和技术，采取"跟随战术"和"拿来主义"，仿造国外企业的产品，实行

"模仿创新"。实质上就是"吃别人嚼过的馍",算不上是创新,更不是自主创新。但是,"模仿创新"是企业初期发展阶段必然经历的过程,是企业创新的学习阶段,也是企业产品由低端向高端发展的必由之路。大量的"模仿创新"促使技术迅速普及。

第二步是,模仿以后,企业博采众长,进一步广泛吸收国内外有关技术要素和技术思路的优点,将其融合,创造出新的独特技术;或者在寻找资源最佳配置中,对各种创新要素进行有效集成和优化组合,形成创新。有人称这种创新为"集成创新","集成创新"是当前采用最普遍的方式,也是见效最快的方式。这是自主创新的起步。

第三步是,自主创新。自主创新不是简单地复制,也不是跟在别人后面不断追赶,而是要迎头赶上、超越别人,由掌握世界已有的核心技术,到超越世界现有的核心技术,以至有自己的原创技术,从而真正完成从"中国制造"到"中国创造"。"制造"是"人有我也有"或"我有人也有"。"创造"则是"人无我有"。只有走到这一步,这些企业才真正成为世界级企业。

自主创新可分成三个层次:一是弯道超车,自主研发、掌握世界已有核心技术;二是在世界已有核心技术基础上,将该项技术进一步推向更高层次;三是完成原创技术的研发,创新出独有的引领世界的技术。达到自主创新的第二、第三层次,形成一定规模,占有一定市场份额,持有知识产权,制定行业规则或产品技术标准,从而在技术上实现从"跟跑"到"并跑"再到"领跑"的根本性的跨越。这是成为世界级一流企业的重要标志。

在中国达到这一水平的企业,过去很少,现在日益增多,如华为、福耀集团。具有创新精神的企业家,才能把企业做得既大又强,不仅使企业在激烈的竞争中屹立不倒,而且带领企业持续发展壮大。

（三）创新是企业家必不可少的精神

创新是企业家精神的内核，是企业家的灵魂。企业家要做创新的探索者、组织者、引领者，要把企业打造为强大的创新主体，通过自主创新加速推动各领域核心技术的突破，努力解决"卡脖子"问题，带领企业在困境中凤凰涅槃、浴火重生。企业家创新精神具体体现在以下五个方面。

第一，自主创新精神和首创精神。这是根本。习近平强调："核心技术、关键技术，化缘是化不来的，要靠自己拼搏。"企业只有自主创新，才能把企业发展建立在安全、可靠的基础上，才能实现企业的可持续发展。自主创新，常常意味着冒险，敢于想常人不敢想的问题，敢于做常人不敢做的事情。这就有成功或失败两种可能。但是，"如果不想犯错误，那么什么也别干"。美国3M公司有一个口号："为了发现王子，你必须和无数个青蛙接吻。""接吻青蛙"意味着冒险。因此，在创新道路上，企业家要有甘冒风险、承担风险、战胜风险的魄力，"无限风光在险峰"；要勇于破旧，勇于首创；要克服因循守旧的心理，克服技术恐惧症，有敢于接吻青蛙、敢做第一个吃螃蟹的勇气。首创精神十分重要。有些成功企业，就是在条件极不成熟和外部环境极不明晰的情况下，敢为人先，第一个跳出来吃螃蟹。

李书福，1997年创办中国第一家民营汽车企业。第一批轿车是由几个钣金工一榔头一榔头地敲打出来的。那时，他就非常清楚：要坚持自主创新，把命运掌握在自己手中。他说："核心技术是用钱买不来的，而且越买越被动，越用越依赖。必须自己研发，持续创新，迭代发展。"他还说："坚持走自主创新、自主品牌、自主知识产权的汽车工业发展道路。这条路走起来虽然非常艰难，但只要认准一个方向，坚定一个信念，提炼一种精神，我坚信成功的一天一定会到来！"他在向西方发达国家学习先进技术、先进管理方式的过程中，不断形成自己的体系，实现自主创新。

山西太钢不锈钢精密带钢公司，2016年全力冲刺"手撕钢"时，一些人认为目标太高，不行。总经理王天翔表示，"创新就是要把不可能变成可能"。在他的带领下，虽然经历多次失败，但是公司终于攻克难题，把不锈钢的厚度降到0.02毫米。

中国高铁是"中国的名片"。它把天堑变通途，天涯化咫尺。从上海到北京，在1949年坐火车至少需要36个小时，现在最快只要4小时18分钟。为了研发出高速列车，中国中车集团的孙永才带领团队历经数百次的仿真计算，数千次的地面试验、线路试验，解决一系列重大技术问题。这样的创新让中国成为世界上高铁商业运营速度最高的国家。

王传福也是一个敢于吃螃蟹的企业家。他创办比亚迪科技有限公司时，被人认为太冒险。但王传福认为，最灿烂的风景总在悬崖峭壁。几年后，公司就自主研发技术，实现弯道超车，不仅在国内打破日本充电电池一统天下的局面，而且冲向世界，把镍镉电池产品产销量做到世界第一、镍氢电池排名第二、锂电池排名第三。王传福成为享誉全球的"电池大王"。2003年，王传福做出惊人之举，收购西安秦川汽车有限责任公司的股份，成为继吉利之后国内第二家民营轿车生产企业。对王传福来说，进入一个自己完全不熟悉的行业，是挑战，是冒险行为。但他说："冒险精神给比亚迪的初期发展带来了举世瞩目的成就。比亚迪要成为汽车大王，同样需要冒险精神，更需要一支敢于冒险的企业团队。"在王传福的带领下，比亚迪始终坚持"技术为王，创新为本"的发展理念，凭借研发实力和创新模式，获得全面发展。

在任正非的带领下，30多年来，华为面对外部的重重打压，艰苦奋斗，坚持在创新研发上投入大量的资金，从而以自有技术和自有品牌昂首挺胸地进入世界。

企业家故步自封、墨守成规，或邯郸学步、东施效颦，永远不可能创造出优秀企业。只有敢为天下先，具有气吞山河、敢把皇帝拉下马的精神，才能建成世界一流企业，傲立于全球。

企业家要甘冒风险，但不应盲目冒险，为冒险而冒险。企业家应该高瞻远瞩，寻找、发现企业新的发展机遇，深思熟虑后确定创新方向，最后付诸行动。这种情况下的甘冒风险和创新才是企业家真正的创新精神。

第二，不断创新、持续创新精神。创新只有一次是不够的，还要与时俱进，不断创新，锲而不舍的创新。当今是科技发展日新月异的时代。有人以IT科技为例，根据摩尔定律预测每18个月产品技术就会更新换代一次。除了一些特殊行业外，各行各业的技术更新都在加快速度。例如，液晶显示玻璃，先是面板玻璃做到0.3毫米厚，现在超薄电子触控玻璃可以做到0.12毫米，而柔性触控玻璃能够卷起来、折叠90万次都不破损。一次技术创新不可能让企业一劳永逸地发展。没有坚持不懈、持续不断的创新，企业就要落后，落后就要被打、被淘汰。亨通集团的创始人崔根良，是一位农民企业家。他切身体会到"创新无处不在，创新永无止境"。海尔的张瑞敏为此写了一篇名为《创新无止境》的文章，强调"创新是无止境的"。他指出，"面对充满挑战和希望的明天，我们只有不断创新，挑战满足感，才能超越自我。我们因创新精神赢得世界瞩目，我们仍须用不断的创新来赢得新世纪的辉煌"。任正非也强调："只有不断的创新，才能持续提高企业的核心竞争力。只有提高企业的核心竞争力，才能在技术日新月异、竞争日趋激烈的社会中生存下去。"

第三，全面而又善于抓住"牛鼻子"的创新精神。全面创新，企业家应该有新观念、新意识、新思路、新策略，推出新产品、新市场、新模式，实现新发展。不仅科研、技术、产品要创新，而且要求观念、策略、组织、管理、市场、经营模式等系列创新。也就是说，要不断开发运用新技术，不断推出新产品，不断提升产品的质量；不断采用新生产组织方式，不断推行新管理模式；不断开拓国内外的新市场；不断采取新服务方式，提升服务质量；等等。同时，要抓住"牛鼻子"，科学技术是第一生产力，全面创新中的核心当然是科学技术的创新。在科学技术创新中，要紧紧抓住决定企业竞争力的重要领域和关键环节，抓住关键核心技术的创新。

第四，原始创新和颠覆式创新精神。在核心技术创新上，应该对标科技前沿，抓住大趋势，下好"先手棋"，实现前瞻性基础研究，取得原创性成果。只要在核心技术的原始创新上取得突破，获得行业发展的话语权，就能带动全局，把企业打造成强大的创新主体，成为本行业全面发展、高质量发展的领军企业。

第五，也是最重要的，走前人没有走过的路，其艰险和前景都难以预测，企业家必须要有坚韧不拔、"不破楼兰终不还"的创新精神。习近平强调："创新从来都是九死一生，但我们必须有'亦余心之所善兮，虽九死其犹未悔'的豪情。"

四、百折不挠、永不言败、勇攀高峰的意志

无限风光在险峰,要登峰顶,道路艰险。因此,企业家面对挫折、困难,必须始终抱着拨开云雾见天日、战而胜之的积极乐观心态;要有不畏艰险、愚公移山、不怕困难、艰苦奋斗的精神;要有打持久战、不达目的誓不罢休的决心和恒心。经千难而百折不挠,历万险而矢志不渝。

荀子在《劝学》中讲:"不积跬步,无以至千里;不积小流,无以成江河。骐骥一跃,不能十步;驽马十驾,功在不舍。锲而舍之,朽木不折;锲而不舍,金石可镂。"宋朝的苏轼在《晁错论》说:"古之立大事者,不惟有超世之才,亦必有坚忍不拔之志。"其实,做任何事情都会遇到困难,人生的道路上可以说荆棘遍布,人就是在苦难中顽强拼搏得以成长的。自古以来, 很多圣贤之士都遭遇到这样那样的困难。《史记·游侠列传》记载:"昔者虞舜窘于井廪(舜称帝前,其父及异母弟趁他淘井时活埋他;继而又想在他修仓库时烧死他),伊尹负于鼎俎(商汤贤相伊尹曾背着炊具做厨师),傅说匿于傅险(殷王武丁的贤相傅说曾在傅险家做泥瓦匠),吕尚困于棘津(姜子牙曾在棘津当小贩),夷吾桎梏(管仲曾被囚禁),百里饭牛(秦穆公时的贤相百里奚曾卖身为奴,为人养牛),仲尼畏匡(孔子路过匡时,被人误认为鲁国的仇人阳货,险遭不测),菜色陈、蔡(孔子路过陈、蔡时,被陈、蔡围困而饿得面呈菜色)。此皆学士所谓有道仁人也……"司马迁在《报任安书》中说:"盖文王拘而演《周易》;仲尼厄而作《春秋》;屈原放逐,乃赋《离骚》;左丘失明,厥有《国语》;孙子膑脚,《兵法》修列;不韦迁蜀,世传《吕览》;韩非囚秦,《说难》《孤愤》;《诗》三百篇,大底圣贤发愤之所为作也。"《西游记》中,唐僧西天取经,历经八十一次险难,冲破重重阻力,最终功德圆满。正是"一番番春秋、冬夏,一场场酸甜苦辣","斗罢艰险,又出发,又出发","踏平坎坷,成大道"。创建企业、发展企

业、壮大企业同样需千锤百炼。如果没有百折不挠的精神，企业家就无法带领企业从激烈的竞争中胜出。有人说，伟大都是熬出来的。这不是虚言。面对创业道路上的挫折、磨难，甚至失败，企业家要有"千里冰霜脚下踩，三九严寒何所惧"的气概。鲁迅先生有一句名言："什么是路？就是从没有路的地方践踏出来的，从只有荆棘的地方开辟出来的。"说的就是这个道理。

美国当代商业思想家吉姆·柯林斯在《从优秀到卓越》中写道，创造卓越性企业的"第五级领导"必定具有"不屈不挠的专业精神"。2001年，任正非告诫华为员工："不经过挫折，就不知道如何走向正确道路。磨难是一笔财富。"只有经历这些挫折、磨难，才能真正成熟。任正非认为，领导者的责任和使命精神是，不被茫茫黑暗吓蒙、吓倒，要在黑暗中寻找光明，发现光明，并由此而发出光芒，照亮道路，鼓舞队伍奋勇前进，夺取最终胜利。他说"克劳塞维奇在《战争论》中有一句很著名的话：'要在茫茫的黑暗中，发出生命的微光，带领着队伍走向胜利。'……就像希腊神话中的丹科一样，把心拿出来燃烧，照亮后人前进的道路"，"越是在困难的时候，我们的高级干部就越要在黑暗中发出微光，发挥主观能动性，鼓舞起队伍必胜的信心，引导队伍走向胜利"。他还说"烧不死的鸟才是凤凰"，"要做烧不死的凤凰，从泥土中爬起来的圣人"。新浪的创始人王志东参加东方卫视访谈节目《头脑风暴》时说过："一个人摔倒了，就要马上爬起来，否则，不摔死也会被人踩死。"马云说过："每个人都有梦想，只有那些为实现梦想不断追求、永不言弃的人才可能登上成功的舞台。创业的过程会经历挫折，坚持对梦想的追求，成功便指日可待。"他还说过："一个伟大的公司绝不仅是因为能抓住多少次机会，而是因为能扛过一次又一次的灭顶之灾！"对此，他给出一个很形象的说法："永不放弃，同时要坚信，今天很残酷，明天更残酷，后天很美好。但是绝对大部分企业死在明天晚上。我坚信，只要坚持就能看到后天的太阳！"

现代，有些全球性企业在成功前都经历过挫折甚至失败。例如，松下幸之助创建松下电器公司时就历经磨难。公司成立之初，遭遇第一次世界大战，产品插座和灯头陷入销售危机，公司几乎难以维持。但是他认为，这是创业的必然经历，坚持下去就会取得成功，就是对自己的最好报答。1929年全球经济危机，接着是第二次世界大战爆发，日本经济衰落，松下幸之助一贫如洗，债台高筑。为抗议美国将公司定为财阀，他不下50次去美军司令部交涉，苦不堪言。此后，艰苦奋斗，终于把公司办成世界一流企业。面对任何情况，他都抱着一颗谦虚和开放的心。94岁时，他说："无论逆境还是顺境，坦然的处世态度往往会使人更加聪明。"诺基亚20世纪80年代涉足移动通信领域。90年代初芬兰发生严重经济危机，诺基亚遭到重创，公司股票市值缩水50%。在此生死存亡关头，公司没有退却，毅然变卖其他产业，集中资源执着地专攻移动通信，从而取得成功。

中国网易创始人丁磊在而立之年经历了一次职业上的大磨难。此后，他在一所大学演讲，说道："在三十岁之前，我最大的收获并不是赚到了两三个亿，而是有过一段亏掉两三亿的经历。"只有百折不挠，经历九死一生还能活着的企业，才是真正成功的企业。任正非带领华为经历千辛万苦，才取得巨大成就。近几年，美国举全国之力，动用政治、经济、法律等手段打击华为，华为即使伤痕累累，但从不言败，永不放弃，丝毫不为美国的制裁动摇。相反，这一切更加激励华为人的斗志，陆续推出鸿蒙系统、麒麟处理器，开发HMS生态系统，克服美国制裁造成的5G系统、芯片等方面的困难，彰显了任正非企业家精神的力量。

当然，企业家要有顽强意志，敢于斗争，也要善于斗争：要在斗争中历练，增强斗争本领；要强化风险意识，见微知著、未雨绸缪，下好先手棋，力争把具有重大风险的隐患消灭在萌芽之时；要充分估计困难，深入思考风险，打好主动仗；要提高风险化解能力，透过复杂现象把握事物本质，抓准要害，果断处理。

五、遵纪守法、诚信经营的品质

遵纪守法、诚信经营，是健全的市场经济必须具备的客观环境，也是每个市场主体必须遵守的规则，更是企业家精神的一个重要内涵。

2020年7月21日，习近平在企业家座谈会上说："'诚者，天之道也；思诚者，人之道也'。人无信不立，企业和企业家更是如此。"

任正非说："华为十几年来铸就的成就只有两个字——诚信。"他还说："我们要对政府负责任，对企业的有效运行负责任。对政府的责任就是遵纪守法。"

曹德旺认为，不论做人做事，还是做产品，都要始终"以诚为本"。他把这种精神带进企业，始终把客户利益放在第一位，提供优质产品和优质服务，不走私，不偷税，不投机取巧。他说"处理政商关系，不能随大流，要给那些官员树立原则。我的无上秘籍是'不贪'"，"我把自己置于社会监督之下，尊重各种法律法规以及风俗习惯。因此我就不会犯规"。曹德旺曾自豪地说"二十多年来，在十几个省办厂，我从没给任何官员和银行送过一盒月饼。以人格做事"；"我所赚的钱，没有走私、没有逃税、没有官商勾结、没有坑蒙拐骗"；"人贵在站正立直，你遵法守纪，拥护跟支持政府，你没有偷税漏税、走私，你怕什么呢？"

李书福也强调"吉利始终坚持诚实守信、合规经营，力求培育高标准的、符合商业道德和合规经营原则的企业文化"。2018年5月，他在一篇文章中又一次强调"企业长期可持续发展的前提必须是依法合规、公平透明……时刻牢记合规的重要性、法律的严肃性""唯有遵纪守法、诚实做人，才能得到用户认可"。他还提倡"合规文化"，并把它列为吉利企业四大文化之一。

被誉为"营销女神"的董明珠说过："一个好的营销队伍必须是一个诚信的队伍。你只有讲诚信，才能赢得别人对你的尊重；也只有这样，才能赢得别人对你的信赖，才可能得到别人的支持。"她告诫员工："带着欺骗的心态去做一个企业，这样随着时间的转移，企业就会逐步被消费者所淘汰，被市场所淘汰。"

诚信的重要性，在前面已经有了简明扼要的说明。凡是有长远眼光的领导者，不论是国家、组织或企业都特别重视诚信。古代不少领军人物为我们做出榜样。三国的曹操为了以信立人、取信于军民，曾"割发代首"。建安三年，曹操领军讨伐张绣。行军途中，曹操宣布："大小将校，凡过麦田，但有践踏者，并皆斩首。"所有骑马的士卒都下马步行，小心翼翼地通过麦地。可是曹操的马因受飞鸟惊吓，蹿入麦地，踏坏了一大块麦田。曹操让执法官为自己定罪。执法官认为，"丞相岂可议罪？"曹操认为，"吾自制法，吾自犯之，何以服众？"当即拔剑想自刎，被众将制止。他的谋士郭嘉劝说，"古者《春秋》之义：法不加于尊之义。丞相总统大军，岂可自戕？"曹操考虑再三，拔剑割下自己的头发说："割发权代首。"并派人拿着头发传示三军："丞相践麦，本当斩首号令，今割发以代。"从此，三军惊然，无人敢违背曹操的命令。（古代有一种刑罚"髡"，即割去长发。短发是奴隶或低贱人的象征。儒家思想"身体发肤，受之父母，不敢毁伤，孝之始也"）

在现代市场经济中，诚信同样是企业领导者应具备的素质。2000年美国出版了一本书《百万富翁的智慧》。作者对美国1300位富翁进行调查。在谈到成功的秘诀时，被调查者普遍把"诚实"放在第一位。中国有远见的企业家深知诚实守信的重要性，坚决不向客户提供不合格产品，并不断培养企业员工提高产品质量的意识。20世纪80年代，浙江万向集团的鲁冠球把40万元的次品作为废品卖掉。1985年，海尔的张瑞敏挥动一柄铁锤砸掉76台存在缺陷的电冰箱。这一砸使海尔三年后获得中国冰箱行业的第一个国家质量金奖。1995年，正泰集团的南存辉，因已装船待运的出口产品中有一件外观色泽有些差错，下令全部开箱检查，并且不惜增加运费80万元，改船运为空运以保证按时交货。中国的同仁堂，在它三百多年的历史中，一直小心呵护自己的金字招牌。2003年，抗击非典期间，在药材价格疯涨的情况下，坚决执行政府的限价令，按原价出售"抗非典方"，仅此一项就亏损600万元。同仁堂的决策层告勉员工："三百多年来，我们信奉'同修仁德，济世养生'的企业宗旨，国家有难之际，也是我们回报社会之时。"华为在经营中十分重视用诚信打造企业的品牌。任正非说"华为这十几年来铸造的就是这两个字：诚信。对客户的诚信，对社会、政府的诚信，对员工的诚信"；"这是我们的立身之本，是我们的核心竞争力，是华为公司对外的所有形象。这个无形资产是会给我们源源不断地带来财富的"；"华为走到今天，就是靠着对客户需求宗教般的信仰和敬畏，坚持把对客户的诚信做到极致"。他要求所有员工都要诚实守信，不欺骗客户，不欺骗合作伙伴，不欺骗同事。公司制定《华为员工商业行为准则》，约束员工诚信经营；制定《华为合作伙伴行为准则》，禁止合作伙伴一切弄虚作假和贿赂行为。与此相配合，还建立诚信档案，不仅记录每位员工的信用状况，还记录合作伙伴的诚信状况，以此作为考核员工和选择合作伙伴的依据。任正非本人首先做出示范，始终坚持诚信做人、诚信做生意的原则，以最真诚的方式面对别人，从不对客户弄虚作假。

不可否认，在现实经济生活中，由于种种原因，某些企业在经营活动中，存在不讲诚信甚至违规违法的现象。典型案例，如三鹿集团。结果，企业走向灭亡，被收购重组；企业领导人锒铛入狱。这是企业领导和企业失去诚信的必然下场。

企业家要做诚信的表率，带动社会道德素质和文明程度的提升。诺贝尔经济学奖得主弗利曼指出："企业家只有一个责任，就是在符合游戏规则下，运用生产资源从事利润的活动。亦即须从事公开和自由的竞争，不能有欺瞒和诈骗。"

六、求贤若渴的意识和知人善任的能力

决定企业成败的一个重要因素是人才，成功企业家一定要求贤若渴，并具备识人、用人的能力。这也是企业家必须有的精神。它包括识才的慧眼、爱才的诚意、用才的胆识、容才的雅量、聚才的良方。

中国古代不少圣贤之士强调人才对于国家治理的重要性。早在周代，《诗经·小雅·南山有台》就指出："乐只君子，邦家之基。乐只君子，万寿无期"，"乐只君子，邦家之光。乐只君子，万寿无疆"。这就是说，贤者是国家的柱石和根基，社稷有了贤者，就可以安泰，就会长治久安。汉朝韩婴说过："得贤则昌，失贤则亡，自古及今，未有不然者也"（《韩诗外传》）。唐代李观说过："得人者昌，失人者亡。"（《项籍故里碑铭序》）东晋史学家习凿齿说："功以才成，业由才广。"（《襄阳记》）冯梦龙在《新列国志》中说："历览往迹，总之得贤者胜，失贤者败；自强者兴，自怠者亡。胜败兴亡之分，不得不归咎于人事也。"清朝魏源在《默觚·治篇》中指出"古之得人家国者，先得其贤才"。人才越多越好，"是故国有贤良之士众，则国家之治厚；贤良之士寡，则国家之治薄"（《墨子·尚贤上》）。所有这些论述，都讲明一个道理，就是人才对任何事业的发展都具有举足轻重的地位，是任何事业成败的关键。

古今中外历史充分表明，能否得贤用贤是事业成败、家国兴亡的关键。战国时，秦始皇灭六国，一统天下；唐太宗的"贞观之治"成为中国古代太平盛世的典范之一；清朝康雍乾盛世成为佳话；等等。关键就在于他们能得人，善用人。

因此，开创和发展任何事业，关键在于得人、用人，要广罗人才。唐太宗李世民说过："为政之要，惟在得人。"（《贞观政要·崇儒学》）东晋道教理论家葛洪在阐明人才的重要作用后，明确主张"招贤用才者，人主之要务也"（《抱朴子·贵贤》）。

正是基于这一点，凡有雄心壮志的领袖人物或有识之士都求贤若渴。广泛流传的萧何月下追韩信和刘备"三顾茅庐"是求贤若渴表现的两个例子。

习近平强调"发展是第一要务，人才是第一资源，创新是第一动力""强起来靠创新，创新靠人才"。2013年，他在全国组织工作会议上强调，要始终把选人用人作为关系党和人民事业的关键性、根本性问题来抓。治国之要，首在用人。他还强调，综合国力竞争，说到底是人才竞争。人才是衡量一个国家综合国力的重要指标。他号召，要树立强烈的人才意识，寻觅人才求贤若渴，发现人才如获至宝，举荐人才不拘一格，使用人才各尽其能。

治理国家如此，经营企业亦如此。方向确定后，人才就成为决定性因素。人才是企业生命之源。企业要取得长足发展，成为全国性以至全球性企业，人才是关键。谁掌握了人才，谁就在竞争中获得了主动权和制高点。日本管理学家大前研一说过，未来的竞争，企业的财富不是源于自然资源，而是来自人的智能量。这跟工业时代、大生产时代很不同。盛田昭夫也说过："使企业得到成功的，既不是什么理论，更不是什么计划，而是人。"美国的"钢铁大王"卡内基，对冶金技术一窍不通，他在公司中的作用就是发现并任用一批懂技术、懂管理的杰出人才为他工作。当他得知下属工厂中一位名叫齐瓦勃的工程师具有超人的工作热情和杰出的管理才能后，立刻提拔其为厂长；几年后又破格任命其为卡内基钢铁公司董事长。20世纪初，卡内基成为世界上最大的钢铁公司。美国惠普电子仪器公司原来是一个小作坊，一跃成为举世瞩目的国际集团，靠的就是重视人才。它投在培养人才上的资金占到公司总销售额的1/10，要求所有员工每周至少用20个小时学习业务知识。它把"寻求最佳人选"作为公司发展的主要经验。

任正非认为，华为一无所有，只有靠知识、技术，靠管理，在人的头脑中挖掘出财富。《华为基本法》指出："一切工业产品都是人类智慧创造的。华为没有可以依存的自然资源，唯有在人的头脑中掘出大油田、大森林、大煤矿……"华为唯一可以依靠的人，是奋斗的、无私的、自律的、有技能的人。华为跨出国门向海外进军时，任正非特别重视人才的网罗和队伍的建设。他说："我们所谓的营销国际化，不是在国外建几个工厂，把产品卖到国外去就够了，而是要拥有五至六个世界级的营销专家，培养50—60个指挥战役的'将军'。"他认为，若三至五年内建立不起国际化队伍，那么中国市场一旦饱和，华为将坐以待毙。结网式地寻找人才、争夺人才，并将员工培养成富有攻击性、忧患意识和团队精神的"华为狼"，是华为在大变革、大动荡中铸就大业的重要因素。因此，企业家必须重视人才的发掘和培养，必须选人、用人。

吉利的李书福认为"吉利控股集团这些年发展迅速和吉利整合全球人才资源为己所用是同步的"；"吉利人才创新的成败决定吉利战略的成败。如何创新地发现人才、培养人才、使用人才、发展人才，是一个巨大的课题"。

如何识人、用人，事关企业的成败兴衰，十分重要，将在后文专门论述。

综上所述，企业家必须设定伟大且经过努力可以实现的目标，有实现这一目标的高瞻远瞩的战略规划，有一支为企业发展拼搏而团结一致的坚强队伍；有具有前瞻性而又脚踏实地不断创新的精神和遭遇挫折、困难决不屈服且奋勇向前的毅力。企业家只有具备以上的精神，才能有大视野、大胸怀、大气魄、大格局，才能成就大事业。

中国国有企业中的企业家，绝大多数是中国共产党党员，民营企业中的部分企业家也是中国共产党党员。党员企业家更要有绝对服从党的领导、听从党的指挥、全心全意为人民的奉献精神，牢固树立起政治意识、大局意识、核心意识、看齐意识，把爱党、忧党、兴党、护党落实于生产经营中。

突出抓好两个关键

毛泽东曾强调："政治路线确定之后，干部就是决定的因素。"这是至理名言，也是颠扑不破的真理。这指出领导者要做最重要的两件事：一是确定政治路线，二是正确使用干部。对企业家来说，首先是制定正确的企业发展战略，指出企业发展方向，明确目标，确定道路，制定总方针；其次是准确识别人才、使用人才、培育人才。宋志平在《经营方略：宋志平管理精粹》一书中指出："10年（担任中国建材集团的一把手时期）间我想明白两件事：第一，大企业领导者最重要的是有战略头脑，战略选择为企业的重中之重；第二，大企业成长不能单靠自我积累，还要靠资源整合。"

一家企业的领导者或高层决策者，犹如群雁的领头雁一样辨别方向，带领群雁沿着正确的路线飞往目的地，他的首要任务是制定企业发展战略，辨明企业发展方向，带领企业向目标迈进。宋志平说："做企业最重要的就是战略先行。越是困难，越要花时间研究战略。"因此，企业家不能事无巨细一把抓，应该超脱纷繁复杂的事务，把精力放在全局问题、长远问题的思考上，比其他人多向前思考一步。

"金无足赤，人无完人"，人人如此，绝无例外。古人所称的圣贤"孰能无过"，即使创建出伟大事业的领导者亦是如此，企业家更不用说。这不仅表现在精神层面，更多地还表现在学识、才干、能力等方面，企业家不可能是万能的，也不可能事事精通。任正非，是一个学建筑、基建工程兵部队干部，对通信技术以及华为后来涉及的更高更新的技术，可以说一窍不通，但他创建了震惊世界的企业——华为。马云，是一个学英语的师范学生，所学专业与办企业无关，与科技更无关，他却创建了名噪一时向云计算高科技方向拓展的企业——阿里巴巴。曹德旺，只受了5年学校教育，14岁被迫辍学，靠贩卖烟丝、水果和修理自行车艰辛度日，他却创办了全球最大的汽车玻璃供应企业。类似的企业家不胜枚举。当然，这些企业家在实践中飞速学习成长，学识与才能不可同日而语，当刮目相看。但是他们毕竟还是人，不是全能的神。在变化莫测的形势下，面对纷繁复杂的事情，他们不可能一人包打天下。他们除了基本具备的企业家精神（实事求是地说，任何一位企业家都不可能具有全部的企业家精神）之外，对企业的事务不可能全部通晓，不可能全面过问，不可能妥妥帖帖地处理所有事情。他们之所以能够创立世界一流企业，是因为他们有与常人不同的过人之处。这就是他们能够抓住决定企业命运的两个关键，而且能抗住任何打击，坚持到底。战略决策是关键中的关键，尤其企业处于危急存亡之际，战略决策发挥的作用更为重要。

一、把握发展方向，制定正确的企业发展战略

制定并实施企业发展战略，是企业家首要的任务。美国知名企业家杰克·韦尔奇说过："我每天想的事情都是规划未来。"任正非说："领袖的作用是方向感，引领方向是艰难的。方向感就是要在多种不确定性中给出确定性的判断，尤其是在资源有限的情况下，当然也包括模糊性判断，引领走出混沌；高级干部要培养他们的方向感与节奏控制。方向是什么？方向就是面对目标的位置。节奏是什么？就是审时度势，因势利导。"宋志平在《经营方略：宋志平管理精粹》一书中说过"企业领导者不是专业的技术人员，任务不是去钻研某项高精尖技术或如何提高产品质量等具体操作层面的问题，而是定战略、管大事、把方向，营造有利于企业发展的氛围和文化"；"在担任大型央企一把手的这些年来，我琢磨最多的就是战略。作为董事长，我想的不是如何生产水泥、玻璃或建造房屋……而是想宏观形势，想企业走向，想企业的资源和机会，想企业面临的风险"；"制定战略是领导力的基础，也是领导者的首要责任"。企业应该确定自己是谁，将向何处去，如何去。

（一）企业发展战略

战略是战争用语。战略事关"生死之地、存亡之道"（《孙子兵法·

计篇》）。战略正确，能够成功，否则，必将失败。《孙子兵法·计篇》明确指出："夫未战而庙算胜者，得算多也；未战而庙算不胜者，得算少也。"这就是说，筹划周密，能够取得胜利；筹划不周或者有疏漏，就会失败。

清朝陈澹然说过："不谋万世者，不足谋一时；不谋全局者，不足谋一域。"制定战略要从大局出发，从全局看问题，从长远发展看问题，向前展望、超前思维、提前谋局。

"战略"一词最初用于军事，但是道理是相通的，因此"战略"一词可以用于多个领域。何况商场如战场，"战略"一词应用于企业，是顺理成章的。

企业发展战略，简而言之，是一定时期指导企业全局发展的谋略。它明确企业长远目标和发展的大方向、总方针、总规划，攸关企业的生死存亡。它具有前瞻性、全局性、稳定性（长期性）三个特点。前瞻性，企业的发展，不局限在当下，更要着眼未来，引领未来，制定战略时，企业家要有前瞻性的思考和举措；着眼未来，正确处理长期与近期、未来与当下的关系。全局性，要顾及企业各个方面、各种阶段，不仅顾及企业内部各个方面、各个阶段，而且要把企业与国家、世界联系在一起，把企业个体放在全局中考虑，考虑国内外形势对企业的影响；着重全局，正确处理全局与局部的关系。稳定性（长期性），企业确定方向和道路后，不能因为一时的变化而动摇、改变，固定了根本，细枝末叶迎刃而解。具体地说，在激烈的市场竞争中，企业战略是能够指导企业全面发展、加强企业核心竞争力，促使企业永葆青春、发展壮大的谋略。战略一旦确定，企业就要集中投入所有资源，确保战略落地，不必争一时之长短，不计一城一池之得失。战略主要包括战略目标、战略方针和战略规划。

1. 战略目标

战略目标是战略行动要达到的未来的远大的目标，它指明战略行动的大方向，是制定和实施战略的出发点和归宿点。这是企业发展战略的核心。宋志平认为："企业最重要的是要树立一个为之振奋而又有一定追求的目标、一个有吸引力的目标、一个符合逻辑的目标。"确定战略目标，首先要确立企业的价值观，是"以钱为本"，片面追求最高最大利润，还是"以人为本"，以客户为中心，或以为社会做贡献为中心？每家企业应该根据不同情况，有自己的表述。华为提出，"以客户为中心，以奋斗者为本，坚持长期艰苦奋斗，坚持自我批判"，就是对外服务于人（客户），对内依靠人（员工）的艰苦奋斗、不断创新，这是"以人为本"的表述。企业要明确提倡什么、反对什么，赞赏什么、批判什么，这是企业发展的根本。其次，要考虑三点：一是企业定位，企业要明确自己想要追求的地位。是追求世界一流地位，或国内一流地位？是追求领先地位、赶超地位，还是跟随地位？还是其他特定地位？二是企业要有取舍，即"有所为""有所不为"，选择从事的经营活动而舍弃其他经营活动，确定企业经营主线。任正非说过："什么叫战略？'略'是什么意思？'略'是舍弃一部分东西。你不舍弃一部分东西，不叫略；没有方向，不叫战。"只有舍弃才能战胜。彼得·德鲁克也认为："任何一家企业在任何时期都需要一种有计划性地放弃战略，尤其在动荡时期。"三是要有特色。企业的战略不能盲目照搬照抄，千篇一律、千人一面。它必须基于企业的实际和特点，深思熟虑后制定出的，具有本企业的特色。

战略目标，基本是不变的，不会因一时的形势变化而动摇，即使内外形势发生重大变化，企业调整了战略，但这也是暂时的，最终还得回归既定目标。只有既定战略目标实现，原有主要矛盾解决，出现新的主要矛盾，企业才会确定新的战略目标。

2. 战略方针

战略方针是为实现战略目标，指导涉及全局的战略行动的指导原则。在战争中，是进攻、防御，还是战略撤退？是阵地战、运动战，还是游击战？是持久战，还是速决战？等等。这是由内外各种条件的实际状况决定的。有了明确的发展战略后，并不能万事大吉。目前正处于百年未有的大变局，国际国内政治经济形势瞬息万变，企业必须时刻关注变化对行业、企业的影响，及时调整企业的战略方针。

3. 战略规划

战略规划是对战略目标和战略方针的进一步具体化。它确定企业各种资源的最优化配置，确定企业内各部门之间和与企业外部各有关单位之间的协同作战。制定战略规划时企业不仅要考虑各个方面，也要使各个方面配合、协同完成战略目标。

论述中国企业战略的专著或文章不多，看法不完全一致。

依据《华为基本法》和华为实际发展，华为战略如下。

战略目标：1997年华为还是一家没有知名度的企业，战略目标就确定为"华为的追求是在电子信息领域成为世界级领先企业"（《华为基本法》第一条），"三分天下，华为必有其一"。

战略方针：一是"以客户为中心，以奋斗者为本，坚持长期艰苦奋斗，坚持自我批判"，就是对外服务于人（客户），对内依靠人（员工）的艰苦奋斗、不断创新，这是"以人为本"的一种表述；二是自力更生为主，充分利用外力。

战略规划：一是先农村，后城市；先国内，后国外。二是先做大，然后做强、做优、再做久。三是以通信产业为根本，逐步向与通信相关的上下游拓展。华为1987年成立，第一次创业规划是"农村包围城市，逐步占领城市"，与"七国八制"争夺国内市场，使华为成为中国通信行业的领先企业。1998年为了实现"成为国际化大公司"的战略目标，华为确定第二次创业规划。任正非说："第二次创业规划，我们将在科研上瞄准世界上第一流的公司，用十年的时间实现国际接轨。这个目标，我们分三步，三年内生产和管理上实现国际接轨，五年在营销上实现国际接轨，十年在科研上实现国际接轨。"在已经成为世界上第一流的公司，并在5G技术的基础上致力于构建万物互联、智慧化新世界之际，华为突然遭到美国无理而又严重的打压。面对新的不确定的形势，任正非表示："我们准备打持久战，我们没有准备打短期突击战。我们越打持久战，我们可能越强大。"华为正根据这个战略思想，探索未来的战略规划。

对于战略的确定，2016年，任正非在《任正非与Fellow座谈会上的讲话》中这样表述："没有正确的假设，就没有正确的方向；没有正确的方向，就没有正确的思想；没有正确的思想，就没有正确的理论；没有正确的理论，就不会有正确的战略。"

（二）战略制定

1. 制定战略关键在于企业领导

制定战略，战略的正确，关键在于企业领导。任正非说过："担负华为这样一个技术公司的领导人，一定要有很强的战略洞察能力。可能需要洞察未来十年、二十年甚至更久远的时间，判断社会或者公司的发展方向。所以，没有洞察能力的人，很难能领导这个公司。"战略洞察能力来自高瞻远瞩的眼光和深谋远虑的谋划。

2. 战略制定的依据

如何制定战略？《孙子兵法》指出，通过分析敌我双方五个方面和比较七种情况来确定战略。五个方面："一曰道，二曰天，三曰地，四曰将，五曰法。"即政治、天时、地利、将领、法制。七种情况的比较："主孰有道？将孰有能？天地孰得？法令孰行？兵众孰强？士卒孰练？赏罚孰明？"即哪一方政治清明？哪一方将帅有才能？哪一方拥有天时地利？哪一方法令能够贯彻执行？哪一方武器装备精良？哪一方士卒训练有素？哪一方赏罚公正严明？毛泽东指出战略问题需要考虑的方面更多。要"照顾敌我之间的关系，照顾各个战役之间或各个作战阶段之间的关系，照顾有关全局的（有决定意义的）某些部分，照顾全盘情况中的特点，照顾前后方之间的关系，照顾消耗和补充，作战和休息，集中和分散，攻击和防御……本军和友军……上级和下级……军事工作和政治工作……等等问题的区别和联系",探索对战争全局的指导规律,确定战争的战略。把它们应用到企业发展中来,就是要把握涉及企业发展全局的企业内外部条件,如政治经济形势,科技发展趋势,市场需求动态,企业的客户、竞争者、上下游合作者和企业内部各部门、各层次员工动态,企业各生产要素(资金、自然资源、劳动力、技术、数据)的变化趋势,企业竞争力的优势和弱点等,探索企业生死成败、兴衰强弱的发展规律,确定企业发展战略。关于这一点,宋志平提出一个问题:战略的制定是以目标为导向还是以资源为导向?有些人认为,应该以现有的资金、技术、人才等资源条件为导向。宋志平认为,正确的战略思维"是先定目标再找资源","制定战略不一定非要有什么做什么,而是先确定目标,缺什么补什么"。先确定目标,而后寻找为达成目标遇到的问题,进而分析找出解决问题的方法,最终达成目标。宋志平认为,在当前资源社会、协作社会里,"做企业不怕没有资源,就怕没有目标"。

完美的战略是全局性的,也是前瞻性、长远性的。

战略基本是不会轻易变动的,特别是战略目标。但是,在当前国际政治经济形势瞬息万变、科技进步日新月异、市场环境变化莫测的情况下,任何人都难以完全准确地预测未来,对未来必然有一个认识和完善的过程。因此,战略不可能一蹴而就,它是与时俱进的,特别是战略方针和战略规划,应该随着主客观形势的变化而调整。即使是战略目标,有时也会因主客观形势的变化而不断完善、充实、提高。因此,企业在保证战略全局性和前瞻性的同时,要保证战略方针和战略规划在执行、实践中具有一定的灵活性,从而保证企业战略在不同的条件下、不同的发展阶段,能够完美地得以执行和实施,进而增强企业的核心竞争力,促进企业沿着正确的方向发展壮大。

(三)战略的执行

战略的正确,是企业成功的必要前提。但是,仅战略正确有时未必一定带来企业的成功。正确的战略不能束之高阁，它需要落地生根，需要各个部门准确贯彻执行，而且战略执行过程中还能促使企业巩固和优化战略。因此，企业制定正确战略后，还应该具有强大的执行力。两者兼有，企业成功的概率才更大。任正非说"天天谈战略的公司最后都死了，没有执行力，一切都空谈"；"战略落不了地，就会导致'上边热、下边冷''目标热、结果冷'，战略成功的关键在于执行"。企业怎样做才能具有高效的执行力呢？

1. 要有高效的执行体系

企业要建立各司其职又相互密切联系、协同作战的组织体系。这种体系的建立，有两个要点。一是在企业内部，可以按各种职能建立组织体系，可以按地区，或按事业、按项目建立组织体系，也可以混合建立。企业外部产业链上下游的各环节之间也要密切协作、配合，形成整体。二是无论内外，各单位甚至员工，对战略要达成共识，企业上下左右目标一致，"心朝一处想，力才能向一处使"，"上下同欲者胜"。这就使整个体系围绕实现战略的需要而建立，而且上下左右各部门、各单位、各环节都能及时有效沟通，使战略成为全体共识，做到"如身之使臂，臂之使指，莫不制从"（《汉书·贾谊传》）。

2. 战略要具体化

企业的总战略按系统、部门、层次具体化为各系统、各部门的战略；再进一步具体化为系统的、部门的日常业务目标；再按层次分解到所属单位直至每位员工。同时，按发展阶段分解到各个时期，确定各个时期的任务，并分解到年、月、日。如此一来，企业的总目标成为部门目标和员工目标，实现战略落地生根。

3. 集中并合理配置各种资源，打歼灭战

任正非反复强调，一名合格的领导者要能够加强战略的集中度，能够在主战场上集中力量打歼灭战。他指出，要分清楚战略的主次，聚焦主航道，不在非战略机会点上消耗战略竞争力量。他说，一旦"发现战略机会点，我们可以千军万马压上去"。《华为基本法》第二十三条指出：坚持"压强原则"，在成功关键因素和选定的战略生长点上，以超过主要竞争对手的强度配置资源，要么不做，要做，就极大地集中人力、物力和财力，实现重点突破。在集中、合理运用各种资源中，有一点至关重要，就是这并不仅限于现在手中所掌握的资源，还包括企业可以整合的资源。当前社会，企业除了关注企业内部资源，也要关注企业外部资源的集成能力与优化能力，整合可以把所用的资源都集中起来为我所用。这是实现企业战略目标的重要途径。

要把资源配置与任务紧密结合。俗话说，"兵马未动，粮草先行"。没有人力、资金、设备、技术等资源的保障，战略很难有效执行。企业应该集中战略所需的相应资源，特别是战略性资源，并将它们按各单位战略落地的任务科学合理配置，并及时到位。

总之，正确的战略确定后，企业就要动员、运用各种力量，组织、配置各种资源，"心往一处想，劲往一处使"，全力以赴，协同作战，使战略不仅落地生根，而且开出鲜艳花朵，结出丰硕成果。

4. 战略的执行不能凝固化

企业要把战略的原则性和策略的灵活性有机结合，灵活机动，随机应变，在因地制宜、因势而动、顺势而为中把握战略主动。

二、识别、使用、培育人才

得人心者得天下，这是几千年来历史的结论。兴办企业同样是这个道理。企业想要兴旺发达、长盛不衰，就必须凝聚人心，汇聚天下英才，知人善任。企业家必备的能力也是多方面的，其中最主要的是识人、用人的能力。识人、用人，就是"知人善任""选贤任能"。这是执掌大局者必备的素质。司马光《稽古录·卷十六》曰："凡用人之道，采之欲博，辨之欲精，使之欲适，任之欲专。"这是说，要用人之所长，不求全责备；要仔细考察，听其言，观其行；要量才适用；要大胆使用。

这里所说的识别、使用、培养人才，对企业家来说，关注重点是班子成员。因为他们是决定企业兴衰的关键人物。对企业全体员工的识别、使用和培育只能做出原则性的方向性的指导，将由各级领导分层次具体执行。

（一）识别人才

选人包括识别人才、选拔人才、延揽人才等。首先要识别人才。识人，这是用人的基础。有识人之明，才能用好人才。魏源曾说："不知人之短，不知人之长，不知人长中之短，不知人短中之长，则不可以用人，不可以教人。"知人不深，识人不准，往往会用人不当、用人失误。

1. 识人的标准

识人的标准，总结起来就是一句话："德才兼备，以德为先。"这是老祖宗留下来的遗训，是千百年来经验教训的总结。习近平说"我们党历来强调德才兼备，并强调以德为先"；"选人用人重德才，是古今中外治国理政的通则，区别只是德才的内涵不同而已"。这不仅是治国理政、选拔官员的标准，也是选择企业管理人员的准则。京东人事与组织效率铁律十四条中的第一条就规定用人原则是"价值观第一,能力第二",强调员工的价值观要与企业的价值观一致。

习近平2018年11月在中央政治局集体学习时说过:"德包括政治品德、职业道德、社会公德、家庭美德等,干部在这些方面都要过硬,最重要的是政治品德要过得硬。"对企业来说,人才首先是爱国、为民、敬业,也可以概括为"忠"。忠于国家,忠于人民,忠于企业。前两者是每位公民都应具有的品德。忠于企业,不能狭义地理解为忠于老板、忠于董事长或总裁、总经理等个人,不是对他们的一切决策、决定都言听计从、唯命是从;而是要对企业"忠",忠于自己的职责。要全心全意地为企业着想,严格履行自己的职责,为了企业发展和企业利益,不惜质疑顶头上司的决策,甚至挑战他们的权威。董明珠说过:"你需要的不是一个事事听你摆布的木偶,而是一个能够用他的聪明才智给企业带来更大利益的人。"企业中的人才要"忠诚于企业,忠诚于事业,忠诚于消费者"。

才,也就是才能。才,不仅指人具有丰富的知识,才高八斗,而且要有"能",有办事能力,有处理纷繁复杂事务的能力。

才,有广义与狭义之分。

从广义上说,每个人都有才,只是才的内涵不同、高下不同。"尺有所短,寸有所长",就是说,每个人都有长处和短处,他的长处实际上就是他的才,他的可用之处。"人尽其才"表明每个人都有才,应该尽量发挥他们的作用。战国时期孟尝君食客三千,形形色色。"弹剑作歌"的冯谖,出谋划策,不仅使孟尝君博得传扬于天下的"仁德"名声,而且其在罢相后得以官复原职;鸡鸣狗盗之徒,当孟尝君被秦昭王扣留之时,偷来白狐裘献给秦王幸姬和装鸡叫引众鸡齐鸣骗开城门,助孟尝君化险为夷。在当代,海尔的张瑞敏提出了"人人是人才,赛马不相马"的观点。

从狭义上说,人才指有异于常人的高级人才,甚至国家的栋梁之材。汉楚争霸时,萧何月下追韩信;三国争雄时,刘备三顾茅庐,三请诸葛亮。韩信、诸葛亮,都是这个含义上的人才。一般来说,所谓才、人才,往往是狭义的才。

狭义的才中，有全才、专才等。无所不知、无所不能的全才，难能可贵，凤毛麟角。一般来说，多数人才是专才，学有所长，业有所专。

德与才必须兼备。曾国藩形象地描述两者关系。他说："德好比水之源，才是水之波澜；德好比木之本，才好比木之枝叶。"二者兼备固然好，如果有所缺陷，他说他宁愿用那些才少的，但是不能在德上有缺失的人。他是很看重德的，把德放在第一位，把才放在第二位。

有德无才，这样的"好好先生"对企业发展来说，作用不大。在历史上，人们都知道，陶渊明宁可"采菊东篱下，悠然见南山"，不为五斗米折腰，是一个道德高尚的人。但是他多地为官，却政绩寥寥，没有给老百姓带来实际利益。当然，这类人如果有潜质，可以培养使用。

无德无才。地痞、流氓、无赖、混混等都属于这一类。这类人游手好闲，品行不端。他们虽无才，又无德，但一旦被"高明人"指点、控制，对社会的危害十分严重。对企业一无用处，企业应该坚决不用。

有才无德，不可用，如果非用不可，也必须高度警惕，限制使用。否则，一旦失控，破坏力极大，严重伤害企业。司马光说"小人挟才以为恶……挟才以为恶者，恶亦无不至矣""自古昔以来，国之乱臣、家之败子，才有余而德不足，以至于颠覆者多矣"。这样的人隐蔽性极强，企业必须高度警惕。历史上，有才无德的典型代表是大奸臣南宋的秦桧和明朝的严嵩。秦桧被俘后，屈服于威迫利诱，卖身投靠金兵。回归南宋后，力主南北分治方略和割地、称臣、纳贡的议和政策，并且极力贬斥将士，以莫须有的罪名将岳飞杀害。在朝中，结党营私，排斥异己，屡兴大狱，权倾朝野。严嵩，陷害忠良，献媚嘉靖皇帝，专擅国政近15年。在朝期间，专权乱政，铲除异己，结党营私，"政以贿成，官以贿授"，为所欲为。他还纵容党羽和子孙跋扈骄奢、横行于朝廷，其子严世蕃有"小丞相"之称。他祸国殃民，使明王朝国力日益衰弱，边疆防御受到严重破坏，人民惨遭蹂躏。《明史·奸臣传》将其列为大奸臣，称其"唯一意媚上，窃权罔利"。这两个大奸臣，可以说是无德的代表，但他们才华横溢。秦桧25岁中进士，41岁拜相，前后执政19年。严嵩自幼就有"神童"之称，八岁作为优秀童生考入县学，后进京考试，中二甲第二名（即全国第五名）。此外，这两个人，有人评说"书法文学皆臻高品"。纪昀说："嵩虽怙宠擅权，其诗在流辈之中，乃独为迥出。"清乾隆年间的和珅也是无德有才的典型。和珅精通满、汉、蒙、藏四种语言，熟读四书五经。23岁时，他在乾隆面前展露出才华，得到乾隆的赏识和宠信，以后仕途一帆风顺；26岁任军机大臣、总管内务府大臣；30岁任户部尚书、御前大臣，以及《四库全书》正总裁；31岁兼署兵部尚书；33岁任国史馆正总裁；36岁任文华殿大学士；48岁被封一等忠襄公；等等。乾隆进入垂暮之年，传位给嘉庆，实际上，朝政却由和珅把控，和珅被称为"二皇帝"。乾隆驾崩后，嘉庆立即宣布和珅20条大罪，下旨抄家，并赐和珅白绫自尽。此时和珅年仅49岁。在朝期间，和珅结党营私，打击政敌，权倾朝野。他特别善于聚敛钱财、贪赃受贿。他开设当铺75间，设大小银号300多间。抄家时，起获白银8亿两，而政府每年税收仅7000万两。这类有才无德者，在当代也不乏其人，所有被拉下马的省部级以上的官员和国企高管，可以说都是有才无德。没有才，他们不可能居高位。如有德，就不至于身败名裂。

现代企业家中，对这一点，有不少明白人。格力的董明珠说过："如果一个员工不忠诚于企业，那么越有能力就越不能用，因为用得越多对企业的伤害越大。"

关于德和才的关系，以及如何审察和使用，司马光在总结春秋末期智伯败亡的教训时，有一段非常精彩的论述。他说："聪察强毅之谓才，正直中和之谓德。才者，德之资也；德者，才之帅也……德才全尽谓之圣人，才德兼亡谓之愚人；德胜才谓之君子，才胜德谓之小人。凡取人之术，苟不得圣人、君子而与之，与其得小人，不若得愚人。何则？君子挟才以为善，小人挟才以为恶。挟才以为善者，善无不至矣；挟才以为恶者，恶亦无不至矣。愚者虽欲为不善，智不能周，力不能胜……小人智足以遂其奸，勇足以决其暴，是虎而翼者也，其为害岂不多哉……自古昔以来，国之乱臣，家之败子，才有余而德不足，以至于颠覆者多矣……故为国为家者苟能审于才德之分而知所先后，又何失人之足患哉！"

所以，有德有才者，是最理想的人才。有一公司，它选拔人才的标准就是"老实的聪明人"，就是说要选拔忠诚度高、素质高的人才。这样的人才是千金难求的千里马。但金无足赤，人无完人。所谓有德，也不能求全责备，要掌握必要的分寸，要处理好"大德"与"小节"的关系。明朝的戚继光，率领的戚家军在浙闽粤沿海诸地抗击倭寇十余年，历经大小八十余战，所向披靡，"百姓欢悦，倭寇丧胆。"他离职时，"家无余田，惟集书数千卷而已"。但是，他为了顺利地获得朝廷的军饷打造能征善战、无坚不摧的戚家军，在当时社会条件下，不得不做出一些为人所诟病的事。虽然如此，他仍然不失为有德之人。任正非对此有比较清醒的认识。他说："我们对人才不要求全责备，求全责备，优秀人才就选不上来。"

2. 识人、知人难

宋朝苏轼在《苏东坡全集·议学校贡举状》中指出："得人之道，在于知人。"只有知人，才能善任。因此，知人是得人、用人的第一步。

但是，识人、知人不是一件容易的事。司马光在《资治通鉴·魏纪》中写道："知人之道，圣贤所难也。"这有主客观两方面原因。

第一，主观原因。领袖人物或人才开发者被偏见蒙蔽而失察，如求全责备，要求人必完人；或者被个人好恶或出身、等级、门第、陈规等支配，弃人才而不用；或者不给人才提供发挥才能的必要条件，使人才终其一生默默无闻。这些往往使明珠蒙尘、人才埋没。韩愈在《杂说四》一文中对此剖析得十分透彻。"世有伯乐，然后有千里马。千里马常有，而伯乐不常有。故虽有名马，祇辱于奴隶人之手，骈死于槽枥之间，不以千里称也。""策之不以其道，食之不能尽其才，鸣之而不能通其意，执策而临之曰：'天下无马！'呜呼！其真无马邪？其真不知马也！"人才是始终存在的，但是识才的人很少。这就要求有识珠的慧眼。企业家要有洞察人才的慧眼。首先本人需要"至公至明"，"不以亲疏贵贱异其心，喜怒好恶乱其志"（《资治通鉴》）。

第二，客观原因。有两种情况：一是人才脱颖而出前，往往混杂在常人中，难以辨识。例如，姜尚遇到文王前，只是一个垂钓于渭河之滨的老者；韩信不得志时，曾乞食漂母，受辱胯下；等等。二是人性常常表里不一、真伪莫辨。有人貌似忠厚，实质奸诈；有人外似精干而内无才学；有人外似善良而实为盗贼；等等。《资治通鉴·魏纪》曰："求之于毁誉，则爱憎竞进，而善恶浑殽；考之于功状，则巧诈横生，而真伪相冒。" 就是说，如果选人以名声为标准，有人就有可能作弊，制造舆论，抬高自己，甚至破坏他人的名声；如果以政绩为标准，有人可能采取各种欺诈手段假造政绩，真伪莫辨。

3. 如何识人、知人

这个问题可以分两个方面叙述。

第一，识别才的方面。才包含学识和能力两部分，能力包括经验。才中的学识部分，是知人的基础部分，知之比较容易，通常的办法是考试。首先是笔试，然后是面试。这也是千百年流传下来的做法。知识十分重要，知识能拓宽人的视野，打开人的思路，因此人必须广泛涉猎，博采众长。但是知识只是基础，有知识，特别是教科书的知识，并不等于有能力，有时也会出现"高分低能"的情况；知识更不等于境界。高屋建瓴的境界，更是多种因素形成的。知识与能力与境界并不是等同的。任正非说过："知识不等于能力。书读得太多，方法论太多，有时反而会相互抵消。不知道活学活用的话，反而会变得越来越蠢。"不能认为"高学历等于高能力"。

在能力中，经验十分重要，经验丰富也是一种能力，它有利于事业的成功。要知人之经验也比较容易，通过翻阅他的履历和实际考查他的经历，就能基本理解他是否有能力。经验并不完全等同于能力。

这样说，并不是否定知识的重要性，否定经验的重要性，而是提醒企业，识别人才一不能唯学历，二不能唯经验。企业必须破除学历至上、经验至上、以学历高低和经验多寡论资排辈的束缚。识别人才过程中，要看重学历、看重经验，但主要看重他处理实际事务的能力，特别是处理错综复杂、紧急事务的能力。

识别能力过程中，企业需要特别注意的是，既要重视人才的现有能力，更要重视其潜在能力，即重用具有潜在能力的人。华为选择员工时，特别注重其整体素质和发展潜力。

第二，判定德的方面。对人才品德方面的认识是识人、知人的最困难之处。那么有什么好办法呢？

明代学者薛瑄认为："听言观行，知人之良法。"这就是我们常说的"听其言，观其行"，重点是"观其行"。

观行，判断他人品德时，不能仅凭个人之见，必须听取众人意见。个人精力有限，不能亲力亲为，看问题也有局限性，必须吸纳众人的意见。即使众人一致推崇，也要多渠道、多层次、多方面地深入了解、考察。孟轲说："左右皆曰贤，未可也；诸大夫皆曰贤，未可也；国人皆曰贤，然后察之，见贤焉，然后用之。"

观行，是长期、全面地判断他人品德。古人说，"路遥知马力，日久见人心"，"操千曲而后晓声，观千剑而后识器"。唐代白居易在《放言五首·其三》中说："周公恐惧流言日，王莽谦恭未篡时，向使当初身便死，一生真伪复谁知？"周公辅佐成王，忠心耿耿，而流言诬陷他有篡位之心。王莽未篡位时，假装谦恭，迷惑人心。只有通过时间的考验，他们的真心或伪装才有人知晓。因此，知人需要长时间的观察和考验。

观行，根本的一条是在实践中考察。实践是检验真理的唯一标准，不论是识别人才的"才"还是"德"，实践是最有效的办法。人才必须放到实践中去考验，而且必须在有困难、有艰险的实践中经受考验。

宋代苏轼说："知人之法，在于责实。" 说的也是这个道理。任正非说过："我们需要大量的干部。干部从哪里来？必须坚持从实践中来。如果我们不坚持干部从实践中来，我们就一定会走向歧途。"正常情况难以显示出一个人才能的高或低；只有困境才能分出才能的高低。因此，人才必须放在有困难、有艰险的实践中考验。任正非坚持把在一线工作特别是在艰苦地区工作和实践过这一点作为人才选拔和干部考核的标准。他提倡在"上甘岭"选拔干部，把那些善打硬仗、能够在艰苦条件下攻克难关的干部，培养成华为的各级接班人。

（二）使用人才

使用人才包括网罗人才、任用人才、激励人才等环节。

1. 网罗人才

人才是企业做大、做强、做久的关键因素。求贤若渴，广泛引进人才，把天下英才为我所用，是第一步。中国古代有千金买骨的美谈，又有萧何月下追韩信的佳话，刘备三顾茅庐、三请诸葛亮的故事更是家喻户晓。

治国如此，办企业亦然。

吉利汽车集团对此有深刻的体会。李书福认为，吉利发展离不开全球顶尖人才。在去家族化的过程中，吉利聘请高级人才徐刚担任公司的首席执行官。吉利重视产品质量，关注自主研发，诚意聘请曾任韩国大宇汽车公司副总裁的沈奉燮任吉利汽车研究院院长。进军海外市场时，吉利在国内外网罗一批有国际视野和国际并购经验的人才，如李东辉（曾任多家汽车公司董事、副总裁、财务总监等）、袁小林（外交官出身，国际收购专家）、童志远、张芃、汉肯·萨缪尔森、彼得·霍布利等。他们都在吉利担任重要职务，为吉利拓展海外业务做出重要贡献。

2. 任用人才

任用人才的总原则是"尊贤使能"。三国时魏国著名学者刘劭在《人物志·才能》中表示"抒其所欲""抒其所能"。"抒其所欲"，尽量满足人才的愿望，使其心情舒畅，甘心情愿为事业赴汤蹈火；"抒其所能"，充分发挥人才的才能，使他有用武之地。这就是说，一要"尊贤"，充分调动人才的积极性；二要"使能"，充分发挥人才的才能。

（1）尊贤

"尊贤"就是尊重人才，赤诚以待。尊重人才，是中华民族的悠久传统。《诗经·大雅·文王》中有"思皇多士，生此王国。王国克生，维周之桢；济济多士，文王以宁"。这是说，周文王尊贤礼士，从而贤才济济，国势强盛。人与人之间，尊重是相互的。只有你尊重他人，他人才会尊重你，为你所用。荀子认为："尊圣者王，贵贤者霸，敬贤者存，慢贤者亡，古今一也。"诸葛亮说："士为知己者死。"古人还说："以国士待我，我将以国士待之。"这是千百年来尊贤的体现。

首先，尊重人才就要待人才若上宾，以师事之。唐代杜牧认为："任贤如事师。"三国时期，刘备、曹操、孙权都把谋士猛将放在重要地位，待若上宾。刘备对诸葛亮始终以师事之。赵云单枪匹马救出阿斗，交给刘备，刘备掷之于地说："为汝这孺子，几损我一员大将！"正是由于刘备尊才、爱才，赵子龙忠心耿耿，誓死报国；诸葛亮才鞠躬尽瘁，死而后已。

其次，尊重人才，就应远离宵小。诸葛亮上表劝谏刘禅："亲贤人，远小人，此先汉所以兴隆也；亲小人，远贤人，此后汉所以倾颓也。"亲贤人是主旨，但必须远小人，否则贤人不能得，得之也不易用，用之也不予信，最终结果是贤人远离、逃亡或身首异处。这是一个不言自明的道理。贤臣与宵小犹如冰与炭互不相容。司马光在《资治通鉴》中说："夫君子小人之不相容，犹冰炭之不可同器而处也。"贤能之士，非同常人，必然目光如炬、见解独到，不盲从，不唯上。这样的人，可能被宵小嫉妒、憎恨，而遭到排斥、打击，甚至置之死地而后快。常言道："木秀于林，风必摧之；堆出于岸，流必湍之；行高于人，众必非之。"而人往往喜听顺耳之言，讨厌逆耳之话；喜欢顺从之人，讨厌逆己之人。即使是英明之主，有时也难以摆脱这种情绪。因此，宵小之徒往往通过迎合上意、阿谀奉承等方式获得信任，而后对贤能之士极尽造谣污蔑、栽赃诬陷之能事，使贤能之士受屈蒙冤、贬谪流放，甚至惨遭杀戮、株连灭族。

春秋末期，伍子胥及其父兄都是贤能之士，但因君王听信小人谗言先后而惨遭杀害。楚国的屈原是人所熟知的伟大爱国诗人，也是一位政治家。

楚怀王曾对他十分信任，予以重任。他对内举贤任能、修明法度，对外力主联齐抗秦。后楚怀王及其继任者楚顷襄王听信上官大夫等人的谗言先后把屈原流放到汉北和江南。屈原悲愤于楚国的遭遇，于农历五月五日投汨罗江自尽。

对此，各种组织的领导者，包括企业家应以此为鉴。

最后，尊重人才，就要为人才发挥才能和提高才能提供广阔的舞台。

最为重要的是放权重用，委之以政，授之以权，放手让他们大胆工作，充分施展才能。元朝许衡指出："虽或接之以貌，待之以礼，然而言不见用，贤者不处也。或用其言也，而复使小人参之，责小利，期近效，有用贤之名，无用贤之实，贤者亦岂肯尸位素餐以取讥于天下哉！"自春秋以来，中国历史上诸多杰出人才，如秦国的商鞅，齐国的管仲，西汉的萧何、张良、韩信等，如果没有与职位相称的实权，很难成就丰功伟绩。

放权重用后，还必须对人才信任有加。古代有识之士都持有这个观点。商鞅就明确提出："夫富强之术，不得其人，不行；得其人而任之不专，不行；任之专而惑于人言，二三其意，又不行。" 管仲对齐桓公说过："不能知人，害霸也；知而不能任，害霸也；任而不能信，害霸也；既信而又使小人参之，害霸也。" 宋朝欧阳修在《为君难论》中也阐述过同样的道理。他说："用人之术，任之必专，信之必笃，然后能尽其材，而可共成事。" "用人不疑"，十分重要，但做起来很难。主要原因是，中庸之才多，有远见卓识的人少。有才之士提出的独特见解，可能触犯世俗之见，不符合众人甚至领导者的心意，可能触动既有利益格局，众人难以理解，不能接受。何况具有卓越才能的人常为有偏见的世俗之人所嫉妒。因此，决策时，一人之口辩不过众人之嘴；施行过程中，纵然有许多优点，亦难免出现差错，而被众人诽谤中伤。如果领导者与有才之士不是相互信任，那就很难建功立业。当然，用人不疑的前提是所用之人确实是贤能之士。

尊重人才还应该"饶之以财""厚之以禄"。给予人才优厚待遇，解除他们的后顾之忧，以此调动他们的积极性，促使他们竭尽全力完成任务。"水积而鱼聚，木茂而鸟集"。

有这种认知的当代企业家不少。吉利的李书福认为，企业家应该"尊重人、成就人、幸福人，全方位关爱员工及其家属的健康，让奋斗者无后顾之忧"。

使用人才方面还存在一个重要问题，即企业如何留住人才，特别是科研人才。综上所述可知：一是要足够尊重人才；二是尽可能地改善科研条件，提供充足的经费，准备先进的仪器设备等；三是饶之以财，提高个人待遇。

（2）"使能"

"使能"就是要扬长避短、因才施用，从而使"人尽其才"，把每个人的才能都充分发挥出来。这是使用人才的基本原则。

一要扬长避短。孔子说："无求备于一人。"吕不韦说过："物固莫不有长，莫不有短，人亦然。"这些都明确指出，任何人的才能都不可能是全面的，贤能之士概莫能外。人各有强项和弱项、优势和劣势、长处和短处。清朝顾嗣协的《杂兴》生动地说明这个道理："骏马能历险，力田不如牛；坚车能载重，渡河不如舟。"人的才能各有不同，有人擅长出谋划策，有人擅长统筹兼顾，有人擅长外交谈判，有人擅长攻城略地，等等。因此，"生材贵适用，慎勿多苛求"。对人才的使用，要扬长避短，用人之所长，避人之所短，把合适的人放在合适的位置上，并授权给合适的人，把他们的所长和优势发挥到极致，这样就能做到人尽其才而无弃才。葛洪在《抱朴子·务正》中写道："役其所长，则事无废功；避其所短，则世无弃材。"李觏的《强兵策》认为："人莫不有才，才莫不可用。才取其长，用当其宜，则天下之士皆吾臂指也。"

扬长避短是一门高深的学问，也是领导艺术。历史上有很多错位的情况，由于种种原因，"用短弃长"，把不合适的人放在不合适的位置上，造成历史悲剧。例如，宋徽宗具有非凡的艺术素养。书法上，他独创千古一人的"瘦金体"。他画画的才艺无与伦比，身兼皇家画院院长，大力提倡写实基本功训练。后世流传的形神兼备、写生逼真的宋代画作，大都出自皇家画院画家之手。然而，这样一位充满艺术细胞的人才，却成为皇帝。他无治国理邦的才能，重用奸臣，奢侈铺张，祸国殃民，最终落得被俘的下场。这就是人才错位的典型。五代南唐后主李煜同样如此。他精书法、工绘画、通音律、善诗词，他的词别树一帜，影响深远。代表作《虞美人》（"春花秋月何时了，往事知多少？小楼昨夜又东风，故国不堪回首月明中。雕栏玉砌应犹在，只是朱颜改。问君能有几多愁，恰似一江春水向东流"），是传世之作，脍炙人口。他是一个风流才子，但适逢乱世，治国无方，以至国破人亡。这两个人都是一国之主，是用人者而不是被用的人才，他们的错位是制度造成的，但是错位后果十分严重。

历史上还有一个用错人的著名事例，就是诸葛亮挥泪斩马谡。诸葛亮忘记刘备生前给出"马谡有刚愎自用的毛病，关键时候不可重用"的提醒，派马谡去守街亭，以至街亭失守。

蒙牛集团总裁牛根生说："人人都是人才，就看放的是不是地方，这是一个人岗匹配的问题。这就像木头，粗的可以做梁，细的可以做椽，浑身疙瘩的还可以做柴火……人也是这样，不同的岗位有不同的人才需求，不同的人才有不同岗位适应性。"说的就是这个道理。只要人才有能满足企业发展需要的某方面才能，就可以聘用，不要过多苛求，强人所难。

二要"量才施用"。使用人才既不可以大材小用，也不可以小材大用。对此，古人有不少论述。《淮南子·主术训》记载："譬犹狸之不可使搏牛，虎之不可使搏鼠也。"《李觏集·强兵策》记载："小才之于大用，是匹雏不能以举千钧也。大才之于小用，是尧舜不能以牧羊也。"因此，荀子主张："论德而定次，量能而授官。"他还明确表示，不论出身等级，对贤能之人可以越级提拔，对软弱无能之徒要立刻废弃。《刘子》中记载"智小不可以谋大，德狭不可以处广。以小谋大必危，以狭处广必败"，主张"量才而授任"。宋代苏轼在《应制举上两制书》中说："人各有才，才各有大小。大者安其大而无忽于小，小者乐其小而无慕于大。是以各适其用而不丧其所长。"历史上由于门第、等级以及用人者个人喜恶、偏好等原因，小材大用比比皆是，大材小用也不胜枚举。《周易·系辞》指出:"德薄而位尊,知小而谋大,力小而任重,鲜不及矣。"就是说,德行浅薄却地位高贵,智慧很少却图谋大事,力量微弱却担负重任,这样的情况很少有不招致灾祸的。

以上所述说明,物各有所用,各有其利;人各有所长,也各有所短;才能有大有小,因此,要量才录用,因才施用,随才器使,扬长避短。唐太宗是中国历史上善于使用人才的帝王之一。他在教导太子登基后如何选用人才时讲了四层意思:一是人的才能有长有短,应取人之所长,尽人之所能(故明主之任人,如巧匠之制木,直者以为辕,曲者以为轮;长者以为栋梁,短者以为栱角。无曲直长短,各有所施。明主之任人,亦由是也。智者取其谋,愚者取其力;勇者取其威,怯者取其慎,无智、愚、勇、怯,兼而用之);二是用人取长舍短,人人皆可用之,因而无可弃之士(故良匠无弃材,明主无弃士);三是不要因人有短处而埋没其长处(不以一恶忘其善,勿以小瑕掩其功);四是不能小材大用,也不能大材小用(然则函牛之鼎,不可处以烹鸡;捕鼠之狸,不可使以搏兽;一钧之器,不能容以江汉之流;百石之车,不可满以斗筲之粟)。

(三)培育人才

人才对于事业的成功举足轻重,培育人才是用人的重要环节。"育材造士,为国之本""夫善国者莫先育才",都说明培育和造就人才是国家的根本大计。企业在培育人才方面也是如此,企业要想做大、做强、做久,应该培养人才。

如何培育人才,使其进一步发挥聪明才智?《礼记》指出:"玉不琢,不成器。"晏子也说过类似的话:"和氏之璧,井里璞耳;良工修之,则成国宝。"意思是像和氏璧这样的宝玉,最初也是普通的璞石,只是经过良工修琢,才成为无价国宝。怎样"琢"?怎样"修"?王安石在《上仁宗皇帝言事书》中说:"人之才,未尝不自人主陶冶而成之者也。所谓陶冶而成之者,何也?亦教之、养之、取之、任之有其道而已。"东汉王符强调对人才应该"忧之，劳之，教之，诲之"，决不可放任自流，要杜绝人才的种种邪念，把一切有碍人才成长的因素消灭于萌芽之中，防范人才走上歧途、邪路，使人才沿着正确的道路茁壮成长。

培养人才最重要的一点是把他们放到艰难困苦中磨炼，让他们在冲锋陷阵、攻坚克难中变强，在解决困难问题中成长。孟子说过，"故天将降大任于是人也，必先苦其心志，劳其筋骨，饿其体肤，空乏其身"。这就是说，上天要把重要使命交给一个人，一定要先磨炼他的意志，劳累他的筋骨，让他忍饥挨饿，身处困境。正如孟子所说，不少圣贤之士在逆境中做出了伟大成就。

华为十分重视人才培育工作，下大气力、花大本钱培育人才，有几点值得借鉴。一是终身培训。员工入职后接受岗前培训；工作后接受在岗培训；员工工作不合格，企业也不会轻易淘汰，对其进行下岗培训，合格后再上岗。二是全面培训。新员工岗前培训时，首先接受的是综合培训，包括军事训练、企业文化教育及相关的规章制度教育等，学会如何做人；其次接受技能培训，学会如何做事，包括车间实习、技术培训及市场实习。市场实习即去市场为客户服务。这对于进入工作岗位的员工，特别是刚进入华为的大学毕业生来说至关重要。这就是让他们在社会大熔炉中、在复杂多变的市场中锻炼，了解一线销售情况，熟悉市场，切实掌握客户所想、所需。华为人常讲"没有做过销售的人生是不完整的"。正是这一系列的培训，把刚出校门、缺乏经验的学生培养成为可以独当一面的成熟员工。三是"低重心"培训。这是任正非特别强调的。他说："要重视普通员工、普通岗位的培训。要苦练基本功，培养过硬的钳工、电工、厨工、库工……工程师、秘书、计划员、统计员、业务经理……每一个人、每一件工作都有基本功。"为了培育员工，华为花费巨资在全国多地甚至海外建立培训基地，形成完善的员工培训体系。员工培训体系包括新员工培训系统、管理培训系统、技术培训系统、营销培训系统、专业培训系统和生产培训系统。培训方式有课堂教学、网络教学、案例教学、上机操作、工程维护实习等。

在培育人才方面，吉利的李书福提出"大樟树和小树苗"的构想：一方面，引进外部高端人才，形成人才大樟树，企业为其提供阳光雨露使其扎根于吉利；另一方面，内部培养人才，这就是人才小树苗，让大樟树带领小树苗一起成长。通过外引内培，最终形成有高有低、有大有小、具有强大生命力和生态调节功能的人才森林。在内培方面，李书福认为，应该"从根子上培养人才，找到一些好苗子，放在吉利整个体系里进行培养"。为此，吉利建立梯队化人才培养体系。截至2019年，吉利陆续创办了北京吉利学院、三亚学院、浙江汽车职业技术学院、湖南吉利汽车职业技术学院、浙江汽车工程学院等八所学校，为吉利培养人才小树苗。

福耀集团的曹德旺也十分重视人才的培养。2021年11月，他通过河仁慈善基金会出资100亿元建设福耀科技大学。这是一所非营利性应用研究型高水平大学，宗旨是培养材料科学、精密仪器与装备、电子信息工程等制造业高端技术领域的一流人才，为实现"一定要把中国制造业搞上去"的目标，源源不断地输送人才。

培育的人才是多方面的：培育以企业家为代表的核心高级管理干部队伍；培育以科学家为代表的科研人才队伍；培育以大国工匠为代表的技能人才队伍；等等。其中，最重要的是培养接班人。要重视新陈代谢，重视人才的更替。邓小平在《高级干部要带头发扬党的优良传统》中强调："我们一定要认识到，认真选好接班人，这是一个战略问题，是关系到我们党和国家长远利益的大问题。"这同样适用于企业。

企业在发展中，不能过河拆桥、卸磨杀驴，要善待功臣，善待为企业做出贡献的"老人"。但是，这并不是说企业的人事架构一成不变，事物是不断发展、变化的。企业面对的形势千变万化，企业人员也必须适应这种变化，与时俱进。老实说，一起走过艰难岁月的战友，有些人能力较差，难以胜任新的岗位；有些人故步自封，很难适应形势变化；有些人居功自傲；有些人倚老卖老。这些人可能成为阻碍企业发展的阻力。对这些并肩作战、功勋卓著的"老功臣"，可以在精神上给予慰抚，物质上给予优待，在岗位上则必须调整。企业在用人方面，应该大胆、放手使用年轻的人才，为企业输入新鲜血液，补充新的力量。这样的企业才有活力，才能朝气蓬勃地迎接新挑战，开创新局面。企业要发展，就要吸纳新力量，实现新老更替，维持企业的生命力和竞争力。华为任正非说"任何一个民族、任何一个公司或任何一个组织，只要没有新陈代谢，生命就会停止"；"如果说我们顾全每位功臣的历史，那么我们就会葬送我们公司的前途"。企业应该适应新的发展环境，培育更具专业、更有创新精神、更懂市场、更加国际化、更有激情和冲劲的团队作为的企业接班人，推动公司发展。

新陈代谢，是任何事物不断发展的必然过程，也是企业保持发展的基本规律。企业要想基业长青，各层级管理者保持流动是必然之路。俗话说，长江后浪推前浪。任正非说"管理者必须具有培养超越自己的接班人的意识，具有承受变革的素质，这是企业源源不断发展的动力"；"只有人才辈出，继往开来，才会有事业的兴旺发达"。

如何选择接班人？这是每位企业家都要面对的难题。美国的杰克·韦尔奇在自传中这样表述："选择继任者的工作不仅是我职业生涯中最为重要的一件事，而且是我面临的最困难也是最痛苦的选择。"IBM有继任计划，实际上就是接班人计划，是IBM公司确定关键岗位的后继人才，并对这些人才进行培育的计划。华为借鉴这一方式，建立人才储备库，并从库中选拔优秀人才，培养成合适的接班人。任正非在1998年发表的《要从必然王国，走向自由王国》一文中，对接班人提出两个基本要求：一个企业能长治久安的关键，是它的核心价值观被接班人确认，接下来接班人又具有自我批判的能力。这是华为培养接班人首先需要解决的问题。此外，还必须培养他们艰苦奋斗的精神，要安排他们到一线和基层锻炼；必须培养他们集体意识和团队合作意识；还必须对他们的能力、业绩和品德作风进行不断的考核，把他们培养成真正优秀的接班人。

中国民营企业中，有些是家族企业，子承父业被认为是成功之道、理所当然。任正非持相反观点，他一开始就没有把华为当作家族企业，他把企业的绝大部分股权与员工共享。他主张，华为的接班人是打出来的，谁有本事、服众、大脑开放、有胸怀、善于合作、懂得妥协，谁就是未来的领导者。现代化企业在培养接班人问题上，必须摆脱"唯血缘"的思想。当然，如果子女确实是可造之才、栋梁之材，能肩负起带领企业继续成长、发展的重任，也可以子承父业。

（四）在识人、用人、育人中，值得注意的几种情况

1. 要"不拘一格"，要"五湖四海" "聚天下英才而用之"

清朝龚自珍在《己亥杂诗》中强调"我劝天公重抖擞，不拘一格降人才"。这个观点，墨子也说过："虽在农与工肆之人，有能则举之。"用人应该不论出身，不论门第，英雄不论出处；要不拘泥于旧规习俗。《韩非子·显学》中记载，"宰相必起于州部，猛将必发于卒伍"。历史上不少名臣良将出身于草野，被重用前为"卑微小人"。不少开明之主都能不拘一格用人才。曹操是其中之一。他遵循"唯才是举"的原则，破除陈规陋习和偏见，起用出身微贱而有才能的人。《三国志·魏书·武帝纪》记载，他麾下负盛名的五位将军中，于禁、乐进拔于"行伍之间"，张辽、徐晃取于"亡虏之内"；另外，"拔出细微，登为牧守者不可胜数"。任正非把"宰相必起于州部，猛将必发于卒伍"作为选用干部的标准之一。他还说："我们要不拘一格地选拔使用一切优秀分子，不要问他从哪里来，不要问他有何种经历，只要他们适合攻击'上甘岭'。"

用人要"五湖四海"。李斯在给秦王的《谏逐客书》中指出："泰山不让土壤，故能成其大；河海不择细流，故能就其深；王者不却众庶，故能明其德。"他还列举穆公、孝公、惠王、昭王不拘一格、不受地域限制广罗人才而收到很好的效果："昔穆公求士，西取由余于戎，东得百里奚于宛，迎蹇叔于宋，来丕豹、公孙支于晋……遂霸西戎。孝公用商鞅之法……举地千里，至今治强。惠王用张仪之计……遂散六国之从，使之西面事秦，功施到今。昭王得范雎……使秦成帝业。"

当今企业中，华为在这方面做得很到位。华为引进人才并不局限于国

内，而是放眼全球，广纳贤才。华为从世界各大名校中，精挑细选出许多专业人才、优秀人才。华为团队的多元化、包容性，大大地提升了华为的创新力、竞争力。

为了事业，必须广开进贤之路，聚天下英才而用之，不能"用人唯亲"，讲关系，讲圈子，讲面子；不能形成以地域划分、校友划分等小圈子；不能论资排辈，更不能权钱交易、权色交易。

2. 不"求全责备"

常言道"金无足赤，人无完人"，任何人都不可能十全十美。南宋戴复古在《寄兴》中写道："黄金无足色，白璧有微瑕，求人不求备。"

"求全责备"的人，往往分不清主次，不知道人"各有长短"，对人"未见其长，惟见其短"；不知道事物有现象与本质之分，只见外表，不察实质。往往把千里马视为垂着双耳的病马，失去网罗英才的机会。

由于世间不存在十全十美的人，使用人才的正确态度应该是"尚大美，捐细行""重大节，略小过"。汉代王符在《潜夫论》中指出，其人"苟有大美，可尚于世，则虽细行小瑕，曷足以为累乎！""陈平、韩信，楚俘也""卫青、霍去病，平阳之私人也"，他们都有垢丑，但都是大才。汉高祖以陈平、韩信为重臣，结果平定天下，安定汉室；汉武帝以卫青、霍去病为司马，结果驱逐北狄，安郡于河西。

3. 要有容人的雅量

用人者要有宽广的胸怀。宽广的胸怀不是与生俱来的。任正非说过："宽广的胸怀必须经过后天的修炼得来。具有宽广的胸怀的前提是以事业为重。在这个前提下，做到求大同存小异，宽容地处理来自他人的不同意见甚至冲突。"他认为，"包容性与原则性并不矛盾。宽广的胸怀应该以原则性为保证，否则就会是非混淆，走向新的狭隘"；"具有宽广的胸怀才能团结人和用人之所长"；"允许异见，就是战略储备"。他是这样说的，也是这样做的。在这方面，领导者要注意以下四点。

一是要敢于用人，并且衷心欢迎刚正不阿、直言不讳的人。《孔子家语》记载："良药苦口利于病，忠言逆耳利于行。"但有些人喜欢听顺耳的话，喜欢阿谀奉承之言，排斥直言、忠言、逆耳之言。历史上有些帝皇拒不纳谏，有些直言相谏的忠良之士被打压、被贬官，甚至被处死。例如，比干对商纣王倒行逆施的暴虐统治不满，多次谏阻。商纣王不仅不采纳，最后竟将其挖心处死。不久商纣兵败，纣王自焚而死。

唐太宗李世民是纳谏的楷模。他不仅接受谏言，而且鼓励极言直谏。他深知此事关系国家的统治。《廿二史札记》记载"盖亲见炀帝之刚愎猜忌，予智自雄，以致人情瓦解而不知，盗贼蜂起而莫告，国亡身弑"，所以他认识到"一人之耳目有限，思虑难周，非集思广益，难以求治。而饰非拒谏，徒自召祸也"；"一日万机，一人独断，虽复忧劳，安能尽善"。他深知，臣之敢谏，是由于帝王能受谏。讷谏，贤者才能倾心于己，为己尽忠实。不讷谏，忠者就不能尽其言，智者就不能尽其谋，能者就不能毕其功，勇者就不能效其死。正因为唐太宗贵直言，重谏诤，贞观年间，敢于犯颜直谏者比比皆是，其中佼佼者当数魏徵，前后共谏二百余事。

二是能够团结曾经反对过你而又反对错了的人。建霸业、成帝业的君主特别注意"拔贤才于仇虏之中"，网罗敌人营垒中的杰出人才，委以重任。魏徵曾效力于太子李建成，献计献策反对过李世民。李世民登基后，不计前嫌，重用魏徵为谋臣，聆听其谏言。唐太宗说："贞观之后，尽心于我，献纳忠说，安国利民，犯颜正谏，匡朕之违者，唯魏徵而已。"《旧唐书·魏徵传》记载，魏徵去世后，唐太宗亲临吊唁，痛哭失声，说："夫以铜为镜，可以正衣冠；以史为镜，可以知兴替；以人为镜，可以明得失。朕常保此三镜，以防己过。今魏徵殂逝，遂亡一镜矣！"在凌烟阁中置放的二十四功臣画像中，十三人来自敌对阵营。邹阳在《狱中上梁王书》中说："夫晋文亲其仇，强伯诸侯；齐桓用其仇，而一匡天下。"战国时期，晋公子重耳亡命列国时，寺人勃鞮奉晋献公、晋惠公之命，先后两次策划刺杀重耳。重耳回国接位为文公后，任用勃鞮粉碎吕省、郤芮两人的叛乱，终而称霸诸侯。此前，齐襄公时，管仲辅佐公子纠，曾亲自射箭欲杀死公子小白，但射中其衣钩。小白接位为齐桓公，不仅解除对管仲的囚禁，赦其无罪，还亲自到郊外迎接，一同乘车入朝。探讨治国之策后拜其为相，从而一匡天下。

使用人才，不仅要重用反对过自己而又反对错的有才之士，更进一步的是还能够重用曾经"背叛"过自己的人。华为任正非重新重用李一男就是典范。李一男，1993年进入华为，1996年被提拔为主管技术的副总裁。2000年李一男离开华为，北上创建"港湾网络"公司，发展迅速且成为华为的竞争对手。2006年华为收购"港湾网络"。虽然李一男曾是华为的竞争者，但惜才的任正非继续重用李一男，任命其为华为副总裁兼首席电信科学家。

三是千万不可"卸磨杀驴"。功成名就后，切不可抛弃甚至诛杀追随左右立下奇功的有功之人。"飞禽尽，良弓藏；狡兔死，走狗烹"，历史上这种悲剧不时出现。这种做法，从道义上讲是用人者忘恩负义，不仅现用人才惶惶然，心怀疑惧而不尽心效力，也使后来的贤能之士却步。如何对待功臣？唐太宗的做法值得借鉴。功臣，除了两人因参与或涉及谋反被杀以外，大多委以重任，参与朝政，为贞观之治做出杰出贡献。有24位功臣挂画像于凌烟阁。

企业家取得成功后，决不能把企业看作私产，为了独揽大权或者独霸企业不计后果地实行"世袭制"，而弃企业的利益和前途于不顾，决不能排斥或者打压创业时期同甘共苦、共同奋斗的伙伴。但是也不能因为共同创业，就把私人交情置于企业利益之上，如果某些伙伴不适应现在的岗位，适当调整是必要的。共同创业者也不能躺在功劳簿上，倚老卖老，索取权力和利益。

切实做好几项重要的工作

企业的创办和崛起，不能仅凭激情和冲动，也不能只靠所谓的"金点子"，而要靠扎扎实实地干。

首先，企业需要树立正确的科学发展观。企业的发展，不仅是市场份额的扩大，也不仅是产量的增加，而是企业全方位的进步，是企业的可持续发展。全方位是企业应优质（高质量）发展、创新发展、诚信发展、环保（绿色）发展、共赢发展、可持续发展。优质发展要求企业最终提供给社会、人民群众的产品或服务，必须是优良的、高品质的。这是企业经营者把各种生产要素优秀地组织起来的根本目的。有了它，企业就有了市场，才能促进量产，最终获得利润。企业是以质取胜而非以量取胜。创新发展要求企业不断创新、全面创新，企业提供的产品或服务，不仅具有独特的核心技术，在不断创新中持久地具有核心竞争力；而且通过全面创新，能够切实地转化为优质产品，迅速占领、扩大市场。诚信发展要求企业必须依法经营，诚实守信，具有契约精神、守约观念，按照市场准则行事。绿色发展要求企业发展必须遵循"绿水青山就是金山银山"的理念，与自然界和谐相处，维护良好的生态环境。共赢发展要求企业利益与国家、社会、人民群众利益完全一致，共存共荣；与企业内部全体员工、全体股东利益完全一致，休戚与共；与竞争者不是弱肉强食、生死搏斗，而是公平竞争、相互促进、共同进步。在实现国家共同富裕中，尽企业应有的责任。可持续发展：一是在时间上，保证企业长治久安，保持尽可能长时间的发展；二是在地域上，持续拓展，从地区发展到全国，甚至走向世界，成为国际性的大企业集团。

其次，企业需要脚踏实地，认认真真地抓好以下五项重点工作。

一、筹措并运用好资金

资金（资本）是把一切生产要素聚集在一起的必须具有的要素，没有资金，一切无从谈起。资金的多寡决定可以聚集的生产要素规模的大小。

不论是创业资金或者企业发展资金，对企业来说，都至关重要。

（一）创业资金的筹措

创办企业需要启动资金，包括注册资金和聚集生产要素的必要资金。马化腾说："创业的最初阶段，融资是一大难题。不论我们对自己的产品拥有多高的热情，如果不能得到投资方的认可，一切都是纸上谈兵。"

改革开放后，民营企业创业资金来源复杂。

1. 来源于国家所有或集体所有的企业

根据2002年发布的《中国私营企业调查报告》，有25.7%被调查的私营企业是由国有企业和集体所有制企业改制而来的。在东部地区，这个比例更高，达到45.66%。其中，改制前是国有企业的占25.3%；改制前是乡镇集体企业的占74.7%。有60.6%的企业主是原来企业的负责人。

不论国有企业或集体企业转型为民营企业，由于没有统一的改制方案，各地自行"摸着石头过河"，方式多种多样。资产的评估，缺乏标准和评估体系，又没有必要的监管制度，很难做到公平、公正、公开，评估价往往偏低。国有资产或者集体所有资产成为一部分民营企业发展的第一桶金，就不足为奇。

2. 来自自有资金

有些民营企业是依靠自有资金创办起来的，在经营过程中逐步积累资金扩大经营规模，进而发展壮大。自有资金来自多方面，有的是创业者自有，有的是借款，有的来自亲朋好友的投资等。企业创办后的第一桶金，有些是通过商业活动取得的。华为初期投入自有资金2.1万元，通过经销、代销等方式积累资金，然后转入通信设备制造领域。有些则通过营销主业产品积累资金。

3. 依靠外资

随着新技术的出现和发展而兴起的新兴企业，如互联网企业，完全没有传统企业的国有或集体所有的背景，产权比较明晰。这类企业的创办，不少依赖外资。1997年创办互联网企业的三位代表人物中，有两位是靠外资起家的。新浪网（前身为四通利方）的创建者王志东获得美国华登集团、美洲银行罗世公司及艾芬豪国际集团的650万美元的风险投资。这是中国互联网获得的第一笔风险投资。搜狐网的创办人张朝阳创建爱特信ITC时的资金22.5万美元和10万美元来自两位美国教授，以后又获得英特尔和道琼斯215万美元的投资。丁磊创办网易公司时投入的25万元人民币，是自有资金。BAT（百度、阿里巴巴、腾讯）三大互联网企业的创业资金部分来自外资。李彦宏2000年以"超链分析"专利为技术基础创建百度，融到的第一笔和第二笔资金都是国外的风险投资。马云创办阿里巴巴时，18位创业人士自掏腰包，凑集的种子资金只有50万元，后续资金包括发展资金，主要来自软银等国外财团的投资。马化腾1998年与张志军创建腾讯，资金主要来自炒股所得，捉襟见肘，十分艰难。2000年，腾讯不得不寻找外部风险投资，给美国国际数据集团（IDG）和香港电讯盈科（PCCW）各让出20%的股份获得200多万美元的投资。2001年，南非米拉德国际控股集团（MIH）投资3200万美元，购买腾讯46.5%的股份。

（二）发展资金的筹措

企业发展到一定规模，需要有扩大生产规模的必要资金。这种资金筹措有以下几种方式。

1. 银行贷款

这是国内企业融资的主要渠道。有些企业还向国外商业银行贷款。

2. 发行企业债券

企业债券，也称"公司债券"，是企业依照法定程序发行，约定在一定期限内还本付息的有价证券。债券持有人不参与企业的经营管理。企业债券可以自由转让。

3. 公司上市

通过证券交易所，发行股票。由于股票没有到期日，无须归还，没有还本付息的压力，筹资风险较小，因此企业趋之若鹜，竞相上市。公司上市是企业筹资的主要渠道。

有些企业家并没有把上市看作融资的最佳方式。他们选择积累企业经营所得扩大再生产，如华为。

4. 天使基金

如前所述，互联网企业中的部分佼佼者，依靠外资的风险投资扩大规模。国内的一些天使基金、风险基金尚未形成气候。

（三）努力改善和通畅融资渠道，密切关注企业资金的运用

1. 大力畅通金融机构的融资渠道

大型企业筹措资金容易，但有两类企业筹措资金十分困难。

一是中小型企业。有些中小型企业资金捉襟见肘，融资困难，发展壮大不易，有的就走向衰落。这也是中国企业寿命不长的原因之一。

二是有发展潜力但尚未崭露头角的新兴产业企业。它们往往依靠外资得以发展壮大，结果"肥水落入外人田"，企业利润的大部分被外资占有。对于这个情况，中国中化控股有限公司原董事长宁高宁发出"宁高宁之问"：为什么中国的企业和中国的投资者，没有能够像海外投资者一样来支持腾讯、阿里的发展？包括没有能够像巴菲特一样积极地在早期支持入股了比亚迪？他的回答是，不是钱的问题，因为有大量资金投资到房地

产、金融和一般的工业生产；不是人的问题，也不是对中国市场不了解的问题，应该是（当时的中国投资者）在认知理念、企业发展的规律上是有缺陷的。他希望"要用更长远的、更有信心的、更有前瞻性的眼光看一个产业和行业，而不是做比较短期的、相对有些投机的交易性投资"。

这是十分中肯的意见。中国某些金融机构，逐利性强，贷款时往往盯住大客户，盯住暴利行业，忽视对中小微企业的扶持，对真正采用先进技术、真正进行创新的企业，缺乏鉴别力，不愿给予支持，导致某些前景广阔的企业被国外资本控制。国内一些互联网巨头被外国资本投了重仓。这是一个重大失误。

为扶持千千万万家企业发展壮大，中国金融机构应该大胆开放融资渠道，有责任努力而且真正解决中小企业的融资问题，特别应该注意科技发展动向、国家政策，以前瞻性的眼光对新兴的、有发展潜力的企业，给予有力的、必要的贷款，扶持它们成长、强大。

2. 彻底改善证券交易市场环境

证券交易市场的健全，对经济发展影响极大。必须努力消除其投机性，真正发挥它作为企业扩大再生产融资主干渠道的作用。

3. 密切关注企业的资金运用

另一个常见问题，是融资容易的企业，有些出现资金链断裂的情况。资金链断裂的原因主要是盲目扩大生产，或者盲目多种经营，战线拉得过长，还有人为地抽逃资金等。关注、监督资金的运用，是企业家和企业应有之义，也是金融机构的责任，尽可能地减少"坏账""死账"。

二、开拓广阔的国内外市场

市场是企业赖以生存的基础。没有市场，企业就无法生存。市场的大小，决定企业的大小。一家全国性的企业，面对的是广大的国内市场；一家全球性的企业面对的是广阔的国际市场。任正非对这一点有很深刻的理解。他说："任何一个企业的发展最终都是面向市场并且依托市场的……市场才是整个企业得以生存的最大依靠，才是左右企业发展的最大主导力量。正因为如此，华为始终坚持面向市场，并且服务于市场的发展理念。"

如何打开国内外市场？

（一）调查研究市场，掌握并预测市场动态

开拓市场首先要确立"一切以客户为中心"的理念。任正非认为，"客户是华为之魂"，"为客户服务是华为存在的唯一理由，客户需求是华为发展的原动力"。张瑞敏明确指出，企业生存和发展的权利不取决于企业本身，而取决于用户。企业必须从"以企业为中心"转变为"以用户为中心"。

以客户为中心，不仅是企业发展的指导原则，也是开拓市场的根本出发点。以客户需求为导向是市场营销的永恒主题。以客户需求为导向，不仅要求产品适应客户需求，满足客户要求，而且要积极主动地适应，要以超过顾客的要求为标准经营企业。要主动进行市场调查，把握客户需求的现状及变化趋势，引导客户意识到需求。市场扩大了，企业可以服务的客户增多了，企业也就发展壮大了。

（二）让市场了解企业、接受企业

要开拓市场，就得让市场、客户了解企业的状况，接受企业提供的产品或服务。广而告之是最基本的方法，方式则随着形势的变化而多种多样。

好酒也怕巷子深。产品质量再好，初期也得广而告之，让人知道这是什么产品，有什么功效，性价比如何，等等。

广而告之，实际上就是采取各种方式宣传企业形象和包装、传播企业品牌。20世纪50年代，美国对现代企业的经营管理提出"CI（Corporate Identity）战略"，也称"企业形象识别系统"，包括视觉识别系统、企业经营理念识别系统和员工行为识别系统。20世纪80年代初，日本广告专家对此进行提升和规范，并在全球企业界广为传播。90年代初，广东的太阳神集团首次引入企业形象识别系统。它设计太阳神识别系统：象征太阳的圆形和"APOLLO"（太阳神）的首字母"A"的三角形变形组合成为"太阳神"商标图案，采用红、黑、白三种颜色。这个图案的寓意是：圆与三角形构成既对比又和谐的形态，表达企业向上升腾的意境；体现以"人为中心"的经营理念。红、黑、白三种颜色分别代表健康向上的商品功能、永不满足的企业目标、不断创新的经营理念。这一商标图案的推出极大地提高了"太阳神"的形象，大力推动太阳神集团拓展市场。在当时还掀起了一股"CI战略"策划风暴，提升广告在企业营销中的地位。

广告形式多种多样：报纸广告、杂志广告、电视广告、自媒体广告、道路沿线广告牌、车体广告、广场广告等。除此之外，还有组织队伍到各地讲解产品、介绍产品的广告等。

广告中的广告词非常重要。中国企业有不少创新的广告词，特别在20世纪90年代。虽然有些企业已经消失，但广告词仍值得借鉴。归纳起来，它们的特点是：简明扼要，生动活泼，朗朗上口，易于传播。例如，广东顺德的万家乐公司的广告词"万家乐，乐万家"，一时风靡全国；娃哈哈的广告词是"喝了娃哈哈，吃饭就是香"和"妈妈我要喝"，非常口语化，容易被人接受、记住；"好空调，格力造"，原是格力激励员工的一句口号，逐渐成为它的广告词，在此基础上，又提出新口号——精品空调，格力制造，这样简单易懂的几个字却让格力空调深入人心。

但是，企业开拓市场，不能只依赖广告宣传。有些企业片面依靠广告宣传，一时显赫，最终烟消云散。董明珠对宣传功能的基本看法是"实事求是，问心无愧"。她认为"只有以优质的产品为支撑的广告才能取信于消费者"。

但是，广告要注意两点：一忌过度；二忌虚假。

过度宣传，过犹不及。为了开拓市场，企业加强营销，通过广告宣传，树立企业形象，打出品牌是必不可少的。但是，宣传力度超过企业本身的力量，超过企业的生产能力，超过企业的资金能力，后果难以设想。过度造名或造势，会给企业带来风险，给消费者带来灾难。

虚假广告，危害极大。有些虚假广告是夸大功效；有些是无中生有。有些企业倒在虚假宣传之中。

2015年9月1日施行的《中华人民共和国广告法》明确规定"广告以虚假或者引人误解的内容欺骗、误导消费者的，构成虚假广告"。发布虚假广告的企业，将受到严惩，被吊销营业执照。

（三）开拓市场的策略和渠道

在计划经济体制向市场经济体制转型的初期，企业开拓市场，主要靠营销策划。谁在营销策划方面走在前列，谁就占有消费领域的一席之地。那是一个营销策划时代。20世纪90年代，有一个很时髦的词"金点子"。一个好点子就能使财源滚滚。但是，这样的时代已经过去了，靠"金点子"，也不是企业发展应有之道。基于前人的经验，企业开拓市场主要靠以下三个方面：物美价廉的产品、切合实际的策略、热情周到的服务。在激烈的市场竞争中，打开市场是一门深奥的学问。根本的一条是，以产品质量取胜，以服务质量取胜。这点将在下一节详细叙述。此节着重叙述策略和渠道。

1. 避实击虚策略

从薄弱处下手，即击虚，这是《孙子兵法》中极其重要的论点。孙子说："夫兵形象水，水之形，避高而趋下；兵之形，避实而击虚。"避实击虚是进攻者选择作战目标、确定进攻路线和主攻方向的重要谋略。这是新生事物在强手如云的环境中脱颖而出的诀窍。有些企业的成长也遵循这个规律。2003年，阿里巴巴的淘宝网公开亮相。当时国内C2C（Customer to Customer 个人与个人之间的电子商务）市场的"老大"是有世界C2C市场霸主eBay背景的eBay易趣。它一方面在各大城市开展地毯式的广告"轰炸"，另一方面对新生的而又具有威胁的淘宝网在广告宣传上痛下狠招：在与新浪、搜狐、网易等门户网站的广告合同中特别规定，它们不得与淘宝等网站发生宣传方面的合作，否则，处以高额罚款。面对封杀，淘宝网的对策：一是加强线下的宣传活动，在各大城市的地铁、公交车车身、路牌、灯箱等地方张贴淘宝网的广告；二是在互联网上避开大网站，通过小网站站长联盟，在众多小网站上放出大批广告，不仅费用低，而且浏览量大。双方经过几年较量，eBay在2006年撤出中国。

另一个成功从薄弱处入手的企业是华为，其"农村包围城市"的战略帮助华为打开国内和国外的通信市场。

20世纪80年代末，国内通信市场被七个发达国家的八大企业占据。那时的华为是一个创办不久的小小民营企业，要想生存下来获得发展，困难重重。身处困境，任正非在毛泽东"农村包围城市"策略的启发下，做出"从农村市场突破"的决定，首先选择市场不成熟的县级地区。当时，华为选择黑龙江省各县电信局的本地网项目作为主攻方向，采用集中优势作战、优惠价格、优良服务等策略，取得客户的信任和称赞。通过采用这些战略和策略，华为也在其他省份取得成功，很快在农村市场站稳脚跟，这为一步一步地向市级、省级以及国家级骨干网市场进军奠定坚实的基础。

华为开拓海外市场时，同样从弱处下手。华为先进入亚非拉地区。这些地区偏远、基础设施差、自然环境较恶劣，西方公司一般不屑一顾。但是这些地区技术水平低，产品普及率差，市场需求大。华为正是抓住这个空隙，采用"鸡肋战略（即不轻视投资回报率不高、只有微薄利润的市场）"，打开局面，然后趁机开拓，逐步扩大市场份额，最终与通信行业的国际巨头正面较量。

2. 薄利多销，甚至低价销售策略

1995年，TCL在与日本产品争夺国内市场的竞争中，鉴于产品技术和产品质量尚处在劣势的情况下，除了打民族工业旗号外，还实施低价策略。TCL与各家商场签订"保底协议"，做出柜台月销量每平方米不低于5万元的承诺，同时确定TCL彩色电视机以低于日本彩色电视机2/3的价格出售，从而取得显著成效。长虹在1989年彩电市场萧条时期实行降价策略，成效明显。1996年，国产彩色电视机销售又处低迷状态。长虹彩色电视机库存高达100万台，它再次用价格优势去拼国外彩色电视机的品牌优势，甚至将价格压到成本以下。其他国内彩电企业跟进，纷纷宣布大降价。到1996年年底，长虹、康佳、TCL等国产电视机的市场占有率达到71.1%，其中长虹为35%。薄利多销是为商之道。为清库存，把价格压低到成本之下，不失为权宜之计。但在正常情况下，不计血本的打价格战，是"伤敌一千，自损八百"的行为，最终必然影响产品的口碑，不是可取之道。

有一段时期，空调行业爆发价格大战。一些企业采取下调空调价格或赠送礼物的方式抢占市场份额。格力的董明珠旗帜鲜明地反对这种价格战。她说："空调的价格大战不是一个好的营销策略，价格大战对所有的厂商都没有好处。用心做好产品，提高产品的品质，才是最佳的营销方式。"她还说："在营销方面，我自身最大的个性就是保持一个诚信共赢的心态，而不是刻意地使用什么技巧和手段。"

3. 与同盟者、合作者共赢策略

寻找、确定同盟者、合作者，借力打力，借鸡生蛋，是迅速开拓市场的良好策略。

与营销对象联盟，结成利益共同体，共同开拓市场，巩固市场。华为

建立初期，为了打开、拓展、巩固、占领市场，与个别省市电信机构协商，由这些机构的职工集资与华为共同组建合资公司，以"利益共同体代替买卖关系；以企业经营方式代替办事处直销方式；利用排他性，阻击竞争对手进入；以长远市场目标代替近期目标"。这一方式首先在四川实施。1997年，四川电信管理局工会出资与华为组建四川华为公司。当年双方就获得丰厚利润。接着在一年多的时间里，华为又先后与天津、上海、河北、山东、浙江等省市电信机构职工组建九家合资公司。通过这种模式，华为成为这些地区电信机构的"自家人"，成为这些地区电信市场的主要供应商。因此，华为在很短的时间内获得显著成效，成为国内电子行业中成长最迅速的企业之一。当然，这种与主管部门即使是以职工的名义合资经营的方式，在当时制度不健全的情况下，属于打擦边球，即使实施，也被质疑，在目前显然是不被允许的。但与利益相关方组织利益共同体来发展企业，是一种不错的思路。这种思路，后来华为不仅在营销环节上运用，而且运用到研发、生产等环节，加强与上下游企业间的密切协作和合作，从而提高企业的运作效率，提高企业的整体竞争力。

在开拓海外市场中，华为同样做得很出色。华为认识到，在西方企业基本垄断全球重要市场的情况下，华为作为一个弱势企业，要想突围，与该地区有实力的企业进行合资经营，或者与西方国际公司合作，利用它们的关系网、营销网打开局面，是一条快捷、安全的道路。1996年，华为首先在香港与长江实业旗下的和记电信合作，获得利润，取得经验，帮助华为经营接近国际标准。1997年，华为与俄罗斯贝托康采恩、俄罗斯电信公司合作建立合资公司，以本地化模式开拓市场。2003年其销售额已位居独联体市场国际大型设备供应商的前列。2000年前后，华为进军泰国市场，与泰国现代电信公司、泰国电话电信有限公司、泰国电信机构建立起合作关系，迅速成为泰国电信市场的主流设供应商。在开拓欧洲市场时，华为采取同样的模式，先后与芬兰电信营运商KPN、Telford，比利时最大运营商Belgacom等展开深度合作。后来又与德国西门子公司合资成立"西门子华为TD—SCDMA企业"，借助西门子品牌的影响力提升知名度。接着，在瑞典与竞争对手爱立信合作，共同承接全球首张LTE商用网络的建设项目。如今，华为的合作伙伴已遍布全球，在世界范围内建立起比较稳固的关系网和销售网，有效地保证了华为的影响力和地位。同时，与海外企业合作也是学习西方公司经营企业的严谨、规范精神和先进的管理方式的有效途径。

在开拓市场这条战线上，华为既发挥狼性文化的精神，保持执着、专注、强大的攻击性，也秉承合作开放的精神，尽可能找到最佳的合作伙伴，增强竞争优势。任正非说："没有开放合作，我们担负不起为人类信息社会服务的责任。所以，我们要像3GPP一样开放，像苹果、谷歌一样链接数十万合作伙伴，持续建设和谐的商业生态环境。以自己为中心迟早是要灭亡的。"

4. 热情周到服务策略

首先是诚信服务。

其次是全面服务，无论是售前、售时还是售后，并随时提供周到的服务。

1995年，日本松下、三洋等洗衣机、电冰箱产品充斥国内市场，海尔为突破重围，除了打民族品牌外，还推出"星级服务"，坚持"用户永远是对的"的理念。

华为对待客户的态度和为客户服务的工作是有口皆碑的，也是依靠服务挤进市场、开拓市场。任正非认为，小企业想要做大做强，首先就得端正姿态，专心致志为客户服务，要认认真真、踏踏实实、真心诚意地为客户服务。他要求员工拿出最大的诚意和最好的服务态度，对待客户。只要客户有需求，一定要在第一时间予以满足。为了让员工建立起为客户服务的意识，华为把对客户服务这一条作为考核和选拔员工的一个重要标准。在制度上把为客户服务的内容加以规范和引导。《华为基本法》规定："华为向顾客提供产品的终生服务承诺。我们要建立完善的服务网络，向顾客提供专业化和标准化的服务。顾客的利益所在，就是我们生存与发展的最根本的利益所在。我们要以服务来定队伍建设的宗旨，以顾客满意度作为衡量一切工作的准绳。"

格力电器强调售前服务和售中服务。只要把售前的设计和产品质量、售中的运输和安装质量控制好，售后的维修服务就没有存在的必要。他们称这是"1+1＝0"，即"一流的产品质量+一流的标准化安装服务＝零维修"。董明珠认为，"不需要售后服务才是最好的服务"。虽然格力提出"整机六年免费包修"的口号，但她确信格力空调在六年内是不需要维修的。格力电器集中精力抓好售前的产品质量，不计成本地选用优质元器件。这一主张，就是要求企业提供的产品是毫无瑕疵、经久耐用的。这样才不需要售后服务，才能让消费者放心。

5. 确定营销渠道，组织营销网络

产品销售方式可以分为自销、经销、代销等。不论采用哪种方式，企业都应建立营销网络。如果采取自销方式，企业就应建立自己的营销网络。开始时，要组建、培训一支熟悉当地情况的营销先锋队伍，做到"逢山开路，遇水架桥"，进而形成营销网络，最终与客户建立起长期伙伴合作关系，形成核心客户群。格力董明珠有"营销女神"之称，在营销上有独特的见解和做法。她认为，高档商品可以建立自己的专卖点，格力要把自己打造成世界级品牌，必须走一条属于自己的道路：一是以格力电器为主导，在全国各个地区选择几家大经销商共同建立"股份制区域销售公司"，把格力空调的营销渠道、市场、服务全部实现统一，共同拓展市场，共担风险，共得利益；二是建立格力空调专卖店。格力电器在全球开设一万多家专卖店。这种模式奠定了它在行业的领导地位。

采用经销、代销方式，企业也应建立相应的网络。

营销网络不仅负责企业产品的销售，由于它有自己的服务人员，还承担着企业与客户沟通的责任。他们贴近客户，是企业接触广大客户的触角，应主动倾听客户对设备运用或产品使用的意见、建议，了解客户需求。这样，一方面可以为客户提供有针对性的包括技术等方面的服务；另一方面可以把客户需求快速地反馈给研究、决定战略的部门，作为他们研究、调整、决定企业发展方向的参考，有利于进一步开拓市场、巩固市场。

营销方式，因企业而异。没有一种方式是万能的，包打天下的。因此，企业采取哪种方式，要根据自身的特点、发展的阶段等因素来确定。

三、生产出符合或引领市场需要的过硬产品

市场能否开拓、扩大,取决于产品是否过硬。董明珠说"格力的竞争力来自产品自身价的'产品力',过硬的产品质量才是格力空调赢得市场的'撒手锏'";"一个企业,要做正能、做长久,就必须对消费者负责,就要生产出好的产品。只要我的产品好,消费者的口碑就好,消费者就对我们有信心,我们就有了可靠的市场"。

生产出过硬的产品,满足客户需求,不仅是开拓、扩大市场的需要,从根本上说,它是企业建立和发展的出发点,是企业存在的基础和价值。

(一)过硬产品的必要条件

1. 符合市场需要,满足市场需求

这就是说,开发产品必须以客户需求为导向。董明珠强调,让消费者满意是产品制造至高无上的标准。

2. 引领市场的需求

客户需求,不仅是现实的需求,还有潜在的需求、更长远的需求。有些需求,客户在现阶段尚未知晓;有些需求,更需要科技的发展激发出来,由科技来引领。企业要主动创造客户的需求,化被动为主动,要提供消费者没有想到但又满意的产品或服务。这样的企业是认识深刻、理解人性的企业,只有真正成功的企业才能做到这一点。任正非在《在西方市场讲好华为故事》一文中明确指出:"我们对客户需求的理解不能狭窄,不要以为客户说出来的是需求,其实客户需求是一种逻辑学和哲学,是人性的持续激活与成长,是人类文明发展的必然趋势,客户面临的现实问题是客户的需求,面向未来的科技创新也是客户需求,只是更长远一些。"他

又说:"世界著名公司,它们是靠研发创造出机会,引导消费。它们在短时间席卷了'机会窗'的利润,又投入创造更大的机会。这是它们比我们发展快的根本原因。"

3. 持续开发日新月异的产品

企业不断开发出日新月异的产品,不仅是企业生命延续的需要,也是企业不断壮大的源泉。企业开发新产品需要注意四点。第一,开发新产品是一项投资决策,企业必须进行有效的投资分析。第二,必须以市场为导向,把市场和客户的需求作为新产品开发的驱动力和评价标准。第三,应采用各种方式,取得市场、财务、服务等相关部门的支持,甚至可以把相关部门的人员组成一个产品开发团队,以便进行有效沟通、协调和决策,尽快把产品推向市场。第四,在上述基础上,将产品整个开发过程,从市场调研、需求分析、预研和立项、系统设计、产品开发、中间试验、生产制造、营销、工程安装、培训、服务,到用户信息反馈等形成一个完整的流程。做好以上四点,可以使技术迅速地向市场转化,新产品符合市场需求,缩短上市时间,扩大产品市场,并且保证产品质量,降低企业运营过程中的成本。

4. 质量至上,质量过硬

企业必须一丝不苟,精益求精,确保产品质量万无一失。这是对企业的基本要求,也是企业生存、发展的关键。任正非认为,忽略质量,那是自杀,或杀人。1985年,海尔的张瑞敏挥动一把铁锤砸掉76台存在缺陷的电冰箱。这一砸把大家心中得过且过、不重视质量的观念砸得粉碎,并将"质量为王""有缺陷的产品就是废品"的观念深深地砸进每位员工的心中。接着,他在企业内部发起一场关于产品质量的讨论,组织员工学习日本全面质量管理理念和方法,使公司全体员工达成"产品质量零缺陷"的共识。因此,海尔三年后获得中国冰箱行业第一块国家质量金奖。这种砸烂不达标产品的做法,被一些讲究产品质量的企业仿效。例如,格力电器在总厂、分厂都放了一把大铁锤。只要产品不达标，技术部、质检部、企管部和总装分厂四个部门的负责人当众用大铁锤砸烂不达标的产品。格力电器倡导"质量就是企业的生命"的理念，推行"零缺陷质量管理""要做不需要售后服务的产品"。

（二）树立"品牌"意识，创建知名品牌

品牌是企业的重要无形资产，也是体现企业核心竞争力的重要内容。2022年2月，中央全面深化改革委员会明确"品牌卓著"是世界一流企业的基本特征之一。

产品质量好，也得有品牌，有自主品牌。把质量过硬的产品打造成为名牌产品是开拓和巩固市场的有力策略。在激烈的市场竞争中，企业本身以及企业产品在市场上的认可度，会因市场需求的变化或科学技术的飞速进步而发生变化。如果建立起为消费者认可的强势品牌，这将为企业带来长期、稳定的，甚至超常的效果。打造强势品牌，就是要让更多的消费者了解品牌，认可品牌，相信品牌的优势，帮助消费者建立企业产品、品质、价值与品牌关联的联想力，从而促使消费者在感情上无条件地信任品牌，在同类产品中优先购买该品牌。品牌的效应将极大地提高企业竞争力。越来越多的龙头企业重视品牌的建立和提升。李书福说"世界上任何一个做大、做强的企业，都不可能是利用别人的品牌"；"中国汽车品牌的打造，要像种树一样，一棵一棵地种，直到种成一片森林"。企业不仅要打造自主品牌，还应积极打造世界一流品牌，增强企业产品在国际市场的竞争力。

树立品牌是国际上知名企业开拓和巩固市场的常规策略。可口可乐长盛不衰，而且深入世界每个角落，靠的就是它的品牌。被中国大众熟悉的外国品牌：汽车有奔驰、宝马、沃尔沃、福特、丰田、本田、现代等；电视机品牌有索尼、松下、三星等；电脑品牌有惠普、苹果等；手机品牌有苹果、三星等。

中国企业在品牌建设、品牌经营上起步较晚，与跨国企业存在较大差距，应奋起直追。GYbrand全球品牌研究院发布的2023年《世界品牌500强》，有33个国家的产品品牌上榜。其中，美国186个，中国有70个品牌上榜。前100名的中国品牌有华为、工商银行、腾讯、国家电网、建设银行、农业银行、中国银行、中国移动、中国石油、中国平安、阿里巴巴、中国石化、京东、贵州茅台、中国人寿、招商银行、中国建筑、五粮液等。排在前10名：中国华为位列第五，中国工商银行位列第八；美国品牌位列第一名到第四名和第六名；韩国、日本、德国品牌各有一个。

品牌对企业寿命的影响很大。这500个品牌平均年龄为90.79岁，拥有百年历史的品牌多达200个。其中，中国百年品牌有茅台、交通银行、五粮液、中国银行等。

企业品牌的建设，不能依靠广告宣传，不能依靠口号。第一，企业品牌只能建立在高质量的产品和服务基础上。第二，要真正体现中国文化特征。李书福说过："没有中国的文化和灵魂，就无法形成中国的品牌优势。"第三，要建立在自主研发、自主创新的基础上。自主品牌实际上是自主创新的重要标志。王传福对此有清晰的认识。他说："品牌竞争力已成为国家竞争力的重要体现。能否培育拥有自主知识产权的自主品牌，并使之成为世界名牌，进而以此为基础使企业成长为世界级公司，已成为衡量我国企业是否具有核心竞争力、能否实现持续发展的重要标志。努力创造拥有自主知识产权的自主品牌并形成自主品牌体系，应该成为我国企业创新发展的目标。"

在过去一段时间里，中国企业为振兴民族工业和打造民族品牌，与国际资本较量，取得不错的成效。

1995年是众多企业打造民族品牌的一年。最早打造民族品牌的是联想电脑。后来，国内部分企业高举"振兴民族工业"的旗帜，以打造民族品牌为己任。如彩色电视机行业，当时国内市场几乎是日本品牌的天下。TCL的李东生悲壮地喊出："与外国兵团较量，TCL集团公司要做产业报国的'敢死队'，我李东生就是'敢死队队长'。"几个月后，TCL彩色电视机力压所有国际名牌登上北京销量的第一位。长虹的倪润峰喊出"以产业报国、民族昌盛为己任""用我们的品牌筑起我们新的长城"等口号。在电冰箱和洗衣机行业，海尔的张瑞敏说："和跨国资本较量，就算死，海尔也要死到最后一个。"在这样的情况下，20世纪90年代末，在家电市场上，日本品牌失去了号召力，丢失了市场上的领先优势。一些欧美企业试图进入这一领域，也受到重重阻碍。此外，比亚迪从2003年组建的第一天起，就立志打造民族的世界级汽车品牌。

四、不断自主研发、自主创新高新技术

创新包括多方面的创新，但是核心是技术创新。科学技术是第一生产力。科学技术的发展，一方面使某些老牌企业难以适应，陷入困境；另一方面使某些新兴企业脱颖而出，快速发展。创新是企业发展的需要，也是国家科技发展、经济发展的重要环节。中国经济已进入高质量发展阶段，需要以创新为驱动力。在当前竞争激烈的环境中，创新尤为重要。2013年，习近平就指出："惟创新者进，惟创新者强，惟创新者胜。"任正非很早就认识到，在当今社会，特别在通信领域，企业的压力巨大，技术更新和产品换代异常迅速。在很短的时间里就会有新技术出现，就会有新产品面世。企业一旦停滞不前，科技创新能力不足，其下场就是被淘汰出局。有人质疑华为每年在研发工作上投入大量资金，他说："在实践中我们体会到，不冒风险才是企业最大的风险。只有不断地创新，才能持续提高企业的核心竞争力。只有提高核心竞争力，企业才能在技术日新月异、竞争日趋激烈的社会中生存下去。"华为一直强调，创新永远是科技企业最强大的动力源泉。华为之所以能够从落后的困境中逆袭，并屹立不倒成为世界通信领域的巨头，很重要的一个原因在于它的创新能力。董明珠说："一个没有创新的企业是没有灵魂的企业，一个没有核心技术的企业是没有脊梁的企业，一个没有精品的企业是丑陋的企业。"中国中化控股有限公司原董事长宁高宁进一步指出："真正的研发，它不是工具，不是一个手段，它就是经营本身，它就是战略，它就是你的主业。因为真正的企业存在的价值，就在于探索未知世界，包括未知的知识、未知的技术、未知的产品。中国企业应该在目前已经逐步重视研发的基础上，把研发融入血液中去，把创新融入公司战略中，是一个持续不断的主业发展的过程。"

在当前科技发展日新月异的时代，企业是你追我赶，一不留神，便要落后。时不我待，必须加速创新。习近平指出："科技竞争就像短道速滑，我

们在加速,人家也在加速,最后要看谁速度更快、谁的速度更能持续。"

(一)努力发挥企业在国家整体创新中的主体地位作用

2020年,习近平指出:"要发挥企业在技术创新中的主体作用,使企业成为创新要素集成、科技成果转化的生力军,打造科技、教育、产业、金融紧密融合的创新体系。"2021年,习近平又强调:"创新链产业链的融合,关键是要确立企业创新主体地位。要增强企业创新动力,正向激励企业创新,反向倒逼企业创新。"他还从科技发展的全局出发,对企业提出具体要求:"科技领军企业要发挥市场需求、集成创新、组织平台的优势,打通从科技强到企业强、产业强、经济强的通道。要以企业牵头,整合集聚创新资源,形成跨领域、大协作、高强度的创新基地,开展产业共性关键技术研发、科技成果转化及产业化、科技资源共享服务,推动重点领域项目、基地、人才、资金一体化配置,提升我国产业基础能力和产业链现代化水平。"他还指出:"我们现在抓创新不问'出身',能为国家作出贡献就是最重要的。"企业不论国有或民营,不论大小,只要能创新,就能得到国家的支持。

(二)企业创新应注意的几个方面

1. 企业发展科技,进行创新,不是为了发展而发展,不是为创新而创新

美国管理大师德鲁克强调"创新是有目的性的"。他还说,"创新是否成功不在于它是否新颖、巧妙或具有科学内涵,而在于它能否赢得市场"。任正非曾批评说:"那种刻意为创新而创新,为标新立异而创新,是我们幼稚病的表现。"他不认同"做点新东西就是创新"的看法。因此,第一,创新必须坚持"以客户为中心"和"以市场为导向",并把企业的科技创新与国家经济发展紧密结合起来。不能为创新而创新,为技术

而技术。要加强企业内部科研部门与生产等部门的协作，产品的研发要及时根据市场需求进行调整，科研立项必须与生产需求紧密结合。第二，必须加快科研成果迅速向产品转化，向市场转化，实现商业化。

百度创始人李彦宏说过，百度80%的创新直接来自网民的需求。过去百度最成功的一个非搜索产品是百度贴吧，就是为了满足用户需求而产生的。百度贴吧和百度知道、百度百科成了全球最大中文社区的"三驾马车"，为百度带来巨大流量。

华为特别重视创新的务实性。华为的研发目标是技术达到世界顶级水平，但是必须是实用的先进技术。任正非认为，"卖不出去的研发成果"就是"奢侈性浪费"；"研发成果不能转化为商品，那就是失败"。他指出，西方一些著名电信公司的技术创新有一个调整的过程，它们"不再盲目地追求技术创新，而是转变为基于客户需求的创新。华为再落后就会死无葬身之地"。他从企业角度出发，对创新技术提出几个基本要求：创新技术能够产生实际价值，研发出来的产品符合市场需求，能抓住客户心理，能运用到实践当中。为此，华为创造的每项新技术、每个新产品，都需进入市场接受考验。只有得到客户的肯定性反馈，受到市场欢迎，这种新技术才能大规模地应用于产品中。正因为任正非坚持将高科技与市场结合起来，把市场作为技术的试验场，把满足市场需求作为创新的最终目的，所以华为才不断发展、壮大。为了让研发成果转化为能够卖得出去的商品，1999年华为把由研发部门独立完成的产品研发流程，转变为从研发到市场、用户服务等多部门团队合作运作的全流程体系，从而使新产品的研发能够充分考虑到客户的现实需求和潜在需求，保证新产品的研发符合市场需求。

"以客户为中心"和"以市场为导向"，并不意味着企业消极被动地迎合、适应现存市场，而是要积极地预见未来市场，引领未来市场，而且以此为创新依据。这也是企业进一步发展的增长点、增长极，是企业转型升级的要求。

此外，创新必须系统化创新。创新不是随意的、零散的，不能满足于几个新点子（金点子）、新创意、新花样，或者一个好的策划方案。创新应该是一种有组织、有目的的"系统化"活动。企业必须有自己的创新战略，要与自己从事的领域密切结合，立足于自己的长处，与市场紧密相连，以市场为中心，以市场为导向。

2. 技术必须自主创新

自主创新就是用自己的力量进行有新意和有自己特色的创新。自主创新是中国科技发展的战略基点，也是企业提高核心竞争力的根本途径。习近平在中国科学院第十九次院士大会、中国工程院第十四次院士大会上强调指出："实践反复告诉我们，关键核心技术是要不来、买不来、讨不来的。"因此，企业只能自主创新，别无他路。

20世纪70年代末，美国封锁日本的半导体技术。稻盛和夫明确提出"将自主研发发挥到极致"，研发出自己的半导体技术，打破了美国的控制。

有"技术狂人"之称的王传福在这点上有独到见解。他始终不迷信国外专家，不依赖国外技术，一直主张自主创新、自主研发。他不仅对比亚迪的产品这样做，而且用比亚迪的强大科研能力帮助供应商自主研发材料，用国产材料代替进口材料。他说："你和别人一模一样的打法，你凭什么打赢？"必须"你打你的，我打我的"。他对中国的工程师倍加赞赏，认为他们的创造力是最棒的。他说："我觉得中国企业家很幸运，上帝照顾了我们，把这么优秀的东西放到我们这边来。"有人说："他信赖年轻的工程师胜过资深的欧美技术专家。他认为，什么都可以自己去造，而且造的比高价买得更管用。他觉得技术专利都是'纸老虎'。"他以击穿跨国公司的技术壁垒为己任，追求技术创新，并组织一支能征善战的本土化的技术研发和制造队伍。一位比亚迪副总裁自豪地说："我们从不对核心技术感到害怕。别人有，我敢做；别人没有，我敢想。"

李书福公开说："我每天甚至连睡觉都在想着自主创新，否则就会被淘汰。"2008年，他在接受采访时表示："吉利不具备花钱买设备和技术的条件。另外，花钱买来的技术和设备也不构成竞争力，因为技术会不断更新，买来的技术总会被淘汰。所以，吉利要具备自己研发、自主创新的能力"。

（1）自主创新要在核心技术上下功夫

掌握核心技术就不会受制于人。任正非说过，"我国引进了很多工业，为什么没有形成自己的产业呢？关键是核心技术不在自己手里。掌握核心，开放周边，使企业既能快速成长，又不受制于人"；"只有拥有核心技术知识产权，才能进入世界竞争。我们的08机之所以能进入世界市场，是因为我们的核心知识产权没有一点是外国的"。格力电器的朱江洪说过："一个没有脊梁的人，永远挺不起腰杆。"董明珠明确指出："没有自己的核心技术，就像被别人套住枷锁一样，控制权在别人的手里。"这是企业难以忍受的。

格兰仕集团进入微波炉行业初期，采用"拿来主义"，引进国外生产线。但是，其不甘居人后，不断整合资源，自主研发，攻克一个又一个技术难关，终于开发出磁控管核心技术，成为技术标准的制定者。2004年在巴黎，格兰仕推出自己创造的新品，从核心技术到款式设计都是自己的专利。这款产品吸引欧盟200多名商家观摩订购，大大提升"中国创造"的形象。

李彦宏十分注意核心技术的掌握。百度拥有数万名研发工程师。这是一支中国乃至世界顶尖的技术团队，掌握着世界上最先进的搜索引擎技术。中国是全球拥有搜索引擎核心技术的四个国家之一。

自主创新必须聚焦核心技术，不能四处出击，盲目创新。任正非指出，"我们只允许员工在主航道上发挥主观能动性与创造性，不能盲目创新，分散公司的投资与力量"；"要防止盲目创新，四面八方都喊创新，那将是我们的葬歌"。

（2）自主创新的关注点，是原始创新能力

中国在比较长的时间里，基本停留在模仿创新中。但是，模仿创新不是真正的创新。真正的创新是没有对象可以模仿的。以后，进入集成创新，但也不能停止在这一阶段，而是要进一步用全新的技术替代传统的技术，这就要求原始创新。2020年，习近平在科学家座谈会上指出："我们必须走出适合国情的创新路子，特别是要把原始创新能力提升摆在更加突出的位置，努力实现更多'从0到1'的突破。"这就是说，企业不能满足于一般应用性的科学技术研究，不能满足于"1到N"的量变，要重视基础研究，特别是理论研究。基础研究是创新的源头活水。"十四五"规划纲要提出，要持之以恒加强基础研究，鼓励自由探索，形成持续稳定投入机制，创造有利于基础研究的良好科研生态。

在原始创新上取得新突破需要理论支持。这是创新的基本前提。有了理论基础的支持，创新就不会盲目探索；有了理论基础的创新，企业才能做大做强。华为在研发上已经获得巨大成就，但任正非清醒地认识到华为的不足。他说："华为现在的水平尚停留在工程数学、物理算法等工程科学的创新层面，尚未真正进入基础理论研究。随着逐步逼近香农定理、摩尔定律的极限，面对大流量、低延时的理论还未创造出来，华为已感到前途茫茫，找不到方向。华为已前进在迷航中。华为正步入无人区，处在无人领航、无既定规则、无人跟随的困境。华为跟着人跑的'机会主义'高速度会逐步慢下来，创立引导理论的责任已经到来。"理论基础创新，需要投入大量精力，需要比较长的时间。从事理论基础创新的科技人员必须沉下心来，踏踏实实地做学问。任正非说过："一个理论的突破，构成社会价值贡献需要二三十年。雅各布突破CDMA的时候是在20世纪60年代。"他又说："高科技领域最大的问题，是大家要沉下心，没有理论基础的创新是不可能做成大产业的。"为此，企业必须为科研人员提供能让他们安下心来进行研究的条件，要真心诚意地尊重他们，改善他们的待遇。华为70%的研究费用用在人员上。人比设备重要。为追求理论创新，华为成立"2012实验室"，主要负责研究开发华为前瞻性技术，这是一个具有战略意义的研发机构，经费上给予极大的支持。在研发预算上，2016年以前，产品线和"2012实验室"的预算是9：1，按照任正非的决定，后调整为7：3，加大对未来不确定性研究工作的投入力度。华为依靠实验室，吸纳世界优秀人才，组成一支庞大的研发队伍。基于这些科学家的理论突破，华为获得了今日的辉煌。5G技术的突破，就是"2012实验室"

科学家沉下心来研究的成果。除了华为外，中国还有一批企业在原始创新方面取得可喜成果，如大疆在民用机领域，比亚迪在电动汽车领域，宁德时代在汽车电池领域，中车集团在轨道交通领域，格力空调在空调技术领域，福耀玻璃在汽车玻璃领域等。它们对本行业的发展具有引领趋势的能力，具有一定的话语权。

有些企业家和学者认为：企业以盈利为目的，注重经济效益，因此，应专注于应用研究，重点是技术创新，基础研究是大学和科研部门的事。在一个国家处在起飞时期，企业处在初创阶段，技术还在摸索、模仿中，产品还在仿制中，这种意见符合实际情况。如果企业已有一定规模，具有一定实力，在向做强、做优奋进中，在向世界一流企业挺进中，那么，企业必须自主进行基础研究，才能更上一层楼。综观世界发达国家，一些尖端技术和顶级产品出自大型企业集团。这些企业投入基础研究的资金甚至超过大学和科研部门投入的资金。

（3）强调自主创新，必须在创新投入上下功夫

2022年，习近平指出："科技创新，一靠投入，二靠人才。" 中国企业的创新观念逐步增强，研发投入不断加大。2005年以来，中国500强企业中提供研发费用的企业基本保持在420家左右，其投入的研发费用逐年增长。2005年，这些企业投入的研发费用总计为1042亿元人民币，到2021年已增加到13066亿元。其中，四大领域的企业投入更为显著，主要是计算机、通信设备及其他电子设备制造企业，防务领域企业，电信及互联网信息服务企业，以及交通运输设备及零部件制造企业。与其他国家比较，中国企业表现十分突出。根据欧盟产业研发与创新经济学项目（The Economics of Industrial Research & Innovation，IRI）发布的数据，全球研发投入最多的2500家企业中，2013年，中国有199家，美国有804家，日本有387家；2016年，中国企业增加到376家，日本365家，美国822家；2019年，中国企业达到536家，日本减少到309家，美国降到775家。

2022年，全国工商联发布"中国民营企业研发投入前10强"榜单。华为、阿里巴巴、腾讯、百度、吉利、蚂蚁科技、美团、京东、快手和网

易投入的研发费用，分别为1427亿元、578.23亿元、518.8亿元、249.38亿元、226.17亿元、188.48亿元、166.76亿元、163.32亿元、150亿元和140.76亿元。

在中国企业中，华为做出表率，表现十分突出。第一，创新投入不断增加。华为能在美欧等国家的打压下屹立不倒，不断壮大，根本的一条是投入大量研发资金，建立一支强大的科研力量。《华为基本法》规定每年以不低于销售额10%的资金投入用于研发，实际的资金投入高于上述规定。2019年，华为研发资金达到167.12亿欧元，超越三星和苹果，仅次于Alphabet和微软，成为全球第三大研发投入的企业，占所有上榜中国企业研发投入的16%。2020年，华为的研发资金增加到1316.59亿元，为销售收入的15%。2021年又增加到1427亿元。第二，集中力量打歼灭战。华为把科技资源聚焦于战略主领域，认准企业的主要目标，集中人力、物力、财力克难攻坚。任正非提醒员工："我们只允许员工在主航道上发挥主观能动性与创造性，不能盲目创新，分散了公司的投资与力量。"任正非对贝尔实验室的研发能力和创新精神十分赞赏，据此在华为设立"2012实验室"。但是，他对贝尔实验室过于宽泛的大范围创新，从而分散了其对通信领域的投入持否定态度。他多次强调，"2012实验室"的创新"只能聚焦在主航道上，或者略略宽一些"，"对于产品的创新是有约束的，不准胡乱创新"。针对华为经营，他还提出"针尖战略"，即将主要力量集中在某一个或少数几个领域，形成针对竞争对手的竞争优势。他把这个战略应用到创新上，要求创新也集中在自己最擅长的、容易把握的少数几个针尖大的领域，在这些领域取得技术优势。

华为在发展过程中，深刻认识到专利的重要性，非常重视开发自有专利，拥有自有核心技术，不仅要求"中国制造"，还要求"中国专利"。因为给予研发大量的投入，所以华为取得丰硕成果。2009年，世界知识产权组织公布2008年全球专利申请情况时表示："第一次，一家中国公司在2008年名列PCT（全球《专利合作条约》）申请量榜首。"从2006年有统计数据以来，华为是中国拥有专利数量和发明专利数量最多的企业。创新成为"华为发展的不竭动力"。由于创新，华为在国际竞争中脱颖而出。

近几年，阿里巴巴投入大量研发资金。它一直坚持研发强大的阿里云系统。目前，在云计算领域，阿里云排名全球前三，与美国的亚马逊、微软的云计算服务商同台竞争。同时，在芯片领域和人工智能领域取得可喜成绩。阿里巴巴曾在云栖大会上推出玄铁C910芯片。这是一个专攻AI领域的处理器，一举打破多项世界纪录。2022年8月，阿里推出"无剑600"芯片开发平台。这是基于RISC-V架构打造的芯片开发平台。它有助于打破X-86和ARM架构的垄断，具有重要的战略意义。根据权威排行榜CLUE的最新排名，阿里AI在人工智能中文语言理解领域获得86.685分。这体现出阿里在科技领域做出的贡献，创新才能使阿里永葆青春。

百度的李彦宏，为了发展人工智能，加大投资力度，邀请人工智能领域的顶级科学家加盟，于2013年建立百度深度学习研究院（Institute of Deep Learning，IDL），并且取得很好的成绩。李彦宏说："希望百度IDL像贝尔实验室、施乐帕克研究中心一样的顶级研究机构，为中国、为全世界的创新历史再添一笔浓墨重彩！"他本人成为率先推动人工智能前沿科技研究的企业家之一。2015年，他倡议在国家层面建立"中国大脑"，以人工智能为核心，抢占新一轮科技革命的制高点。2021年，百度在研发方面投入资金249.38亿元，研发强度（研发投入占生产总值的比例）2018—2021年分别为15.24%、19.25%、23.49%、18.12%，是国内企业研发投入占比最高的。

吉利集团为了自主研发、自主创新，投入大量资金。2008年后的10年内，吉利集团研发总投入超过1000亿元。2018年全集团的研发投入超过210亿元，占全年销售总收入的6.4%，与世界知名汽车公司研发投入持平。2021年，研发投入增加到228亿元。吉利已在全球建立研发网络，在全球拥有五大工程研究中心和五大造型设计中心，掌握动力总成、整车架构、新能源、智能制造、自动驾驶、智能网联等核心技术。2019年，吉利在全球拥有超过两万名的研发设计人员；拥有各种专利约1.8万项，其中发明专利2300多项。它创建全球顶尖的新能源研发团队，实现百分之百自主研发的中国新能源技术体系的构建和架构解决方案的提出。

比亚迪集团的技术人员超过3.5万人。集团设有弗迪电池、电力科学、半导体、汽车工程、产品规划及汽车新技术、弗迪动力、弗迪科技、商用车、轻轨交通、电子科技和中央等11个研究院，陆续推出刀片电池、DM-1超级混动、e平台3.0等核心技术。2022年，比亚迪研发投入占营业收入的5.46%。截至2021年4月，比亚迪全球累计申请专利约3.5万项，其中已被授权专利约2.1万项。它的专利创新指数、数量和强度均居中国新能源汽车领域的榜首。

宁德时代在短短的时间里，做出非凡成就。根据SNE Research的统计，公司在2017—2021年动力电池使用量上，连续五年排名居全球第一位；2021年市场占有率达到32.6%。另据中国汽车动力电池产业联盟数据，2021年宁德时代装机量在中国居第一位，装车量占比高达52.1%。它的产品远销35个国家和地区。目前还不断推出创新型产品。这与它在研发上的大量投入分不开。2021年，宁德时代研发投入为76.91亿元，占全年营业收入的5.9%。2021年年末，宁德时代拥有研发技术人员10079名。研发团队的规模和实力在行业内均处于领先地位。它拥有境内专利3772项、境外专利673项。

格力的董明珠表示，格力电器在创新和研发上的投入是永不封顶的。2013年，格力就已经拥有5000多名科技研发人员、2个国家级技术中心、4个研究院、28个研究所、500多个实验室；年投入研发资金远超国际同行。2019年，格力电器公布了四项获评"国际领先"的技术：高效动压气悬浮离心压缩机关键技术及应用，高效磁阻变频涡旋压缩机技术，新能源客车用无稀土磁阻主驱电机系统，高性能直线伺服电机及驱动器。

李东生创建的TCL，从一家只能生产磁带的小企业，发展、壮大成在全球拥有42个研发机构和32个制造基地，掌握高端显示技术的企业集团。

海尔集团，自2005年有统计以来，其研发投入强度基本保持在4%~6%，从而逐渐形成"技术、专利、标准"的联动模式，以用户为中心，以技术创新为驱动，以专利为机制，以标准为基础和纽带，打造了开放的产业创新生态圈,实现技术创新从跟跑到并跑再到领跑的根本性跨越。家电行业中的美的集团虽是后来者,但奋起直追,现在已进入世界500强企业榜单。它在全球布局研发体系和科学家人才体系,拥有35个研发中心,研发人员超过1.8万名。海尔和美的不断探索各种创新,率先向智能制造转型升级,各种先进技术不断被应用到研发、设计、制造等环节。在全球103家"灯塔工厂"(最大特点是智能化、数字化、自动化等技术的集成与运用,大量采用自动化、工业互联网、云计算、大数据、5G技术等)中,海尔、美的各入选四家。这在全球都是领先的。

(4)自主创新、吸纳人才是首要的

习近平强调:"创新驱动实质上是人才驱动,谁拥有一流的创新人才,谁就拥有了科技创新的优势和主导权。"他还指出:"必须积极营造尊重人才、求贤若渴的社会环境,公正平等、竞争择优的制度环境,待遇适当、保障有力的生活环境,为人才心无旁骛钻研业务创造良好条件,在全社会营造鼓励大胆创新、勇于创新、包容创新的良好氛围。"

李书福对此有深刻的认识。他说:"创新是民族进步的灵魂,人才是创新的第一资源。"

企业要不计成本,下大气力引进、培养并用好视野开阔、有前瞻性判断能力、跨学科理解能力及组织领导能力的科技领军人才;要努力引进、培养、用好大批卓越的科技人才,形成一支具有敬业奉献精神和技术创新能力的科研力量;要营造出鼓励大胆创新、勇于创新、包容创新、有利于创新人才成长的氛围,有效调动所有员工的创造力,建立一支能打硬仗、打大仗、打胜仗的科技队伍,把企业打造成强大的创新主体。

华为在这方面做得十分突出,研发力量十分强大,研发人员占据员工总数的50%以上。据报道,仅"2012实验室"就有两万多人,其中有700名数学家、800多名物理学家、120多名化学家,还有6000—7000名的基础研究专家。对研发人员华为坚持给予优厚的待遇。

(5)自主创新不是独自创新、封闭创新,而要开放创新、协同创新

自主创新并不意味着闭门造车,不接受外来研究成果,而是要打破封

锁和束缚，在充分吸收、借鉴、利用国内外研究成果的基础上，进一步研究，获得自我创新的成果。也就是说，自主创新要踩在巨人的肩膀上前进。习近平指出："自主创新是开放环境下的创新，绝不能关起门来搞，而是要聚四海之气、借八方之力。"对企业来说，这有两层意思。

一是企业要重视吸收、利用国外技术。王传福不迷信国外技术，但他不忽视吸收、学习国外技术。他说："我们一定要站在世界比较领先的平台上去做……"

二是国内企业要重视与其他企业，以及大学院校、科研机构的合作。坚决拆除制约知识、技术、人才等创新要素流动的壁垒；加强多方交流与合作，共同创新，共享成果。

企业创新不受限于企业本身的活动。企业可以单打独斗，但是有效的办法是，打破企业内外的界限，有目的、有意识地把企业内部资源与外部资源整合在一起，协同创新。在这种协同创新中，企业要努力使自己成为技术创新决策、研发投入、科研组织、成果转化的主体，以此提高科技成果转化成效。企业可采纳的形式有：与其他企业合作创新；产学研协同创新，企业发挥出题者的作用，牵头与高等院校、科研院所及其他创新主体组成协同创新联合体，展开高效强大的共性技术研究，实行产学研一体化。

《华为基本法》提出："广泛吸收世界电子信息领域的最新研究成果，虚心向国内外优秀企业学习，在独立自主的基础上，开放合作地发展领先的核心技术体系，凭借我们卓越的产品自立于世界通信列强之林。"

张瑞敏力主海尔采用开放式创新的方式。企业确定项目后，遵循开放、合作、创新、分享的理念，在全球寻找具有一流资源、智慧和创意的合作伙伴，结成利益共同体，共同研发，共同创新，共同分享成果。海尔有一句口号："世界就是我的研发部，世界就是我的人力资源部。"

有些特别重大、特别复杂而又迫切需要解决的核心技术创新，尤其是那些共性的技术创新，不是某一企业单打独斗可以完成的，需要相关企业、众多部门协同研发，政府部门可以出面把有关单位组织起来，攻坚克难，联合创新。2022年，中央全面深化改革委员会第二十七次会议指出：

"健全关键核心技术攻关新型举国体制，要把政府、市场、社会有机结合起来，科学统筹、集中力量、优化机制、协同攻关。要加强战略谋划和系统布局，坚持国家战略目标导向，瞄准事关我国产业、经济和国家安全的若干重点领域及重大任务，明确主攻方向和核心技术突破口，重点研发具有先发优势的关键技术和引领未来发展的基础前沿技术。"截至2022年，国家已经建立24个国家级制造业创新中心，2022年11月，工信部批复将组建3个创新中心：国家石墨烯创新中心，国家虚拟现实创新中心和国家超高清视频创新中心。

（6）营造鼓励创新的氛围，最大限度地激发各类人员的创新能力和活力

一是要有一整套创新激励机制，实行按贡献分配制度，把科研人员的报酬与创新贡献挂钩，激励科研人员的创新积极性。

二是要有宽容的创新环境，打破制约创新的种种障碍。要鼓励独立思考，鼓励批判性精神，允许质疑和挑战权威，不唯上、不唯书、只唯实。只要有利于进步，有利于发展，有利于提高科技水平的一切观点、主张，都给予充分的支持。任正非认为，创新者需要一定的空间来拓展自己的思维，需要一定的自主权来完整地表达自己的想法和主张，公司应该为其创造必要条件，宽容其个人的行为表现。只有具备良好的创新环境，只有对创新人员表现出足够的宽容，才会激发出更大的创新能力，产生更多更好的创新成果。

三是社会各方应当包容创新者。有些创新者常常表现出天马行空、个性张扬、行事怪异的一面。据说，乔布斯行事叛逆，脾气古怪，自大，自私。又据说，爱因斯坦、爱迪生等人都有道德瑕疵。爱迪生曾打压、排挤过尼古拉·特斯拉（Nicholas Tesla，特斯拉汽车就是以他的名字命名）。但是这些人都是天才。

四是鼓励创新，必须允许失败。这也是最重要的。自主创新不会与生俱来，也不可能一蹴而就，特别是技术创新。它有一个摸索的过程、积累的过程、储备的过程。创新，特别是原创性创新，是前所未有的，本身就充满了未知。在创新过程中，创新者必然要试验，在试验中失败必然会发

生。不经过试验，没有失败，不允许失败，也就没有创新，或者腰斩了创新。习近平曾指出："创新从来都是九死一生，但我们必须有'亦余心之所善兮，虽九死其犹未悔'的豪情。"创新者要有虽九死犹未悔的情怀，而社会各方也应该清醒地认识到创新的艰难。当研发人员摸索前进时，要鼓励他们；当他们获得一丝成功时，要恭喜他们；当他们失败时，要安慰他们，并鼓励他们再接再厉。

（7）商业模式的创新也是企业创新的一个重要方面

技术创新是创新的核心、关键，但不限于技术。德鲁克对创新的定义是："创新就是通过改变产品和服务，为客户提供价值和满意度。"他还说过："所谓创新，就是市场或社会的一项变化。它能为用户带来更大收益，为社会带来更强财富创造能力，以及更高的价值和更强烈的满足感。"其他方面的，没有什么技术含量的或技术含量不高的创新，如果是社会需要的，有很高的商业价值，能给企业带来巨大利润，这也是一种创新。宋志平说："企业的创新成功与否，往往不以科技高低论，而应以最后是否赚钱论。"他还说："创新不要动不动就追求高科技，其实中科技、低科技、零科技也都可以创新，像今天的许多互联网商业平台，大多数是零科技的商业模式创新。"阿里巴巴、京东等，只是应用互联网技术创建一个电商平台，却创造了巨大的商业价值。国外的商业模式创新也不少，如麦当劳。在技术上，它没有发明任何新的东西，任何一家不错的美国餐厅早就生产它所供应的产品了。它只是研究顾客关注的需要，将"产品"标准化，设计制作流程和工具，并基于工作分析设定标准，根据标准培训人员，由此开创新市场和新客户群体，开创获利颇丰的事业。其他的，如肯德基、星巴克、家乐福等也一样，它们采用了新的商业模式，创造出巨大的利润。因此，强调技术创新的同时，企业绝对不能忽视其他方面的创新。

五、实施完善的企业管理

（一）企业管理在企业崛起中的重要性

企业规模的大小、企业存续时间的长短，在很大程度上取决于企业经营者运营企业的能力。经营者如果运营企业得心应手，那么企业顺畅发展的概率大。如果经营者失去对企业的控制，那么企业离失败为期不远。可以这么说，管理是做好企业的基本功。企业管理得不好，即使有先进的技术、最新的商业模式，产品质量也上不去、成本下不来、服务做不好，企业难以做大做强。因此，企业经营者必须经历现代企业管理的训练，不断提升其对企业的管控能力。

经营者对企业的经营，是通过管理进行的。管理是通过企业文化和企业制度实施的。管理者，尤其是中高层管理者，如果只精通业务，不懂得如何抓制度建设和文化建设，那么他就不是合格的管理者。企业制度是企业文化的外在表现。企业各项制度无不反映企业文化的内涵。任何管理制度和规则的制定都必须符合企业文化的要求。企业文化是企业管理制度的"魂"。企业文化是软性的，而企业管理制度是刚性的，是每名员工都必须遵守的。软性的文化，体现在刚性的制度中；刚性的制度，需要依靠软性的文化来推动，依靠软性文化的润滑而运转。

任正非十分重视管理。他说："我们是否正确认识了公司的生死存亡必须来自管理体系的进步？""所有产品都会过时，被淘汰，管理者本人也会更新换代，而企业文化和管理体系则会代代相传。因此我们要重视企业在这个方面的建设，这样我们公司就会在奋斗中越来越强，越来越厉害。"他还说，"管理是世界企业永恒的主题，也是永恒的难题。华为在第二次创业中更加不可避免"；"管理是构成华为整个体系的一个重要组成部分……由于建立了比较完善的管理体系，如今华为公司各个方面、各个部门的管理都卓有成效,企业的运作变得更加高效,发展也变得更加平稳。如果说先进的技术是华为的核心生产力,那么先进的管理则是华为的核心竞争力"。《华为基本法》指出:"一个企业怎样才能长治久安,这是古往今来最大的一个问题。我们十分关心并研究这个问题,也就是说推动华为前进的动力是什么,怎样使这些动力长期稳定运行,而又不断地自我优化。"这就是说,要用制度建立一个基业长青的企业,一个可以一直向世界级企业迈进的企业。

管理的任务是将各种独立存在的生产要素完善、有效地组织起来,充分发挥它们的作用,以不断创新的技术,生产出过硬的产品,或提供消费者满意的服务,开拓出广阔的市场,为企业创造更多的财富,为满足社会需求、国家经济发展做出贡献。

(二)企业管理制度和方式

企业管理制度和方式,随着社会经济的变化和企业本身的发展而相应改变。没有任何一种管理制度可以适用于任何一家企业或者一家企业的任何阶段。制度都有其两面性,经营者要发挥制度的正面作用,也要注意其缺陷。

企业管理制度和方式随着时间、条件的变化而改变。1954年起,国家对资本主义工商业进行社会主义改造,逐步发展为企业的公私合营,公私双方共同经营企业,公方代表居于领导地位。苏联援助中国建设156个工业项目,这些项目的管理模式都是照搬照抄苏联的。1956年,毛泽东发表《论十大关系》。国营企业在发展过程中创造出"鞍钢宪法"。在不断总结经验的过程中,形成《国营工业企业工作条例(草案)》(简称"工业七十条")。这些都是计划经济体制下的产物,不能完全满足改革开放后社会主义市场经济下大型国有企业管理的需要。

改革开放后逐渐创立和发展起来的民营企业缺乏管理经验。多数民营企业初创时期,规模较小、产品单一、人员不多、市场窄小,企业的一切行为往往由企业主一人决策，一般采用直线型组织结构，权力集中于个人。企业的发展和扩张，企业主的权威起到很大的作用。一旦企业规模扩大，产品品种增多，员工人数增加且人才多样化，市场由国内个别地区扩大到全国，甚至进入海外市场，家长式的或传统的管理方式难以满足需要。

因此，不论国有企业还是民营企业，都必须引进先进的企业管理理念，采用现代化企业管理模式。

（三）建立有效的、完善的管理模式

创建有效的、完善的企业管理模式，企业需要考虑两点。一是企业管理的科学性。管理有一定的规律，它具有普遍性。18世纪中期开始第一次工业革命，自此，西方国家建立起现代化工业，企业管理的必要性开始显现。随着生产技术的不断进步，生产社会化日益提高，管理任务和职责更趋复杂，管理重要性更为显著，管理涉及的形式、技术和方法等更加多样化、更加充实。经过近三百年的实践，企业在管理方面已经取得丰硕成果，总结了科学性的管理理论和方法。二是企业管理的特殊性。管理科学的具体运用，将随着企业所处时代及所处的社会经济、文化等不同而不同。硬搬教条，管理效果适得其反。只有充分考虑这两点，才能创建出适合中国企业的有效的管理模式和管理思想。当然，适合企业管理模式的形成，是建立在总结中国众多优秀企业实践基础上的，不是少数企业短期内能完成的。

1. 引进国外先进管理思想、模式和方法

站在别人的肩膀上，就可以高人一头。"他山之石，可以攻玉。"这都是前人告诉我们的宝贵经验。现代化企业发端于资本主义社会。它们有近三百年的历史，有着丰富的理论和无数宝贵的实践经验。中国真正比较成规模地发展现代化企业的时间短，没有很多的经验可以总结。因此，借鉴国外现代化企业的经验和教训，学习它们的做法，可以少走弯路。1997

年，任正非在一次干部大会上向管理层发问：我们中间哪一位曾经管理过年销售额100亿元人民币的公司？会上没有一个人回应。任正非接下来就说，那么，华为怎么办？只有一条路，向先进学习，向美国学习。任正非说："拿来主义是好东西，西方已经成功的管理思想、技术，我们为什么要拒绝呢？"他还说："我们要学习美国先进的东西，才可能超越美国同行。"

借鉴资本主义现代化企业的管理理论和经验，不是照搬照抄。第一，资本主义企业管理理论与实践，具有两重性。它是为资本获取利润服务的，又是符合现代化大生产所需要的。因此，必须有批判、有分析地利用它，取其精华，去其糟粕。第二，春秋时期的晏婴说过："橘生于淮南则为橘，生于淮北则为枳。"由于时间、地点、条件的不同，适用于西方发达国家企业的理论和模式，未必全部适合中国企业。因此，借鉴他国的好经验、好方法，不能照葫芦画瓢，必须将好经验、好方法和中国企业的实际结合起来，避免好经验、好方法因为水土不服不发挥作用。借鉴也不能固化，中国企业还应该结合自己的情况，不断地改革、发展、完善、创新管理理论。管理创新是企业创新的一个重要方面，中国企业应该创建出适合中国现代化企业的管理理论和方法。

不少企业家在结合他国经验和企业实际情况建立自己管理体系、方法方面，获得成功。

海尔的张瑞敏，他有"中国管理之父"之称。在他的带领下，海尔形成OED管理模式（简称"'日日清'制度"）。它要求所有人员，上至总裁，下至一般员工，都清楚自己应该干什么，干多少，按什么标准干，达到什么效果。当天发现的问题，必须当天处理。在此基础上，又增加"日日高"的内容。张瑞敏认为，在市场竞争中，要敢于不断地否定自己的过去，自己先打倒自己，才能立于不败之地。

华为在创建初期，工作重点放在技术创新与研发上。随着企业的不断发展，员工日益增多，市场竞争越发激烈，特别是在20世纪90年代末华为走向世界，任正非逐渐认识到管理的重要性，认识到过去小公司那套管理方式必须抛弃，必须建立适应现代化大企业应有的模式。他先后组织团队到欧美日的企业，如爱立信、思科、西门子、朗讯、IBM、Hay等公司，考察学习。这些公司都是华为的竞争对手。但是，任正非认为，应该"不带成见地认识对手，认真向他们学习好的东西，才有希望追赶上他们"。他在美国IBM公司整整听了一天关于管理的介绍，又花三天时间学习、消化，获益匪浅。他说："我们只有认真向这些大公司学习，才会使自己少走弯路，少交学费。IBM是付出数十亿美元直接代价总结出来的，它们经历的痛苦是人类的宝贵财富。"华为向国际大企业考察、学习，引进西方某些知名企业的管理技术。其中最为重要的是美国IBM的流程化管理。任正非察觉到华为公司的一个最大问题是，各部门、岗位各自为战，缺乏必要的合作与联系，以至整体工作陷入盲目无序状态。对华为而言，建立一套完善的流程管理体系迫在眉睫。1998年，华为与IBM公司合作，掀起华为内部管理的大革新运动。华为启动"IT策划与规划（ITS&P）项目"，全面构建客户需求驱动的流程和管理体系。该项目包括集成产品开发（IPD）整合、集成供应链（ISC）流程、人力资源管理、财务管理、营销管理、质量控制等方面。

以产品集成开发为核心的流程化管理变革，历时五年之久，对华为内部各部门和各环节进行一次完整、彻底的革新。公司的每个部门、每位员工都有一份详细的流程图。其中规定每个部门、每位员工的工作内容、工作步骤，让每位员工都能找到自己精确的职业定位，严格按照流程配合工作，进而有效保障工作流程的精确度，保障工作的协调性，整个公司的运作十分顺畅、效率快速提升。

华为除了重点引进学习流程管理体系外，还在组织结构上进行大变革。

在企业组织结构方面，企业有各自的特点。总体上来说，组织结构经历了以下变革：先是个人集权制；集体决策代替个人决策，或者说是实行民主集中制原则的决策机制；授权制或分权制代替一切权力集中于一人的集权制；简单、直线的组织结构被"矩阵结构"或称"二维组织结构"替代。

华为的组织结构，随着企业业务由小到大，由简单到复杂，由国内扩展到世界，在华为学习国外先进管理体系中，也经历了多次变革。2003年华为进行了第一次组织结构变革,从集权式结构向产品线结构转变,以应对快速变化的市场。2007年和2010年,又相继进行变革,逐渐形成矩阵结构。在矩阵结构中,横向上,按照职能专业化原则设立区域组织,为业务单位提供支持、服务等,使各业务运营中心在区域平台上以客户为中心开展各自的经营活动;纵向上,按照业务专业化原则设立业务运营中心,分别设立经营管理团队,按照对应客户需求确定相应的目标、考核及管理运作机制。这种组织结构的实行,有效地把事业分工和专业职能分工有机结合起来,把华为内部不同机构、不同职位的工作人员紧密联系起来,形成一个整体性、纵横交错的网络,使整个企业成为一个统一、合作的团队。实行这种组织结构的好处:一是,由于决策权推移到一线,大大缩短决策链,决策者可以更快地察觉到不同国家、不同市场中的各种环境因素的变化,并对运营管理中出现的问题快速做出反应;二是,这一组织结构是面向市场设计的,研发人员可以根据不同市场的客户需求,有前瞻性地研发新产品,满足客户的多样化需求,有利于企业获得新的利润增长点。

当然,这种组织结构不是永远稳定的,它会随着形势的变化而变化。

人力资源管理方面,华为向Hay公司学习,与其合作。职位体系、任职资格体系、薪酬体系、绩效管理体系,以及员工素质模型、领导力素质模型等都是从Hay公司引进的。

2. 管理思想和管理模式要体现中国的实际情况,体现企业的实际情况

管理思想和模式要体现中国的实际情况,主要包含两层含义。一是体现中国文化。企业管理思想和模式都不是凭空产生的,都要受到该社会文化的影响,具有社会文化的烙印。这一点在企业文化中有所论述。二是中国是社会主义国家。企业是社会的经济细胞,它的生存、发展、壮大,脱离不了所处的社会大环境。

任何管理模式,只有适合所在地方的社会环境和文化环境,才具有生命力,才能发挥出有效的作用。因此,建立有效的、完善的企业管理制度,必须把科学的、先进的管理思想和方式与中国实际情况相结合。同时，企业都有自己的、独特的情况，如企业性质、环境、规模、能力等。因此，还必须结合企业的实际情况，在实践中不断探索、提炼出与其自身匹配的、有效的、完善的管理思想和方式。

20世纪90年代，中国很多企业引进国外先进管理制度，但有些企业没有很好地将它与中国实际情况及企业实际情况相结合，导致引进的管理制度水土不服。引进管理制度，不能忘记中国实际情况，不能忘记自己的企业文化，特别是企业的核心价值观。在这方面，任正非很清醒。他十分重视企业的核心价值观在管理升级中的重要作用。《华为基本法》把华为的文化、华为的核心价值观融进管理制度，把企业文化和核心价值观作为企业建立管理制度的基础。《人民日报》评价《华为基本法》，"它是中国民营企业走出混沌，完成系统思考的标志"。当然，这只是起点。华为的管理制度仍在不断完善。

在结合西方国家的企业管理思想和方式与中国企业实际情况方面，各家企业有自己的做法，不能强求统一。

华为的做法：从国外众多企业中"寻求最合适的体系"，进行学习引进；坚持"先僵化，后优化，再固化"三步走战略。三步走战略，即先强制性地套用国外的管理模式，通过试用，总结好与坏、合适与不合适；然后依据华为自身特色和实际情况，吸收引进管理制度中好的方面，摒弃不合适的，进行改进和完善，进行创新和优化，打造出具有自身特色的管理体系；最后，确定最终形成的比较完善、比较有效的管理制度后，使其保持在一个相对稳定的状态，持续存在一段时期，不轻易变动，实现规范化、制度化、程序化。通过三步走战略，华为的管理体系日臻完善，在经营管理企业中发挥日益重要的作用。

海尔的做法是一边学习，一边根据实际情况及时修正。

（四）正确处理企业科学化管理与人性化管理的关系

企业管理的基本任务是把各种生产要素科学合理地组织起来，使其达到最佳状态,从而企业获得最大成果。这也是判断企业管理方式优劣的原则。

各种生产要素的组织活动都是企业员工完成的。他们是企业的主力军。因此,能否正确处理企业管理者与被管理者的关系,直接影响企业运营的成败。从企业管理发展过程来看,对这种关系的处理,有两种方式:一是严格的科学化管理;二是宽松的人性化管理。正确处理两者关系,取决于两方面因素:一方面是对人性的认知和判断;另一方面是社会生产力的发展和社会文明的进步。

1. 对人性的认知和判断

对人性的认知和判断,中西方都有两种对立的看法。中国自古就有性本善与性本恶的分歧,因此治理措施有所不同。法家强调峻法严刑,达到"以刑去刑"(《商君书》)的效果。儒家强调"德主刑辅""任德教而不任刑"(《汉书·董仲舒》)。

西方国家基于对人性不同的认知也有两种对立的管理理论。美国麻省理工学院教授道格拉斯·麦格雷戈(D·McGregor,1906—1964)1960年在《企业的人的方面》中把对人的管理分为两种不同理论:一种称为"X理论",一种称为"Y理论"。X理论认为:一般的人有好逸恶劳、好吃懒做、尽可能逃避工作的特性,而且这些人缺乏抱负,甘愿受人领导,以避免责任,力求安全。这个理论对人的看法是静态的。Y理论对人的看法如下。第一,人并不天生厌恶工作,相反,他们在工作中运用智力、体力,正如游戏和休息一样自然。他们对工作的喜爱与憎恶,取决于这项工作对他而言,是一种满足,还是一种惩罚。第二,一般人不但接受责任,而且追求承担责任。第三,为目标做出贡献,对他们的最重要的报酬,是自尊和自我价值实现的满足。这个理论对人的看法是动态的,认为人是成长和发展的。由此,形成两种不同的管理方式。X理论主张,制定严格的规章制度,对员工严加管束,强制性监督、指挥,并以惩罚为威胁,才能迫使他们付出足够的努力完成组织的目标。它强调等级制,强调指挥、控制、监督、惩罚。Y理论则主张,不能强调单纯的绝对控制,外部的控制、监督、惩罚，不是促使员工努力完成组织目标的唯一方法。人们在为自己认同的工作目标服务中，能够自我发挥和自我监督。它强调：调动人的积极性，发挥人的主动性；采用一体化原则，把个人目标和组织目标一体化；企业创造条件，不断地鼓舞企业成员自愿使用、发挥其能力、知识或技能，来达成企业目标，同时圆满地达成个人目标。

其实，人在出生时，白纸一张，无所谓善恶、正邪。后来才会有善恶的观念。任何事物都具有两面性，人性也会如此，有善有恶，有正有邪；有好逸恶劳一面，有勤劳奋斗一面；有利己一面，有义他一面……正因这样，就要有教育的指引、道德的规范、法律的制约，鼓励善、正，遏制恶、邪；使善、正始终居于主导地位，对恶、邪始终保持警惕，尽可能消除恶、邪。在管理上的体现就是激发、引导与控制、监督都不能偏废。两者孰轻孰重，则要根据当时当地的实际情况而定。

2. 受社会生产力发展、社会文明进步及现代化企业特点的影响

在经济发展水平不高、教育不够普及、人的觉醒程度偏低的情况下，管理上往往实施严格的监管、控制、惩罚。西方资本主义发展初期的X理论和"科学管理"是这种管理理论和管理方式的代表。随着社会经济不断发展，科学技术日益进步，教育程度和文化水平逐渐提高，人的思想意识和行为举止必然发生改变，对人的管理的立足点和管理理论、方式，必然做出相应的改变。Y理论、行为科学等，逐渐重视人的作用，主张以人为本，强调引导、尊重、激励，强调唤醒人的自觉性，调动人的积极性，发挥人的主动性，激发人的创造性等。西方管理大师德鲁克说："管理的本质在于激发人的善意和潜能。"这就要求企业给予他们一个相对宽松的管理环境和自主的工作环境，提高他们投入工作的积极性和自觉性。随着社会的不断进步，人性觉悟日益增长，人权要求日益突出，企业员工的上述要求越来越强烈，相应地，企业要降低管理的刚性度。

改革开放后，中国企业管理的基本发展趋势与西方国家的企业相似。在初创时期，企业基本是人治，企业主权力至高无上，企业员工即被管理

者，只能听命行事。企业发展壮大了，业务复杂繁多，员工增多，多数企业向西方国家的企业学习，建立严格的科学管理制度，实行管理科学化。随着企业进一步发展，科技含量增加，企业结构发生改变，企业员工的构成发生极大的变动。知识化的员工比重逐渐提高，特别是互联网时代及智能化、数字化时代的员工，他们更富有个性、更加"自我"。对于这些员工的管理，立足点应有相应的改变，应从监管、控制转变成激励、激发。激励、激发他们的积极性、创造性显得至关重要。不少企业逐渐认识到人性化管理的必要性。但是有些人认为，运用激励的方式，激发员工的主动性，调动员工的积极性，从本质上说是利益驱动，还是把人看作达成企业目标的工具，只是实现"以人为本"的初级阶段，今后还有很长的路要走。不知道是不是出于这样的认识，有些企业家，如张瑞敏，进一步提出"无为而治"的观点，认为这是企业管理的最高境界。他主张："所有的员工从原来企业的被动执行者变成自主人"，"让每个人成为创业主体"；"每个人既然是创业主体，就可以充分发挥想象力和潜在价值"，从而"让每个人的价值最大化"。而要让所有人成为自主人，其必要条件是"活力的释放"，"要做到这一点，就需要归还三权，即将企业CEO拥有的决策权、用人权、分配权归还给员工"。"只有归还三权，员工才有可能成为自主人。"他认为："规则之下扼杀了所有人的积极性、创造力。"他说过一段很有意思的话。他说："组织里的每个员工就像一粒沙子，传统的管理方法是控制和监督，努力地攥住他们，攥得他们没有发展余地。然而，攥得越紧，沙子越从指缝里漏出来。现在我们不是去履行这种控制员工的管理思想，而是去搭建各种各样的平台，让平台为员工提供充分的支持。这些平台相当于把手掌伸平了，托着的沙子肯定比攥着的时候多。但是每粒沙子要跟其他沙子粘在一起，就是'纵横连线'。这样，沙子有自己的发展空间，能够实现自我发展，而且不会从手掌上掉下去。"他还提出了两句口号：一句是"人人都是CEO"；另一句是"企业即人，人即企业"。"企业即人"，意思是企业不再是管理员工的组织，而要变成一个资源支持平台。在这个平台上，员工可以充分发挥自己的创新精神。"人即企业",意思是员工不再是执行上级命令、完成任务的下属,而是要把自己的智慧、想法付诸实践,甚至创造一个企业,成为创客。他说,"企业要由管控组织变成创业平台,员工由执行者变为创客","没有指挥者,而是自我指挥"。王传福的管理理念与张瑞敏相似,他说,比亚迪的管理是"按市场规律,达到无为而治。因为企业管理的极致就是员工自己管理自己,最终取消管理"。

从现代化企业的特点和现实情况来看,把人性化管理推到极致,管理上"无为而治"是理想型的观点,在当前难以全面推行。理由有两点:一是生产关系要适应生产力的发展,人的思想、观念、觉悟,是由所处的社会经济状况决定;二是企业,特别是现代化大型企业与任何组织一样,它的整体运行,必须按照其应有的规律运行。在合理组织各种生产要素的运行中,不能没有具有权威的领导核心和管理等级,不能没有秩序和服从,不能没有规矩和纪律。没有权威的领导核心和管理等级,就无法统帅整个企业按照既定目标发展;没有秩序和服从,杂乱无章,一盘散沙,企业难以顺畅有效运行;没有规矩,没有规章制度,没有纪律,不能成方圆,员工各行其是,执行无力,企业难以按正确的轨道前进。企业必须有科学化的管理。当然,在推行科学化管理中,企业要注意以下三点。一是牢记企业管理的目的,管理不是为管理而管理,而是合理地组织各种生产要素,使企业运营顺畅,减少不必要的开支,增加企业的收获,即管理的目的是多打粮食。二是管理不能固化、僵化,必须随着内外形势的变化不断调整、完善。三是管理不能过度。如果企业组织重床叠架、企业运作手续烦琐,企业的整个运行必将缓慢,同时严重伤害员工的主动性、积极性。管理的僵化和过度必然抑制企业的活力,从而阻碍多打粮食目标的实现。

综上所述,不论是从人性考虑,还是从社会生产力发展水平考虑,处理好科学化与人性化的关系要注意以下两点。

第一,在当前情况下,传统的对人进行严格控制与监督的管理方式已不符合"以人为本"的理念。张瑞敏、王传福所说的最高境界"无为而治"的管理理念处在理想状态。因此,对于强调现代化大生产规律的科学化管理和遵照"以人为本"的人性化管理，企业应该都抓起来。科学化管理与人性化管理既矛盾，又相互依存。成语刚柔相济、宽严相济，都形象地表达了这种理念：两者不可缺一，它们是相辅相成的。

第二，正确处理两者关系，把企业管理的科学化和人性化妥善地结合起来，需要在两者之间找到一个平衡点。这个平衡点既不是两者平分秋色、各占一半，也不是固定不变的，是要根据企业实际情况（企业的类型性质，规模大小，科技含量的多寡，人员素质的高低，企业文化的优劣，以及企业处于产业生命周期的阶段等）来确定。它是随着历史的发展、社会的进步、人民觉悟的提高，不断地由前者往后者移动、靠拢。

两者之间的正确关系，也就是企业管理的理想状态：按照企业运营规律，在具有权威的核心领导下，遵照必要的规章制度，对企业进行有序、有效的科学化管理；同时，在科学化管理中，实现所有企业员工自我管理、自我控制、自我调节、自我引导，自我发挥，充分调动他们的自觉性、积极性，激励他们主动承担应有的责任和义务，充分发挥他们的能力，从而出色地完成任务，为企业创造更多更大的价值。要找到这个平衡点，并且付诸实施，企业领导人和管理高层需要运用他们的智慧和领导艺术。

（五）企业管理的三个重要方面

企业管理是一个完整的系统，它包括多个方面、多个层次，包括管理理念、管理方式、管理方法等。按照涉及的方面划分有计划、生产、营销等；按照管理对象划分主要有人、财、物三个方面。其他管理基本是由此派生出来的。

1. 企业的产品管理

产品管理的核心是产品的质量管理。产品的质量管理，贯穿企业从产生、发展到成熟的全过程，还涉及企业运营的各个环节，从产品设计、生产设备购置、原材料零部件供应，到生产组织、工艺、操作，到仓库保管、运输、销售,再到售后服务等。保持并不断提升产品质量,需要各环节的密切协同作战,加强产品质量管理也能带动企业整体管理水平的提高。

产品质量是企业的生命,是提高企业竞争力的关键因素。西方国家企业比较重视产品质量。管理质量的方法很多。中国企业熟知的、比较有效的方法有质量管理小组(QC)、8D、六西格玛管理等。美国福特汽车公司的8D,即组建一个跨部门、跨职能的小组,由不同专业、不同层次和具有不同知识经验背景的人组成。他们在第一时间解决问题,防止问题扩大;然后找出问题出现的原因,采取永久性纠正措施,预防问题再次发生;最后,总结和推广经验。美国摩托罗拉公司的质量管理方法——六西格玛管理,追求的是"零缺陷"。

改革开放后,中国企业对产品质量的重视程度逐步提高。很多企业把产品质量看作企业的生命线。海尔的张瑞敏砸了不符合质量要求的电冰箱,吉利的李书福用压土机把100辆不合格的汽车压碎。他们用实际行动倒逼员工重视产品质量,把产品质量逐步提高到国际水平,为企业国际化奠定坚实的基础。

在质量上,航天工程容不得一丝一毫的差错。对质量要求特别严格。2013年,《航天产品质量问题归零实施要求》开始实施。这是中国航天科技集团公司等三家单位发布的标准。质量问题归零,包括技术归零和管理归零。技术归零有五条要求:定位准确,机理清楚,问题复现,措施有效,举一反三。管理归零有五条要求:过程清楚,即查明质量问题发生、发展的全过程,分析其原因,查找薄弱环节或漏洞;责任明确,即分清造成质量问题的责任单位和责任人应承担的责任并区分其责任的主次、大小;措施落实,即针对出现的问题,制定并落实有效的纠正和预防措施;严肃处理,即严肃对待质量问题,从中吸取教训,对情节和后果严重的,按程度分别给予经济处罚或行政处分,以此教育员工改进管理;完善规章,即针对薄弱环节或漏洞,完善质量管理体系和规章制度。通过这项管理,实现质量管理从事后的问题管理转为事前的预防管理,使质量问题归零。

质量管理上,华为在引进IBM的集成产品开发流程(IPD)后,继续不断学习、改善、提升流程，进而建立起适合自己的大质量管理体系。这种体系以"零缺陷"为标准，在企业内部进行全员质量管理培训，构建质量文化，从流程、标准等层面进入文化层面，促使员工工作的时候，做到没有瑕疵。

2007年，吉利宣布从"低价战略"向"技术领先、质量可靠、服务满意、全面领先战略"转型，其中，实施全面质量管理成为重中之重。李书福认为，吉利要想在产品质量上进一步提升，在质量管理手段上就要和国际接轨。吉利借鉴、吸取国外的一些先进做法，结合自身特点，创建了一套具有吉利特色的质量改进体系——"3824"质量改进法。"3"是策划、改进、控制三大步骤；"8"是问题识别、团队组建、现场调查、原因分析、对策确定、改进实施、效果验证、防止再发八大环节；"24"是24项具体改善措施。通过这一方法，吉利全方位提升设计质量、零部件质量、制造质量、销售服务质量，实现"质量归零管理"。这种方法，不仅吉利自身要实施，要求供应商也要实施。

格力电器为了保证产品质量，在工厂强化"零缺陷"的质量观念，在设计、制造、零部件采购等环节大力推行"零缺陷"工程。产品出厂前，还必须经过各种测试、检验，经过高温、高空摔落等破坏性实验。公司成立质量监督队，专门监督检查各环节的质量问题。

比亚迪进入汽车行业时，王传福聘请专家组成的团队研发产品，经过奋战，研发出一款经济型轿车。但是在新车评审会上，几乎所有经销商都表示不满意。会后，王传福力排众议，果断决定永久封存该款车型。他坚定地说："我们比亚迪所做的第一款车，只能成功，不能失败。"后来把公司所有资源，包括最优秀的研发人才等集中起来，重新研发，要求把这个车型做到最精、最细，成为精品。本着"质量为本、信誉为魂、追求卓越"的精神，2005年终于推出比亚迪F3，F3成为经济型轿车中的一匹黑马。在这种精神的感召下，比亚迪对汽车的开发、设计、生产、销售、服务等环节都执行严格的品质控制标准。他们特别重视产品品质的检测。王传福坚信，只有经过不断的测试、不停的检验，品质才有保证。公司对出厂的每一款汽车，都层层筛选，从发动机到方向盘，无一不在测试范围。

对汽车整个生产过程，实行严格监控和检测。为此，比亚迪组建了一支训练有素的品质控制员工队伍，专门负责"挑毛病"。

2. 企业的财务管理

做好企业的财务管理，并不只是财务管理部门的任务，它需要企业所有部门的协同作战。它包括三个关键点。

（1）不满足于做"事后诸葛亮"

一般来说，财务管理是把企业经历过的整个活动，以资金为指标，用数字化的方式，浓缩地表示出来。但是，它不能停留在或满足于传统的记账、算账和制作财务报表，这些都是事后真实地反映企业经营的结果，而要把主要精力放在财务控制、资金运作、业务开拓和决策支持方面，要在事情进行过程中，及时反映企业经营现状，明确反馈企业的成绩、企业现有的和潜在的问题，为企业经营者提供及时应对和调整决策的依据。把"事后诸葛亮"变成真正的"事前诸葛亮"。日本知名企业家稻盛和夫曾用驾驶飞机的事情形象地指出财务管理在企业经营中应起的作用。他说："如果把经营比喻为驾驶飞机，会计数据就相当于驾驶舱仪表上的数字，机长相当于经营者，仪表必须把时时刻刻变化着的飞机的高度、速度、姿势、方向正确及时地告诉机长。如果没有仪表，机长就不知道飞机现在所在的位置，就无法驾驶飞机。"

一个完善、稳定、有效的财务管理系统至少要做到以下三点。

第一，有责任从财务上预见企业将出现的问题，向企业经营者提供情报，便于他们未雨绸缪，把问题解决在萌芽之时。

第二，在问题产生时，准确、及时地把问题反映给企业经营者，由他们采取措施，督促有关部门解决，或者改变决策。

第三，在企业发展各个阶段，特别是扩张阶段，财务管理系统积极运用企业资金，并采取各种方法，为企业筹措资金，支持企业不断发展。

胡志标创办的"爱多"冉冉上升时突然迅速覆灭，原因很多，其中重要的一条是财务管理混乱。记者孙玉红在《风雨爱多》中描述：胡志标几乎不知道自己有多少钱、欠了多少债；他很少与财务部门研讨付款的轻重缓急，常常错认为账上的现金就是利润；等等。公司内营销人才济济，唯独缺乏擅长融资和资本运作的人才。

史玉柱的"巨人"也是如此。他很不重视财务管理，缺乏必要的财务危机意识和处理应变能力。"巨人"风雨飘摇之际，仍有着深厚的底子，并非毫无转圜的余地。只要投入1000万元，"巨人"大厦就可以启动起来，危机有可能化解。可是他继续坚持"零负债"，不向银行申请贷款。最终，只能高叹，"一分钱难倒英雄汉"。

在中国企业成长史中，某些企业的溃败往往首先表现在资金链的断裂上。企业在迅速开拓、扩大市场后，阻碍其进一步成长的主要因素是没有完善、稳定、有效的财务管理体系。在企业持续扩张中，无法筹集到足够的资金；在企业正常运行中，各项成本无力控制，库存庞大、产品积压，应收账款无法回收，以致企业长期处于支大于收的状态；等等，这些都能置企业于死地。有些问题是财务部门应该主动解决的，如融资等资本运作；有些问题则缘于其他部门。但是，整个企业的活动都能在财务上体现出来。财务部门有责任发现问题，并将问题反映给企业经营者。

华为发展到一定程度的时候，任正非察觉到财务管理的重要性。2007年年初，他亲自给IBM公司的首席执行官彭明盛写信，希望效仿IBM财务管理模式进行转型，对财务进行卓越化、精细化、预见性管理。

（2）严格控制成本

物美价廉是对商品的基本要求。要做到这一点，从根本上说，企业必须创新；从管理上说，物美要靠质量管理，价廉且赢利，则要严格控制成本。成本控制是效益意识的体现。企业的经营者具有强烈的经营效益意识，必然重视成本控制。任正非认为："管理中最难的是成本控制。没有科学合理的成本控制方法，企业就处在生死关头。"而"企业的成本控制是多方面的，并不仅仅在产品成本的控制"。企业各部门上上下下、方方面面都应控制成本，"该花的钱一分不能少，不该花的钱一分也不能花"。华为在快速增长时期，收入呈100%的增长，利润的增长只有百分之十几。他认为:"企业通过成本控制获得赢利,比开拓市场来得更有效。"关于成本控制,《华为基本法》明确规定,"成本是市场竞争的关键制胜因素。成本控制应当从产品价值链的角度,权衡投入产出的综合效益,合理地确定控制策略",并且要求"把降低成本的绩效改进指标纳入各部门的绩效考核体系,与部门主管和员工的切身利益挂钩,建立自觉降低成本的机制"。2009年,任正非在《华为的冬天》一文中讲述了一个有趣的故事,以支持上述观点。他说:"李冰留下'深淘滩,低作堰'的准则,是都江堰长盛不衰的主要'诀窍'。而"深淘滩,就是不断地挖掘内部潜力,降低运作成本,为客户提供更有价值的服务。"正因为华为大力控制成本,极大地提高了自身的竞争力。在中国电信CDMA网络工程招标中,朗讯、阿尔卡特、北电等世界巨头分别投出70亿～140亿元的标,华为报价却不到7亿元。这就是华为控制成本成功的一次体现。

关于成本控制,王传福有一个很好的观点。他认为,控制成本需要全体员工厉行节约,但是不能仅靠"抠门",更应该的是依赖开发,以领先的工艺或替代材料来降低成本。这不是财务管理单方面所能做到的,但财务管理部门有责任从财务角度提醒或提出建议。

(3)密切关注现金流

现金流量是企业某一期间现金流入和流出的数量。现金流量的多寡不仅反映企业经营周转是否顺畅、资金是否紧缺和支付偿债能力的强弱,还反映出企业经营规模是否适度、对外投资是否恰当、资本经营是否有效等。企业只有持有足够的现金,才能从市场上获得生产要素。充足的现金是企业组织生产经营活动、创造价值的前提,而获得市场承认、通过销售收回现金才能使创造的价值得以实现。现金犹如企业的"血液",现金流一旦"枯竭",企业就会因为失血多难以支撑而倒下。宋志平强调"现金为王"。他说:"做企业要稳健,企业稳的基础是财务稳健,而财务稳健的核心是现金流充沛。资金是企业的血液,必须快速流动起来。"由此可见,现金流决定企业的兴衰存亡。

优秀的企业始终关注现金流的变化,不断优化现金流状况,使之始终处于健康状态。任正非高度重视运营中的现金流状况。任正非考察日本时，去过大阪古城。该古城四周有护城河，城中有一口古井。他在古井旁说："这就是现金流，只要保住它，这座城堡就可以守下去。"当华为十分困难时，他又说："大家总说'华为的冬天'，那棉袄是什么？就是现金流。"华为在任何时期都保持充沛的现金流，以保证公司正常经营，并时刻保持应对突发危机的能力。确保企业有充足的资金，是很多企业家的共识。日本松下电器公司创始人松下幸之助提出"水库式经营"的理念，意思是企业要保持良好的经营状况，就应该像水库蓄满水一样，有足够的资金，以备不时之需。

现金流量管理是现代化企业财务管理的一项重要职能。建立完善的现金流量管理体系，是确保企业生存与发展、提高企业市场竞争力的重要保障。企业的领导者应该具有良好的现金流量管理的意识。企业应建立现金流量集中管理制度，以及以现金流量管理为核心的管理信息系统，将企业的信息流、物流、资金流、工作流等集成，把工作流程与财务管理整合，使企业内外运营所发生的一切财务变化都能及时、准确地反映到现金流量上。

企业凭借现金流量管理系统，可以分析现金流量，掌握企业获得现金的能力和偿还债务的能力，以及应变能力，可以对收益质量和投资、筹资活动做出评价。完善的现金流量管理，可以帮助企业管理层及时、准确地把握并预测现金的流进流出状况，为调整决策提供依据，保证企业健康、稳定地发展。

保持充沛现金流的途径很多。华为的做法：公司间的并购整合；出售、分离公司部分资产；企业内部融资；与国家开发银行的合作；等等。这些方法都不是财务管理部门单独能够完成的，它需要相关部门协同作战，但是财务管理部门首先应该从财务角度预见现金流的变化，提出意见。

防止现金断流。首先，企业要慎重举债投资。从现实情况看，某些企业破产重组主要由于盲目投资、过度扩张，以致资金链断裂。企业必须严格控制资产负债率。其次，企业要控制好"两金"。要控制好库存资金，防止产品大量积压和原燃料大量库存；要密切注意应收账款占用的资金量。要坚持零库存和零欠款的原则，尽可能地压缩"两金"。

3. 人力资源管理

人力资源管理的两大核心：一是选人、用人、育人（已在前文论述）；二是激励员工。使用人才有一个重要环节，就是如何把每个人的才能调动起来，潜能发掘出来，而且在长时间内保持个人能力旺盛，从而提高企业的竞争力、生命力。这一点是人力资源管理的关键，也是整个企业管理的核心。

在人力资源管理中，把员工放在恰当的岗位是基础。但仅有基础还不够，还应有激励机制，把每名员工的积极性、主观能动性都充分调动起来，把每名员工的创造性都激发出来，把他们的潜能充分挖掘出来，激励员工持续地为企业发展做出贡献，实现企业的整体目标。这可以说是核心中的核心。不论哪个环节、哪个部门，不论用什么办法，都要环绕这个核心。

企业家、管理大师艾柯卡说过："一个经理人能够有效地激励他人，便是很大的成绩。要使得一个组织有活力、有生气，激励就是一切。"马云认为，好的领导者要善于激发员工的潜能，而不是审视他的现任。

按照上述要求，关键要建立使所有员工既想干事、又敢于干事的保障激励机制。

在人员管理中，最根本、最佳的原则是赏和罚。中国自古以来，就把赏罚视为"国之二柄"。韩非写《二柄》一文，论述统治者应十分谨慎地运用赏罚二柄。他认为人的天性趋利避害，实行赏罚制度是最有效的管理手段。韩非在《韩非子》中主张："闻古之善用人者，必循天顺人而明赏罚。"治国如此，管理企业也是一样。所有的激励机制，无论中外，本质上都离不开赏罚二柄。如何正确运用赏罚二柄？根本的一条是要赏罚得当、赏罚分明。否则适得其反。《荀子》："赏不当功，罚不当罪，不祥莫大焉。"对赏罚对象，要一视同仁、赏罚无私，不得有亲有疏、有远有近、厚此薄彼，不可同功赏异、等罪罚殊，不能无功而禄、有罪不罚。在赏罚程度上，不能太密太疏、过高过低、时有时无。因此，赏罚要公平、公开，要规范化、制度化。

赏罚分明，当赏必赏，当罚必罚，这是重要原则。"严宽共济"，严厉管理和宽松管理相辅相成。但是，两者之间也有主辅之分，何者为主，何者为辅，视时间、地点等条件变化而不同。

赏罚的方式多种多样，有精神的、物质的。具体来说，赏的方式：给予荣誉称号，颁发奖章、奖状，进行书面或口头表扬；提升职位、职称；提高薪金、奖金、福利；等等。罚的方式：取消荣誉，收回奖章、奖状，进行书面或口头批评；免去或降低职位，调动工作岗位；降低薪金，减少奖金、福利；等等。

关于激励机制，海尔张瑞敏的想法是在企业内部激发员工积极性，涉及三个方面。一是管理层的激发（他励）；二是员工的自我驱动（自励）；三是员工间相互激发（互励）。其中，后两个方面更为重要。关于"自励"，他进一步列出两个重要机制：强调自主管理，"人人都是CEO"；侧重利益分享，"我的价值我创造，我的增值我分享"。

总结现代化企业人员管理经验，精髓具体来说有以下四点。

（1）员工在自身发展上有广阔的和不断进步的前景

前景，或是物质待遇的提升、职务升迁，或是事业的发展，或是自我价值的实现。要做到这一点，前提是要把企业做好、做大、做强，把蛋糕做得既大又香，这样员工才有发挥才能的空间。但是，如果没有分配好蛋糕，依然难以营造出良好的环境。分配好蛋糕的根本原则：公平、公正，不偏私、不偏亲；不让"雷锋"吃亏，即既不让奋斗者吃亏，给予奋斗者和奉献者奖励，也不允许尸位素餐。赏罚分明，奖勤罚懒，多劳多得，少劳少得，不劳不得（"劳"指体力劳动，在现代化企业中更多的是指脑力劳动）；能者上，庸者下。企业要为每位员工提供展示才能的平台，让他们意识到自己正在干的事情是有意义的事业，提高他们工作自豪感。对有突出才能和突出贡献的员工，破格晋升，提高他们的成就感。

（2）树立和增强员工的归属感，也就是树立和增强主人翁意识

树立和增强员工的归属感，每位员工都把企业看作自己的家，这是留

住原有人才、吸纳新人才、激发员工工作热情的根本点。这种归属感会使员工主动、自愿、积极承担任务。自我激励、自我管理、自我约束的机制，能够充分调动员工积极性，充分激发、挖掘员工的潜在能力。要做到这一点，有两件事是现代化企业都在尝试做的。一是企业家或企业高层管理人员尊重员工，时刻关心员工；二是企业家、企业高层管理人员与广大员工结成利益共同体，一荣俱荣，一损俱损。

（3）引入竞争机制，实施优胜劣汰

正如生产关系要适应生产力的发展水平一样，在人才管理上，激发员工的自觉性是坚定不移的方向，但是不可否认，员工的素质有高有低，总体而言，在现阶段企业发展还不可能完全依赖员工的自觉性。在企业管理中，使员工觉得有压力还是十分必要的。这就是说，管理中应该引入竞争机制，优胜劣汰，使员工感觉到在企业里生存的压力。这种压力不仅促使员工按照企业要求认真工作，而且激发员工必须努力奋斗，使自己强大，有为企业做出更大贡献的决心。只有这样，企业内部才具有不断前进的活力。这一点看起来似乎与上述两点是对立的，其实不然，在现阶段，甚至在比较长的时期内，它们是相辅相成、相互依存的。

在实施竞争机制的具体做法上，部分企业实行绩效管理制度。这种制度的关键：绩效考核，利益驱动。这是合理分配蛋糕必须有的基本条件。

华为的做法：首先，实行目标管理，把企业在一定时间内需要实现的整体目标分解到各个部门，然后依次分解到每个基层员工，使其明确自己在此期间内应该完成的目标任务。公司各级管理部门根据目标任务，定期检查、评判，督促员工按时完成目标任务，并根据目标管理确定的应承担的责任完成程度考核员工（包含对工作态度、工作能力的考核），以责任结果为导向，把绩效作为考核的核心内容。按照考核结果，确定员工的报酬、职位等。这是把企业整体目标、绩效考核、激励机制三者紧密联系在一起的一种管理制度。考核绩效指标应客观，尽可能量化，有连续性。考核必须公开、公平、公正，定期进行。华为绩效管理制度有两个要点。一是在评价体系上，强调贡献，用贡献来衡量绩效。任正非说："我们还是要坚持以结果导向考核员工，包括长期的、中期的和短期的结果……我们不能凭考试涨工资，不能凭技能涨工资，而要看结果，看贡献。"他还形象地说："茶壶里煮饺子，倒不出来，就不算饺子。"公司考核员工的重要标准是他做了多少工作，产生了多少实际价值。二是绩效直接与激励机制挂钩。根据不同的贡献业绩，给予不同的奖励及晋升。没有达标的，则列入末位淘汰一档，有可能降级或被淘汰。任正非强调："末位淘汰是永不停止的，只有淘汰不优秀的员工，才能把整个组织激活。"这样一些制度，不仅增强企业在员工管理上的透明度和公平性，而且形成一种自我管理、自我约束的机制，有效促进员工能力的提升，提高工作效率。

海尔张瑞敏提出的主张是"我的价值我创造，我的增值我分享"。具体做法是"人单酬合一"。简单地说，员工首先要树立"我的用户我创造"的观念，主动积极联系用户，从用户那里拿到"单子（订单）"，单子的价值越高越好。员工有了订单，自己就拥有创造价值进而增值的基础，同时清晰地知道实现订单、创造用户所需的价值，自己在增值部分中能够得到多少回报。采取这个办法的目的，就是把员工的业绩和利益结合起来，把全体员工动员起来，激励员工的工作积极性，鼓励全体员工全力以赴地创造更高的利润。这是绩效管理的另一种形式。

吉利的李书福在企业内全面推行"快乐经营体"模式。"快乐"的意思：一是让每位员工都充分感受到吉利大家庭的温暖；二是让员工在经营体中充分展现才能，创造价值。具体做法是，划小核算单位，核算单位自负盈亏。一个核算单位为一个经营体。每个经营体投入多少、产出多少、利润多少，都能精确计算，最后以市场占有率为标准，以用户满意度为导向，进行评价。这一模式，把经营、个人绩效（个人命运）和企业命运结合起来，把员工从被动的打工者变成企业的经营者，人人参与企业经营，培养员工的主人翁意识，激发出员工的主动性、积极性。

三家企业的做法，虽然表现形式不相同，却有三个共同点：一是总任务落地，即把企业的总任务按时、逐级分解到各基层单位、班组甚至员工个人，把各个员工都作为核算主体直接纳入企业总体；二是具体做法包括三个环节，即价值的创造（完成目标任务的业绩）、价值的评价（对业绩进行考核）和价值的分配（按业绩给予奖惩）；三是绩效激励制度都体现两点——企业与员工是利益共同体和员工的命运由员工自己掌握，把价值创造与价值分配密切结合。员工的利益与企业的利益捆绑在一起，员工对企业做出贡献的大小决定企业利益的大小，企业利益的大小又决定员工利益的大小，企业与员工一荣俱荣，一损俱损。员工的命运由员工自己掌握，价值创造决定价值分配，员工获得的利益取决于他们对企业利益做出贡献的大小。

（4）实施激励机制

这是绩效管理中的重要一环，有必要独立叙述。任正非说："人力资源管理要用好精神与物质两个驱动力，精神激励要导向持续奋斗，物质激励要基于价值创造。"

精神激励是十分重要的一招。任正非强调精神与物质两个驱动力，但他更重视精神激励。他说过："光是物质激励，就是雇佣军，雇佣军作战，有时候比正规军厉害得多。但是，如果没有使命感、责任感，没有这种精神驱使这样的能力是短暂的，只有正规军有使命感和责任感驱使可以长期作战。"人是群体社会，精神激励能使员工在群体中迸发出荣誉感、自豪感、自我满足感，从而推动他坚持下去，并进一步努力向前。最好的精神激励是尊重和信任。企业不能把员工看作一台大机器上的一个螺丝钉，应把他们看作共同事业奋斗的伙伴，创造企业价值的生力军，尊重他们的尊严，尊重他们的人格。这种尊重员工的氛围会激发员工的工作热情，使员工自觉地对自己提出高标准，加强自我压力，产生自我动力，自觉地发挥自己的才能，为企业做出最大的贡献。这种精神激励基于"以人为核心"的原则，相信每位员工都希望做好工作，都希望创造性地完成任务。这是一种高境界的精神激励，具体做法，有些企业正在探索。

物质激励更是不可缺少的。除了传统的薪酬、奖金、职务晋升等外，不少企业还在摸索实行股权激励制度。

员工持股，在20世纪90年代末，英国有1750家企业实行员工持股。

法国工业部门员工持股率超过50%。德国把员工持股作为企业留住人才、促进企业发展的一项基本制度。日本的上市公司，绝大部分实行员工持股制。在中国，这种制度也得到重视，正在摸索、完善中。中国企业实行这一制度的主要方式：有条件地给予员工一定的股份权益，在企业与员工之间形成共担风险、共享利益、共同发展的机制，即企业与员工形成利益共同体，从而促使员工树立起主人翁意识，推动企业长期健康发展。这也是实现共同富裕的一种管理制度。实行这一制度的关键点：一是股权形式，是干股、期股，期权，还是其他？二是激励对象，是全体员工还是特定人群？特定人群包括哪些，是企业的创建者、高级管理人员，还是骨干力量？不同行业、不同发展阶段、不同规模，以及是否上市，似应不同对待。

华为是员工持股制度的先行者。1987年任正非创立华为不久就实行全员持股。有人说，华为的光辉是由数千微小的萤火虫点燃的。《华为基本法》确定，公司"实行员工持股制度。一方面，普惠认同华为的模范员工，结成公司与员工的利益与命运共同体。另一方面，将不断地使最有责任心与才能的人进入公司的中坚层"。在华为，企业创始人任正非所占股份的比例非常小，而管理层与员工则拥有华为70%的股份。

在华为的发展初期，任正非提出"工者有其股"，让每位员工自愿购买公司内部股票，享受企业发展的红利。这一制度成为华为在资金紧张时的最可靠资金链，增强员工"主人翁"精神，调动员工积极性，推动华为迅猛发展。21世纪初，随着形势的变化，这个制度也相应地进行了改革。华为在实践中认识到，企业家的管理与风险，以及员工劳动共同创造了公司的全部价值，公司用转化为资本的方式，使它们得以体现和报偿。但是，这种体现和报偿不是绝对平均的。华为按照"以奋斗者为本"的原则，给予不同奋斗者真正公平的利益保障，以他们为公司做出贡献的大小，对公司股权进行合理、有差距的分配。

有的企业，股份只给为企业做出杰出贡献的员工；有的企业，股份只给高层管理者。

妥善处理十大关系

改革开放后，经济发展形势大好，在市场经济洪流下，千千万万家企业诞生、发展和壮大。不少企业取得辉煌成就，傲立在世界前列；也有不少企业貌似发展势头强劲，但在成长途中轰然倒下，经历了"成功—疯狂—破灭"的过程。正如孔尚任在《桃花扇》中所说："眼看他起高楼，眼看他宴宾客，眼看他楼塌了。"古人云：以史为鉴，可以知兴替。千千万万家企业的崛起或倒下，蕴含着不少经验教训，值得后来者借鉴。

发展中的企业会遇到各种困难或来自某些方面的阻挠、打击，如何处理好各个方面、各个层次的矛盾和关系，是企业崛起中必须面对和解决的问题。综观改革开放以来中国企业，主要是民营企业的遭遇，需要妥善处理的关系基本可以概括为十大方面。妥善处理这些关系，企业家责无旁贷，各级政府的有关部门也应发挥应有的作用。其中有些可能时过境迁，但仍有可借鉴之处。

一、资本的积极作用和消极作用的关系

（一）资本逐利性的两面作用

逐利性是资本的根本属性，是始终存在的。资本的逐利性有积极作用和消极作用。亚当·斯密在《国富论》中说，受着一只"看不见的手"的指导，每个人追求自己利益的同时，往往使他能比在真正出于本意的情况下更有效地促进社会的利益。因此，资本的积极作用是资本逐利性在一定时期、一定条件下发挥的客观作用。资本是带动各类生产要素集聚配置的重要纽带，是促进社会生产力发展的重要力量。资本在企业创办、研发产品、不断扩大规模中，获得巨大的增值，也大大推动社会经济的发展。与此同时，资本始终存在着破坏性。这种破坏性是与生俱来的，例如，资本的自由竞争必定造成两极分化、贫富悬殊，必定走向垄断；唯利是图必定伤害公共利益，伤害劳动者利益；等等。这种破坏性在初期阶段，可能表

现不太明显，但是，一旦逐利性过度膨胀超过极限，或者整个政治经济形势发生变化，它的破坏性就突显出来，而且肆无忌惮，难以遏制，它的有利性逐渐减弱，以至消失。马克思在《资本论》中，借用《评论家季刊》的文章指出："资本害怕没有利润或利润太少，就像自然界害怕真空一样。一旦有适当的利润，资本就胆大起来。如果有百分之十的利润，它就保证到处被使用；有百分之二十的利润，它就活跃起来；有百分之五十的利润，它就铤而走险；为了百分之一百的利润，它就敢践踏一切人间法律；有百分之三百的利润，它就敢犯任何罪行，甚至冒绞首的危险。如果动乱和纷争能带来利润，它就会鼓动动乱和纷争。走私和贩卖奴隶就是证明。"马克思把资本的逐利性讲得十分透彻，入木三分。历史证明，这一论断是颠扑不破的真理。

在资本主义社会，资本的积极作用主要体现在促进社会生产力的发展；到了后期，积极作用逐渐减弱，消极作用逐渐突出。

（二）社会主义初级阶段资本的两面作用

中国社会主义初级阶段，实行的是以公有制为主体，多种所有制共同发展的基本经济制度。资本呈现多样化，但归根到底，可以分为两类：一类是公有资本，包括国有资本和集体资本；另一类是非公有资本，如民营资本、外国资本等。非公有资本的逐利性不言自明，其积极作用和消极作用都存在。公有资本，从理论上讲，其获得的劳动剩余价值是归社会所有，它只有积极作用。但是，它终究是资本，也需要追求利润；同时需要人来运营，而人是社会人，不可避免地受到市场经济的影响，因此，公有资本必须警惕消极作用的产生甚至扩张。不论是公有资本还是非公有资本，都需要正确处理好资本积极作用和消极作用的关系，这是处理企业与各个方面关系的根本。2021年12月的中央经济工作会议指出，社会主义市场经济是一个伟大创造，社会主义市场经济中必然会有各种形态的资本，要发挥资本作为生产要素的积极作用，同时有效控制其消极作用。2022

年，习近平指出，"在社会主义市场经济体制下，资本是带动各类生产要素集聚配置的重要纽带，是促进社会生产力发展的重要力量，要发挥资本促进社会生产力发展的积极作用。同时，必须认识到，资本具有逐利本性，如不加以规范和约束，就会给经济社会发展带来不可估量的危害"；"必须深化对新的时代条件下我国各类资本及其作用的认识，规范和引导资本健康发展，发挥其作为重要生产要素的积极作用"。

（三）中国企业家对资本应有正确的认识

中国企业家，特别是民营企业家，必须牢牢记住资本逐利的根本属性，时刻警惕并防止其无限膨胀，努力摆脱资本逐利属性的影响，树立正确的价值观。企业家如果摆脱这种属性的影响，就能坦然面对和处理各种矛盾。当然，企业家要完全排除这种影响，使自己的思想升华到不逐利的无我境界，是十分困难的。人是有欲望的，企业家也不例外。企业家受到资本本性的影响，他们的欲望会膨胀。发展企业是他们的欲望，把企业做大做强，成为国内一流企业，成为世界知名企业，更是体现了他们欲望的"雄心"。但是，正如真理跨前一步就成为谬误一样，欲望一旦过度膨胀，超出能力的极限，就走向反面，"雄心"就会变成"野心"。控制欲望，顺时势而为就能梦想成真；欲望泛滥，逆时势而动则是黄粱一梦。中国有些企业的衰落、消亡，就是因为企业经营者摆脱不了资本的本性，私欲膨胀，无序扩张，疯狂逐利。有些很有才华和运营天赋的企业家，明知这是无比冒险的突进，违反经营管理的基本原则，超出企业正常发展的轨迹，但是在追求最高利润"野心"的驱动下，往往刹不住车而冲下悬崖。

特别值得警惕的是，资本扩张到一定程度，就会向权力渗透，妄图攫取权力。在某些民营企业发展中，已经显现出这种倾向。具体表现：一是反对监管，视监管为无物；二是通过"金钱政治""钱权交易""色权交易"等手段，间接掌握权力，让权力听从资本的指挥，为资本利益服务。但是，资本不会就此止步。它妄图取而代之，直接掌握权力。2017年，中央纪委副书记杨晓渡指出，另一种是资本希望在掌握经济权力之后，谋取政治上的权力，这是十分危险的。对此，中国有关部门已经高度警惕，企业家更应该自我警惕、严以律己，绝对不能走上这条邪路。社会主义市场经济中的合格企业家，虽然难以彻底摆脱资本追逐利润的本性，但必须有所控制、有所收敛，不能为所欲为；树立正确的价值观，要做到：当个人利益与企业利益发生矛盾时，服从后者的利益；当企业利益与国家利益、社会利益、人民利益发生矛盾时，自觉地服从后者的利益。曹德旺50年来在他的办公室一直挂了一副对联，"敬胜怠，义胜欲；知其雄，守其雌"，作为他的座右铭。意思是：要用敬业勤奋战胜懈怠懒惰，用道义战胜邪欲；要深知刚强的必要，仍需坚守谦逊和隐忍。他还直白地说："单纯为了钱也做不了大事。"吉利的李书福有一句名言："少谈点金钱，多谈点精神。"企业家对法律上的"红灯"以及道德上的"红灯"必须有敬畏之心，不做"见利忘义"或"为富不仁"的事情。

事物都是一分为二的。人的主观意识也一分为二，有善的一面，也有恶的一面；有正确的一面，也有错误的一面。只是在文明教育下、在法纪约束下、在道德规范下，善的、正确的一面占据上风，恶的、错误的一面受到抑制。人的最大的敌人是自己，每个人都必须自我反省，一日三省。人是在不断战胜自己中前进的，企业家也不例外。企业家必须树立正确的价值观、道德观、是非观，战胜资本的"唯利是图""贪得无厌"等属性，战胜贪图安逸、骄奢淫逸等腐化堕落的邪念，战胜自己种种弱点，才能使企业沿着正确的方向前进。

从以往企业发展过程来看，企业家在控制逐利性这一面时，需要注意以下两个方面。

首先，最为关键的是企业家要摆正自己的位置。对于企业在国家经济发展中的地位和作用，应有准确的判断，不缩小，更不能盲目夸大，不能认为自己已经大而不能倒，更不能让眼前的成功冲昏了头脑。

对这一点，有些企业家有着比较清醒的认识。美团的王兴说："最大的机会属于这个时代，只有时代，才能不断创造机会。"企业家只是重在发现机会、追求机会。字节跳动创始人张一鸣说："历史上有很多沉闷的年代，因为整个社会或整个知识技术都是波澜不惊的。如果我生于那个年代，也做不了什么。"腾讯的马化腾认为："腾讯只是国家社会大发展期间的一家普通公司，是国家发展浪潮下的受益者，并不是什么基础服务，随时都可以被替换。未来，腾讯在服务国家和社会的时候，要做到不缺位、做到位、不越位，做好助手，做好连接器。"任正非十分清醒地认识到，是时代造就了华为，华为只是把握住时代潮流带来的发展机遇。他说："华为成长在全球信息产业发展最快的时期，特别是中国从一个落后网改造成为世界级先进网迅速发展的大潮流中，华为像一片树叶，有幸掉到了这个潮流的大船上，是躺在大船上随波逐流到今天。"王传福也表示："是国家战略造就了这个产业，也造就了我们这家企业。"

其次，企业家要控制私欲。改革开放以来，有些企业的失败来自企业经营者本人的私欲膨胀，甚至有意识的犯罪。企业家自身腐化堕落，必然导致企业经营的失败。一个私欲膨胀的企业家，根本不可能正确处理资本积极作用和消极作用的关系，也不可能处理好其他各种关系。

优秀的企业家，特别是社会主义社会的企业家，必须摆脱资本逐利性的控制，成为真正超然于利害关系、没有私欲的人，能够理性地处理各种关系。这可能是纯粹理想型企业家。但是，企业家要自觉控制甚至扼杀资本逐利性带来的消极作用、破坏作用，充分发挥资本逐利性带来的积极作用、有利作用；在发展企业、收获财富中，树立企业的责任意识和自律意识，强化社会责任感，尽可能地做出有利于国家经济发展和安全保障的行为，尽可能极大地回馈社会，尽可能地为消费者提供最优质的产品和服务，尽可能地与企业相关者形成利益共同体，做到多赢。这是企业家可以做到的。

（四）充分发挥"有形的手"的作用，引导资本规范健康发展

2021年中央经济工作会议特别提出"要正确认识和把握资本的特性和

行为规律"。总体来说,在社会主义初级阶段,资本作为生产要素的积极作用应该得到充分的发挥,其消极作用必须遏制。既要依法加强对资本的有效监管,防止资本的野蛮生长,也要支持和引导资本规范健康发展。习近平指出,"我国改革开放40多年来,资本同土地、劳动力、技术、数据等生产要素共同为社会主义市场经济繁荣发展作出了贡献,各类资本的积极作用必须充分肯定";"必须坚持党的领导和我国社会主义制度,牢牢把握正确政治方向,坚持问题导向、系统思维,立足当前,着眼长远,坚持疏堵结合、分类施策,统筹发展和安全、效率和公平、活力和秩序、国内和国际,注重激发包括非公有资本在内的各类资本活力,发挥其促进科技进步、繁荣市场经济、便利人民生活、参与国际竞争的积极作用,使之始终服从和服务于人民和国家利益,为全面建设社会主义现代化国家、实现中华民族伟大复兴贡献力量"。"同时,必须认识到,资本具有逐利本性,如不加以规范和约束,就会给经济社会发展带来不可估量的危害。我们要立足新发展阶段、贯彻新发展理念、构建新发展格局、推动高质量发展,正确处理不同形态资本之间的关系,在性质上要区分,在定位上要明确,规范和引导各类资本健康发展。"

那么,怎样才能做到这一点呢?不能认为社会主义经济制度能够自动克服资本的破坏性,也不能完全依靠资本的自我反省、自我控制。这就要求我们既要充分发挥"看不见的手"的作用,又要有效发挥"看得见的手"的作用。统筹发展和安全、效率和公平、活力和秩序、国内和国际,完善社会主义市场经济体制;坚持监管规范和促进发展两手并重、两手都要硬。

政府部门要毫不动摇地鼓励、支持、引导非公有制经济的发展。与此同时,必须加强对资本的有效监管,警惕、防备并遏制其无序扩张和野蛮生长,反对暴利,反对天价,反对恶意炒作,反对不正当竞争,反对垄断。

2021年中央经济工作会议决定,要给资本设置"红绿灯",规范和引导资本的发展。"红绿灯",在道路交通管制中,对过往车辆和行人实行强制性干预,确保交通井然有序。用在资本运行中,就是给资本指明方向，哪些事情可以做，而且鼓励做；哪些事情不能做，做了必然受罚。"红灯"是为了划定边界、加强规范，"绿灯"是为了发挥资本作为生产要素的积极作用。其目的不是限制企业包括民营企业的发展，而是引导督促企业服从党的领导，服从和服务于经济社会发展大局，鼓励支持企业在促进科技进步、繁荣市场经济、便利人民生活、参与国际竞争中发挥积极作用。

给资本设置"红绿灯"是一种形象的说法，要真正落实到实际经济活动中，需要在法治和道德两个层面上体现出来。需要健全资本发展的法律制度，形成框架完整、逻辑清晰、制度完备的规则体系。要以保护产权、维护契约、统一市场、平等交换、公平竞争、有效监管为导向，针对存在的突出问题，做好相关法律法规的立改废释。要严把资本市场入口关，完善市场准入制度，提升市场准入清单的科学性和精准性。要完善资本行为制度规则。要加强反垄断和反不当竞争的监管执法，依法打击滥用市场支配地位等垄断和不正当竞争行为。同时，要培育文明健康、向上向善的诚信文化，教育引导资本主体践行社会主义核心价值观，讲信用信义、重社会责任，走人间正道。

浙江、江苏等地区实施清廉民营企业建设和新官理旧账的机制，并加强和改进非公有制企业党的建设工作，取得比较好的成绩，值得借鉴。通过上述活动，发挥党组织和党员引领作用，将全面从严治党的工作落实到民营企业中去，引导企业在经营活动中不踩红线、不行贿，树立规则意识和法治意识，加强自律；引导企业将诚信廉洁、守法经营的发展理念融入企业制度、企业文化和经营活动中，带动企业乃至行业共同向善；加大力度解决企业历史遗留问题，让企业"有恒产有恒心"。对于过去信用受损的企业、列入黑名单的企业，或者破产重整的企业，督促、帮助它们修复信用、消除污点，使它重整旗鼓，轻装上阵。

二、国家利益与企业利益的关系

国家与企业之间的关系，不同的社会有不同的状况。在资本主义国家，国家机构实际上操控在资产阶级手中，主要是操控在大财团手中。国家利益服从资产阶级的利益，服从大财团的利益。社会主义国家是人民的国家，毋庸置疑，企业利益必须无条件地服从国家利益，决不允许损害国家利益。企业必须遵纪守法，必须在法律法规的框架内行动，必须自觉接受国家的监管。这是根本性的原则，不可侵犯、不可更改、不可动摇。这里所说的国家利益包括国家安全、国家法制、国家政策、国家监管等。可以说，凡是国家行为均属国家利益。

改革开放以来，在这个问题上曾出现一些矛盾和问题。下面列举若干事例，说明妥善处理两者关系，攸关企业兴衰。

（一）企业利益与国家安全之间的矛盾

企业发展应该绝对服从国家安全，有些企业却反其道行之。典型事件是滴滴出行科技有限公司（以下简称"滴滴公司"）2021年6月30日在美国悄悄上市。

中国企业在美国上市融资，这是企业发展的需要，无可厚非。但是，上市不能给国家安全带来威胁。2012年6月20日，美国证券交易监督委员会（简称"美国证监会"）正式要求四大会计师事务所，必须向其提交在美国上市的中国公司的审计底稿。什么是审计底稿？它是一家公司的纸质存在形态，包括所有用户数据、会议记录、沟通文件、问题汇总、程序表格等，还包括历年电子邮件，甚至机密信息。如果在美国上市的中国概念股将审计底稿交给美国证监会，也就是把很多信息暴露在美国政府面前，这是中国证券监督管理委员会（CRSC）坚决抵制的，宁可中国公司不去美国上市，也不允许美国证监会拿走审计底稿。

在中美证监会对峙十分严峻的情况下，2021年6月滴滴公司赴美上市。美国在竭力阻碍中国公司去美国上市的情况下，仅用20天就迅速批准滴滴公司上市，而且是一个市值达到4000亿元的巨无霸上市。滴滴公司上市，对此官网没有任何公告，网上没有敲钟照片，员工没有发任何朋友圈，静悄悄的，真是前所未闻。这一连串的不寻常的事件让人深思。

滴滴公司拥有注册车辆1000万辆、注册用户5.5亿，市场占有率达到93.1%。它要求客户提供的个人信息十分详尽。有了这些信息和他们乘车的行车记录仪，通过大数据分析，不仅能准确掌握城市测绘数据，而且能知道要害部门、要害设施、要害人员的所在地和活动态势。这些信息一旦被美国获得，中国的国家安全势必面临极大危机。滴滴公司在纽约交易所上市后的第三天，国家互联网信息办公室发布公告，对"滴滴出行"实施网络安全检查；第五天又通报，指出"滴滴出行"APP存在严重违法违规收集使用个人信息问题，要求应用商店下架"滴滴出行"APP，要求滴滴公司认真整改，以防范风险扩大。7月16日，国家网信办会同公安部、国家安全部、自然资源部、交通运输部、税务总局、市场监管总局等部门联合进驻滴滴公司，开展网络安全审查。2021年12月3日，滴滴公司宣布从纽约交易所退市；2022年6月12日，滴滴公司正式退市；7月21日国家网信办公布，滴滴公司违反《中华人民共和国网络安全法》《中华人民共和国数据安全法》《中华人民共和国个人信息保护法》，处人民币80.26亿元罚款。

（二）企业发展与国家政策之间的矛盾

面对国家宏观调控政策，有些企业积极处理；有些企业停滞不前，甚至消亡。

对国家政策阳奉阴违的例子是江苏铁本钢铁公司。戴国芳，江苏常州人，1996年，成立江苏铁本铸钢有限公司。2000年前后，铁本公司拥有1000多名工人，销售收入超过一亿元。戴国芳决定建造高炉。三年后，高炉建成，全年钢产量达到100万吨，销售收入超过25亿元。戴国芳规划在长江边建设新厂。新厂的建设规模一增再增，最后确定：生产船用钢板和螺纹钢等较高档次的产品，年产840万吨，占地9379亩（1亩约等于666.67平方米），需投入资金106亿元。这样规模的建设项目，很难被中央批准。为解决这个"难题"，铁本公司把钢铁生产和码头项目拆成8个项目分别上报，建设用地切分为14块地报批。当时，戴国芳扬言"铁本要在三年内超过宝钢，五年内追上浦项"（上海宝钢、韩国浦项分列全球第五和第三）。但是，戴国芳"钢铁之花绽开"的美梦，违背了宏观调控政策。2004年4月底，铁本项目全面下马，长江边的厂区满目疮痍，一片狼藉。

对国家宏观调控政策积极响应、妥善处理的例子是教育培训企业新东方。

进入21世纪，中小学义务教育阶段出现两个现象。

一是校外培训机构泛滥，增加了中小学学生的学习负担。孩子在学校上完课后还得无缝对接培训班，要完成双份作业，有的苦学到深夜，完全失去了童年的快乐生活。校外培训机构只管知识的灌输，惰化学生思维能力，影响学生独立思考，完全忽视真正育人的素质教育，弱化了美育、体育、德育和劳动教育，强化了应试教育。学生家长为了孩子不输在起跑线上，往往勒紧裤腰带，咬牙承担沉重的培训费用。孩子的教育费用已经成为家庭经济支出的重要组成部分。

二是资本涌入义务教育领域，逐步使这一公益部门产业化，成为资本谋利的途径。美国股市率先接纳中国众多教育培训企业上市融资。某些资本化的校外培训机构经营者，为了利益，采取种种虚假手段和一整套的营销方式，制造升学焦虑，扩张生源，动摇正规学校教师队伍，削弱学校教育质量，甚至危及正规的学校教育。鉴于这种情况，2021年7月，中共中央办公厅、国务院办公厅发布了《关于进一步减轻义务教育阶段学生作业负担和校外培训负担的意见》，明确规定：不再审批新的面向义务教育阶段学生的学科类校外培训机构；现有学科类培训机构统一登记为非营利性机构；学科类培训机构一律不得上市融资，严禁资本化运作；培训机构融资及收费应主要用于培训业务经营,坚决禁止以虚构原价、虚假折扣、虚假宣传等方式进行不正当竞争。受此政策调控的影响,美股中教育阵营的中概股股价断崖下跌,一般下跌40%左右,新东方的股价下跌54.22%。在"双减"消息外传到正式文件发布这一期间,新东方股价累计下跌87%。面对行业变局,新东方的俞敏洪没有怨声载道,迅速采取实际行动正确应对。他一方面把新东方近八万套崭新的课桌椅捐给乡村学校,无条件地给所有学生退回学费,结清员工工资;另一方面,他开始探索转型,把事业向国际教育、成人教育回归,探索素质教育,进军农业领域,同时把视野更多投向国外市场。2023年1月,俞敏洪被评为"2022十大经济年度人物",他获奖的理由是"2022年,他淋漓尽致展现绝望中寻找希望的坚韧,迸发出全新生命力"。他本人表示,会带领新东方和东方甄选以加倍的努力来和祖国的经济一起共同发展,不管遇到多少风雨,他们都会在路上勇往直前。他展现了一名企业家的胸襟,展现了不屈不挠的企业家精神,值得我们尊敬。

(三)企业行为与国家法治之间的矛盾

企业目无法纪,弃法纪于不顾,视法律为无物,公然与公检法对抗,其下场可想而知。

典型企业是河北大邱庄禹作敏领导下的企业集团。大邱庄是个穷村。禹作敏是农民的儿子,1974年担任大邱庄大队党支部书记后,把7000多亩高低不平的盐碱地改造成一马平川的良田,亩产量提高四倍多;1976年集中力量搞副业,组织村民办起小企业,之后又建立轧钢厂,获利丰厚。改革开放春风刚刚吹起,大邱庄相继建立高频制管厂、印刷厂和电器厂。此后,各个厂纷纷建立自己的分厂。1987年,原来的四个总厂改制成四大公司,后又改制为尧舜、万全、津美、津海四大集团。大邱庄的企业发展高歌猛进。1992年生产总值已经达到100亿元,村民平均收入是全国人均收入的十倍多。这样的成就全国绝无仅有。在企业发展获得成功的同时,禹作敏不忘农业的发展，投入大量资金改造农田，实现机械化作业。1990年，粮食总产量达到350万千克，比1978年增产一倍多，但务农人数不到原来的百分之一，不到十人。他还认为，"金钱有价人无价"，"学校是生产人才最好的工厂"，把教育作为头等大事来抓。大邱庄在20世纪80年代就实行11年义务教育，兴办天津理工大学大邱庄分校。当时，禹作敏入选"全国十佳优秀农民企业家"和"中国十大新闻人物"。可惜的是，在他取得巨大成就的同时，自我膨胀达到顶峰。他自恃"中国农民的代表"，把大邱庄看作自己的"独立王国"，说一不二，谁反对他，就是反对大邱庄。1992年11月，大邱庄调查贪污腐败案，非法拘禁业务员，并严刑逼供，一人因遭到毒打死亡。禹作敏一开始就包庇案犯。6名刑侦技术人员进入大邱庄调查取证时，他竟然派出20多名年轻力壮的村民将他们软禁。此后，天津市公安局对殴人致死的村民实施抓捕。禹作敏不仅不配合，反而命令全村一百多个工厂的工人全部罢工，煽动上万名本村及外村农民手持棍棒和钢管把守各个路口，与武警对峙三天三夜。不久，禹作敏被依法逮捕，并以窝藏、妨碍公务、行贿、非法拘禁和非法管制五项罪名，被判20年有期徒刑。

（四）监管与反监管的矛盾

监管与反监管的矛盾，较突出的例子是对蚂蚁集团的监管。2020年10月，上海外滩世界金融大会的开幕式上，国家副主席王岐山发表视频致辞，他强调：要坚持金融服务于实体经济；要坚持防范化解金融风险，用经济发展的增量消除风险，用规范的方式应对风险，在市场化、法治化的基础上有序处置风险，守住不发生系统性风险的底线；要坚持金融创新与加强监管并重。据参考消息网转载《南华早报》的网站报道，王岐山当时明确指出，中国金融不能走投机赌博的歪路，不能走金融泡沫自我循环的歧路，不能走庞氏骗局的邪路。要坚持金融创新与加强监管并重。

马云在演讲中对金融监管机构和监管机制进行尖刻指责。

马云演讲后的第二天,原银监会主席尚福林在同一会议上,不点名地作了初步回应。他说,无论叫金融科技还是科技金融,始终不能忘记金融属性,不能违背金融运行的基本规律,否则必然受到市场的惩罚。前段时间的网络借贷、虚拟货币交易等活动,很多是披上了"金融科技"外衣的金融乱象,要坚决加以整治。

11月2日,中国人民银行、银保监会、证监会、国家外汇管理局对蚂蚁集团实际控制人马云及董事长、总经理进行监管约谈。3日晚,上交所官网发布《关于暂缓蚂蚁科技集团股份有限公司科创板上市的决定》。同时,蚂蚁集团暂缓在香港联交所H股同步上市。

(五)反垄断和垄断的矛盾

典型事例是阿里巴巴在2021年因滥用市场支配地位,对平台商家提出"二选一"(在合作中,要么与甲合作,要么与乙合作,只能选择一个)要求,被罚款182.28亿元。

处理国家利益与企业利益之间的矛盾,根本原则是企业利益必须绝对服从国家利益。

国家处于强势地位,从国家发展需要、国家安全等维度制定的或修订的法律法规和政策措施,无时无刻不在影响企业的存在和发展。因此,对国家来说,做出决策、制定的法规和政策,需要慎之又慎。

对企业和企业家来说,处理这个关系时,一不能利欲熏心,任意妄为;二不能狂妄自大,自以为"天下无双""大而不能倒"。企业必须有自知之明,必须严格自律,控制好资本逐权的欲望,千万不要高估自己的力量,摆错自己的位置。损害国家利益,与国家对抗,与政府争权无异以卵击石,自取灭亡。如果已经走上了歪路,也要迷途知返,悬崖勒马。

三、地方政府和职能部门与企业的关系

（一）地方政府与企业的矛盾

这个矛盾在20世纪90年代和21世纪初表现得十分突出。它主要体现在地方政府与企业管理经营团队之间的关系上。两者关系处理不好，可能两败俱伤，企业最终陷于困境甚至消失。

1984年，潘宁在用手锤、手锉等十分简陋的条件下打造出中国第一台双门电冰箱。此后，在北京雪花电冰箱厂的技术支援下，成立珠江电冰箱厂，潘宁任厂长。电冰箱的品牌名定为"容声"。当时，私人办企业尚属禁区，而乡镇办企业受到鼓励。在企业创办过程中，顺德容桂镇政府曾提供九万元试制费，因此公司性质定为"乡镇集体企业"。20世纪80年代中后期，国内先后引进79条电冰箱生产线，竞争异常激烈。在这场电冰箱大战中，珠江电冰箱厂虽然身份"低微"，但潘宁视质量和技术进步为生命，在团队的共同努力下，容声电冰箱以新颖的款式、上乘的质量、灵活的营销策略，脱颖而出，形成"北海尔、南容声"的格局。1992年1月底，邓小平视察广东等地时专程来到珠江电冰箱厂。这时，该厂已经是国内最大的电冰箱制造厂，装备了全世界最先进的生产线。不久，该厂在全国排行榜上荣登"电冰箱产销第一"的宝座。

1994年，潘宁计划进军空调行业，将珠江电冰箱厂改为科龙电器集团，宣布新创科龙品牌。1996年，科龙电器在香港上市，成为全国第一家在香港上市的乡镇企业。此后，潘宁雄心万丈，先后在辽宁营口和四川成都建立生产基地。同时策划在日本神户建立一个技术中心，以便就近逐步掌握电冰箱的核心技术，实现他"有生之年装出一台百分百的中国电冰

箱",以免"愧对后人"的梦想。1997年,科龙营业收入为34亿元,实现利润6.6亿元,成为中国制冷业乃至家电业的希望之星。

当时科龙集团所有权全部归镇政府所有,经营团队没有话语权。1998年12月,潘宁"被"辞去总裁职务;不久卸任董事长,离开倾注毕生心血的科龙,移民加拿大,彻底隐退。

1999年,依仗潘宁团队打下的基础,科龙年销售额还能达到58亿元,利润6.3亿元。此后,几番折腾,潘宁团队逐渐解体,科龙屡陷困境,由盛而衰,从中国内地效益最好、最具现代化气质的家电企业沦为亏损巨额、官司缠身的"烂公司"。

另一个典型案例是李经纬和他创办的健力宝与广东三水政府的矛盾。李经纬,1973年任广东三水县酒厂厂长。1984年,他力主开发出来的易拉罐包装的"健力宝",成为中国奥运代表团的首选饮料。8月,在洛杉矶奥运会上,中国代表团凭借许海峰的射击实现奥运金牌零的突破,并最终获得15枚金牌的好成绩。一位日本记者猜测,中国代表团取得这样亮丽的成绩"可能是喝了某种具有神奇功效的新型运动饮品——健力宝"的缘故。由此,健力宝成为"东方魔水",一夜成名。在此后15年里,它一直是"民族饮料第一品牌"。1987年,健力宝力压可口可乐,成为"六运会指定饮料"。在国家行政管理总局评定的第一批"中国驰名商标"榜上,健力宝赫然在列。在中国饮料行业中,在产量、总产值、销售收入、税利四项上,健力宝均排名第一。李经纬也被称为"饮料大王"。20世90年代中后期,国家确定国有资本从竞争性领域退出,允许经营者购买企业资产。李经纬提出通过股票上市,给经营者分配股权给予激励的方案。但三水政府反对、干预与阻挠企业经营行为。此后,李经纬的团队两次提出改制方案,即使其团队出价比其他企业优厚,仍未购买到健力宝股权。结果李经纬团队被肢解,而企业效益急速下滑,一蹶不振。

（二）部门利益与企业利益的关系

部门利益与企业利益的关系表现为两种情况。

第一种，为了彰显权力或谋取自身利益，某些部门的个别人员以产品不合格、消防设施不完善、环保工作不到位等为借口，对企业"管""卡""罚"。反过来，某些企业为了不被"管""卡""罚"，主动采用各种手段向有关部门"进贡"。

第二种，企业与部门之间由于利益一致而相互利用、相互勾结。典型案例是"三株"公司的某些做法：召开各种主题和不同规格的专题研讨会，聘请政府部门、传媒领域的某些人出任"三株"的顾问等；为与政府某些部门建立关系，设立专门机构，配备专职干部，负责此项工作；跟某些部门搞合作，搞联营，搞共建，或设立各种名目的"基金"，全力资助它们的有关活动等；通过卫生局向医药批发公司、医药商店、医院合法化地推销产品；等等。

地方政府、政府职能部门与企业之间的关系，实质上就是我们常说的政商关系。

如何处理政商关系？2016年，习近平第一次用"亲"和"清"两个字精辟概括并系统阐述新型政商关系。他明确要求：对领导干部而言，所谓"亲"，就是要坦荡真诚同民营企业接触交往，特别是在民营企业遇到困难和问题的情况下更要积极作为、靠前服务，对非公有制经济人士多关注、多谈心、多引导，帮助解决实际困难，真心实意支持民营经济发展。所谓"清"，就是同民营企业家的关系要清白、纯洁，不能有贪心私心，不能以权谋私，不能搞权钱交易。同时，他也明确指出：对民营企业家而言，所谓"亲"，就是积极主动同各级党委、政府及部门多沟通多交流，讲真话，说实情，建诤言，满腔热情支持地方发展。所谓"清"，就是要洁身自好、走正道，做到遵纪守法办企业、光明正大搞经营。

2017年，习近平在党的十九大报告中明确指出："构建亲清新型政商关系，促进非公有制经济健康发展和非公有制经济人士健康成长。"对报告中的"亲""清"二字，可简单地理解为："亲"就是亲近，强调双方真诚交流；"清"就是清白，要求彼此光明磊落。这应该是处理政商关系的基本原则。

四、"造名"与"求实"的关系

有些企业经营者错误地认为有市场就有一切,"造名(或造势)"是夺取市场的不二法宝,因而热衷于造名。他们单纯地通过媒体造势,博人眼球,虚假宣传,急速扩大市场,取得短暂效益,没有下苦功夫脚踏实地地办企业。企业如同烟花,一时绚丽多彩,顷刻间却灰飞烟灭。20世纪90年代,部分企业走过这样的路。

中央电视台黄金时段的广告效应巨大。为了造名,某些企业投入巨额的广告费,虽一时取得惊人效果,但后患无穷。1994年起,获得这一时段广告"标王",多经历了过山车的惊心动魄,一时飞冲入云,顷刻跌落尘埃。

例如,孔府宴酒。它是山东一家名不见经传的小酒厂,1994年支付金额3079万元,占全年利税的1/3,购买黄金时段的广告,一夜间名扬四海。1995年利税总额增长达五倍之多。但是,1996年孔府宴酒就从宝座上跌落下来,销售额陡然下滑,不久就销声匿迹。

第二、三届的标王是山东秦池酒厂。它是山东临朐的一家小酒厂。1995年,在中央电视台广告时段招标会上,以一匹黑马的姿态,用相当于其两年多的利税总额的6666万元,一举夺得央视"标王",成为当年中国白酒市场上最耀眼的品牌。凭借"中国标王"的桂冠,山东秦池酒厂获得巨大的回报。1996年,酒厂实现销售收入9.6亿元、利税2.2亿元。当年11月,厂长姬长孔竟不可思议地以他的手机号码3212118XX元作为投标金额,再次坐上"标王"宝座。这笔广告费相当于1996年全厂利润的6.4倍,代价之大、负担之重,可想而知。仅仅两个月后,媒体报道:所谓的"秦池古酒""秦池特曲"大量是用从四川众多小酒厂收购来的大量散酒,加上本厂的原酒、酒精,勾兑而成的低度酒。消息迅速传遍全国各地。酒厂的销售额一降再降,最后走上破产程序。秦池酒厂昙花一现,转瞬即逝。

又如爱多。爱多前身是广东中山县的路边小厂,由农民出身的胡志标与儿时玩伴陈天南各出2000元于1994年创办的。胡志标主管经营，生产学习机软件。1995年转产VCD机，成立新公司，命名为"爱多"。接着胡志标多管齐下，疯狂造势。首先，在《羊城晚报》上连续四天包下报纸二分之一的版面。第一天、第二天、第三天，都只刊登"爱多"两个字，第四天揭开悬念，亮出谜底——"爱多VCD"。其次，用公司结存的全部款项买下《体育新闻》前五秒的广告标版。再次，以把"爱多"红旗插遍全中国为目标，组织一大批业务员奔赴全国各地，开展第一轮全国推广活动。通过这些活动，获得显著成效。最后，他又以几乎是爱多一年的全部利润450万元，聘请成龙拍"爱多VCD，好功夫！"广告片，加大宣传力度。1996年，以8200万元夺得中央电视台《天气预报》后的广告五秒标版。由此，刚满一周岁的爱多跻身国内知名家电品牌行列。与此同时，出台一系列降价策略，爱多的市场份额迅速上升，成为行业第二，知名度跃居全国第一。1997年爱多的销售额从1996年的2亿元骤增到16亿元。爱多的造势运动并未就此止步。1997年11月，它以2.1亿元的天价获得中央电视台《新闻联播》后五秒广告黄金标版，成为继秦池酒厂后的第四届标王。接着又以1000万元的高价拍摄一条新的爱多形象片，"不经历风雨，怎么见彩虹，没有人能随随便便成功——我们一直在努力——爱多VCD"的歌曲响彻全国。此时，爱多的三碟机销量跃居全国第一，市场占有率达到空前的32.1%。但是，好景不长，在激烈的市场竞争中，爱多开始走下坡路。1999年4月，当年出资2000元占有45%股份的陈天南公开声称，爱多所有新办的子公司均未经董事会授权和批准，其所有经营行为和债权、债务均与广东爱多电器有限公司无关，这个声明引发一系列震荡：经销商、供应商疯狂地上门追讨货款；各路新闻记者蜂拥而至，争相报道；公司高管一一离去，青年精英团队烟消云散；员工围堵厂门，讨要工资；等等。短短四年，爱多走到了山穷水尽的地步。

20世纪90年代，个别企业依靠投入大量广告费或其他营销方式甚至不正当手段，大力造势、造名，虽然暂时取得耀眼成绩，但是最终风光不再。

华为与它们不同，选择走"求实"的道路。任正非说过，"我们要的是成功，不是口号。有人说，华为公司运行得平平静静，没有什么新闻，是不是没戏了。我们说，这叫'静水潜流'。表面很平静的水流，下面的水可能很深很急。倒是那些很浅的水在石头上流过去的时候才会泛起浪花"；"只有安静的水流，才能在不经意间走得更远"。与一般企业追求曝光度、增加品牌的宣传力度不同，任正非一直要求企业远离媒体的聚光灯，要求所有员工保持低调，尽量不受外来因素的干扰，踏踏实实地做好企业的实际发展。华为在很长一段时间内，都是一个闷不吭声的企业，很少出现在媒体上。任正非本人也是如此。媒体很难采访他，连一些与华为品牌宣传有关的活动，他也很少出席。《福布斯》杂志评论说："任正非是一个很少出现在公众视野中的人物，却是国际上最受人尊敬的中国企业家。"近几年，由于华为的国际地位提高，特别是受到美国政府的不断阻挠、打压，以及信息时代信息高速流通，华为和任正非才频繁出现在媒体上，但这不是他们的主观要求和主观行为。

企业的兴衰，告诉我们必须正确处理好"造名"与"求实"之间的关系。"求实"是"造名"的基础，企业首先必须扎扎实实地提高产品质量，不断研发新产品，然后加强"造名"的力度，切不可本末倒置、舍本逐末。如果只求名而不务实，那么就是"徒有虚名""名过其实""有名无实"，最终必然名实尽失。"求实"是根本。有了"实"，"名"随之而来。

为了加速"求实"的进程，适当地"造名"是必要的，但必须做到"名实相副"。在革命斗争中，抓好枪杆子是根本的，但也要抓好笔杆子。在国际政治博弈中，做好自己的事，把自己做大做强是根本，但是不能忽视对话语权的掌握。办企业是同样的道理，酒香也怕巷子深。

五、"专业化"与"多元化"的关系

企业经营采取专业化战略,还是多元化战略,国外企业界、学界有相互对立的观点,国内也有不同看法。

(一)专业化经营战略

主张专业化战略的人士认为,专业化与协作是世界经济发展的规律,是社会化大生产的必然趋势。专业化经营可以促使企业集中资源进行创新,拥有自己的技术秘诀,而且在不断创新中能把企业做得更精细、更优秀、更有特色,使企业立于不败之地。专业化经营能够降低成本,低成本会使企业产品在市场竞争中具有优势。而多元化必然分散资源,它是个大陷阱。企业应该始终走专业化道路,在专业化上下足功夫,一专到底,在专业化的基础上,扩展业务至全球,实现全球化。

日本管理学者大前研一说过:"专注是赚钱的唯一途径。可口可乐专心做可乐,成为世界消费品领域的领先者……进入一个行业,专业化,然后全球化,这才是赚钱的唯一途径。"

在国内,比较早地认为多元化不利于企业发展而转向专业化的有王石的万科公司。王石创建企业时,选择的是多元化的道路。他的理想是建立一个无所不包的综合商社。1993年前后,万科旗下已拥有分布在全国12个城市的55家附属公司和联营公司。这种多元化的经营模式,先后两次被人质疑。有人指出,万科的产业结构分散了公司的资源和管理层的经营重点,已经不能适应市场竞争。王石痛定思痛,下决心改走专业化道路。他先后处理了旗下的一些公司,将心思主要放在房地产上。他提出两个战略准则:一是"两个70%原则",就是70%的盈利来自房地产,而在房地产业务中,70%是城市居民住宅项目;二是"高于25%利润不做的原则"。

这两个原则，改变了万科的经营模式，加强了企业适应经济变化的能力，提高了企业的竞争力。《华为基本法》规定："为了使华为成为世界一流的设备供应商，我们将永不进入信息服务业。通过无依赖的市场压力传递，使内部机制永远处于激活状态。"任正非提出过一个理念：不在非战略机会上消耗战略竞争力量。在发展华为的过程中，他不被外界的一些行业的暴利诱惑，始终坚持将力量聚集在自己最擅长的通信领域，从而取得辉煌的成就。他曾自豪地说："华为坚定不移28年只对准通信领域这个'城墙口'冲锋。我们成长起来后，坚持只做一件事，在一个方面做大。华为只有几十个人的时候就对着一个'城墙口'进攻，几百人、几万人的时候也是对着这个'城墙口'进攻，现在十几万人还是对着这个'城墙口'冲锋……最终在大数据传送上我们领先了世界。引领世界后，我们倡导建立世界大秩序，建立一个开放、共赢的架构，有利于世界成千上万家企业一同建设信息社会。"曹德旺30多年来专心深耕汽车玻璃一个领域，不做房地产，不做互联网，不做矿山，不做金融。

在国内外，一些企业实施专业化战略，取得巨大成功。

有人说，大多数成功的企业都恪守两个字"专注"，即"目不斜视"。世界企业500强大多是走专业化道路发展起来的。它们都以一业为主，是这一业中的巨头，称雄于这一行业。其中，众口赞誉的典范是美国的可口可乐公司。该公司百年来始终坚持一个产品——可口可乐，进而成为世界消费领域的领跑者。日本的哈德洛克公司，是一家专门生产螺母的公司。该公司专注于螺母的生产，积累了独特的技术和诀窍，不同尺寸的螺母和不同材质的螺母有不同的对应偏芯量。因此，其生产的螺母是世界最好的，也是旁人无法仿造的。几乎全世界的飞机、轮船、高铁都使用它们生产的螺母。该公司的专业化，深得任正非的赞赏。

它们的成功充分说明，专业化并不限于大型企业，中小企业也可以做大、做强、做优。近几年，央企根据"一业一企、一企一业"的要求进行"专业化整合"，明确表明专业化是建设世界一流企业的重要战略。

专注于一件事，搞专业化，不是一件容易的事情。在互联网发展过程中会有各种诱惑，如搞电子商务、搞游戏等，对此百度的李彦宏深有体会。他说："百度能一直坚持做搜索是因为我对专注有宗教一般的信仰。普通人很难想象，对于一个有两亿用户的公司，每天要面对多少诱惑。"他告诫大家，面对众多诱惑，"我们的妥协、分心和屈从让我们往往偏离了原来的轨道，浪费了很多时间"。他认为："只有专注才能让自己变得足够优秀。所以说，'有所不为，才能有所为'。"

（二）多元化经营战略

主张实施多元化经营的理由也十分充分。他们认为企业发展了，变大了，为了做得更大、更强，必然要走多元化道路。这也是分散风险的办法。鸡蛋不能都放在一个篮子里。世界上很多大企业集团不就是搞多元化壮大起来的吗？企业实施多元化经营战略，大体上出于四个方面的考虑。一是市场变化莫测，出于对企业未来的担忧，为稳妥起见，实行多元化经营，分散风险，毕竟"东方不亮西方亮"。二是企业成长过程中会产生资源过剩，包括生产技术资源过剩、管理技术资源过剩、营销资源过剩等，企业应该充分利用这些过剩资源，促使企业进一步成长。三是为了企业活力，让企业持续发展、挑战新事业十分必要。丰田汽车本着这种想法，20世纪60年代开始摸索实施多元化。它除了抓住汽车制造主营业务外，还开拓了与汽车相关的事业，延伸到住宅、金融和信息，以及生物技术和环境、能源等新的领域。四是企业开创者具有远大的理想和开拓的精神，能够勇敢地挑战新领域，梦想着把企业发展成为世界性的企业集团。例如，日本索尼公司很早就开始探索多元化经营。

1. 国外企业的多元化经营

韩国大宇集团是一个多元化经营的例子。大宇是1967年由金宇中出资一万美元创办起来的一家小贸易公司。在韩国政府的扶持下，先后接手一些经营不善的国有企业，如重型机械制造厂、造船厂、汽车制造厂等，并获得特许其从事金融服务业的资格，创立"混业经营"的财团模式，从而快速成为规模巨大的综合性企业。它的经营领域包括汽车、造船、电视机、航空配件、光缆通信等；涉及的地域有波兰、乌克兰、伊朗、越南、印度等，鼎盛时期在110个国家和地区雇用32万人。1995年，大宇集团被美国《商业周刊》评为"亚洲成长最快的企业"。遗憾的是，这样一个巨型企业在1999年10月宣告破产。根本原因或者是混业经营规模过于庞大，尾大不掉，或者是亚洲金融危机的冲击，或者两者兼而有之，尚未有一个明确的说法。

第二次世界大战后，多数日本企业走的是多元化经营（日本称为"多角化经营"）的道路。多元化经营的企业占企业总数的比例，从20世纪50年代的40%上升到1990年的70%。企业规模越大，多元化经营比例越高。

2. 中国企业的多元化经营

在中国，自20世纪90年代中期以来，"一业为主、多种经营"战略是一些取得一定成就后的企业比较普遍实施的战略。1996年，国内企业就出现多元化经营的浪潮。当时，国有企业改革实行"抓大放小"的战略，把极大部分的国有企业转制为民营，国家重点掌握少数攸关国民经济命脉的大型企业，并且重点扶持它们尽快成长为世界级的强大企业。当时有些人认为，快速进入"世界500强企业"的最佳途径是仿效韩国大宇公司实行"混业经营"模式，因此国内掀起了一波经营多元化的浪潮。

实施多元化经营战略的大型企业，有的以失败告终，甚至破产重组。

例如，20世纪90年代的巨人集团。它的创始人史玉柱，1990年研制出M-6402文字处理软件系列产品（简称"汉卡"），在珠海创建巨人新技术公司。他宣布，巨人要成为中国的IBM、东方的巨人。第二年，巨人的汉卡销量位列全国同类产品之首。第三年，巨人已成为资金超过一亿元的高科技集团公司。接着，史玉柱又连续开发出中文手写电脑、中文笔记本电脑、巨人传真卡、巨人中文电子收款机、巨人财务软件、巨人防病毒卡等产品。公司销量每年以几何级数增长，成为中国电脑行业的领军企业。

史玉柱也被评为"中国十大改革风云人物",成为全国知识青年的偶像。这样一个戴着众人仰望光环的企业,短短两年后全面爆发了财务危机。1997年,庞大的巨人集团分崩离析,史玉柱黯然离场,自称是一个"著名的失败者"。后来,史玉柱总结出他的"四大失误":一是盲目追求发展速度;二是盲目追求多元化经营;三是巨人的决策机制难以适应企业的发展;四是没有把主业的技术创新放在重要位置。这四点切中要害,值得后来者借鉴。

在21世纪重蹈覆辙的代表企业是海航集团。海航集团的前身是海南航空,是国内第一家规范化的股份有限公司。公司成立五年后,税后利润总额位列国内航空公司第一位。此后,公司通过收购方式扩大版图。2008年国际金融危机,海航集团趁机收购破产的瑞士航空公司80%的股份,入股希尔顿酒店,收购纽约曼哈顿的中城大楼、芝加哥高楼等,入股德意志银行。短短几年间,从一家航空公司成为集航空、零售、地产、金融、旅游等行业为一体的跨国巨头集团。2016年,资产高达10155亿元。2019年,营业收入达6183亿元,位列中国民营企业500强排行榜的第二。但是,由于盲目扩张,实际上企业已陷入严重的债务危机。2020年,海航集团净亏损640亿元,创下A股上市公司年度亏损纪录。昔日无限风光的巨头轰然倒塌,海航集团2021年进入破产重组程序。

因为实施多元化经营战略而失败的企业,在企业发展的各个阶段都可能出现,尤其是在初创时期。

国内也有实施多元化经营战略而取得巨大成就的企业。华润集团是一个典范。华润,建于1938年,前身是中国共产党在香港的地下交通站;1948年改组更名为华润公司。1983年改组成立华润(集团)有限公司。2003年,归属国务院国资委监管。

1983年后,华润逐步从综合性贸易公司转型为以实业为核心的多元化企业集团。它的核心业务逐渐拓展,涵盖大消费、综合能源城市建设运营、大健康、产业金融、科技及新兴产业等六大领域。其中,零售、啤酒、电力、地产、燃气、医药等处于行业领先地位。雪花、怡宝、999、双鹤、东阿阿胶、江中、华润万家、万象城等是享誉全国的知名品牌。旗下有25个业务单元，有实体企业近2000家，在职员工近40万人。在香港上市的有华润啤酒、华润电力、华润置地、华润燃气、华润水泥、华润医药、华润医疗等8家公司。在内地上市的有华润化学材料、华润双鹤、华润三九、华润江中、华润阿胶等。

在《财富》2014年的世界500强企业榜单中，华润名列第143位，在2022年的榜单中上升到第70位，营业收入为1196.01亿美元。华润正在努力建设成为具有国际竞争力的世界一流企业。

（三）妥善处理两者关系的几点看法

1. 两者之间并非"非白即黑、非此即彼"的关系，两条大路都通罗马

企业发展起来后，走什么道路，实施什么战略，取决于企业内外的各种因素和各种条件。现实是不少企业搞专业化取得非凡成绩，不少企业走多元化道路也获得巨大成功。搞多元化经营，不是绝对不行。多元化经营失败的企业，究其原因并非多元化之罪，而是有些企业领导者或决策者私欲膨胀，导致多元化经营失败；有些企业则被胜利冲昏头脑，盲目乐观，急躁冒进，好大喜功，多线作战，后继乏力。乐百氏的掌门人何伯权总结企业的发展有五大"反对"。其中有一条就是反对"不自量力，冒险急进"。他说："世界上的企业之所以会破产，有几个大原因：第一大原因是财政困难；第二大原因是发展太快。所有的冒险都不能超出我们能承受的范围，不要头脑发热。美国的惠普公司对这一点也有深刻的教训。它的创始人帕卡德曾经提出过警告：企业的人才成长速度跟不上企业成长速度，企业很快就会衰败；企业面临的机遇太多、选择太多，可能因错误的选择而衰败；很多企业失败是因为战线拉得过长，导致顾此失彼，找不到重点和关键。不幸，惠普后来的领导者恰恰违背了这三点，以致一蹶不振。"

多元化经营战略可以实施，而且也是成功之路，但切忌盲目冒进。

2. 实施多元化经营的多种方式

从理论上讲，实施多元化经营有不同的主营业务选择、多个拓展方向、多种资金来源和多种实现方式。

从主营业务来说：一是坚持以企业本身的主营业务为根本，进行多种经营；二是实行多种业务并进，不坚持自己主营业务，视市场实际情况，实行多种业务并进。

从拓展方向来说：有纵向的，即以企业的主营业务为根本，向产业链的上游、下游拓展；有横向的，即以保持企业原有的主营业务为主，横向地向其他领域拓展。横向又有两种选择：一是基本在同一领域拓展，即相关多元化；二是完全跨领域拓展，即不相关多元化。

从资源来说：拓展的动力一种主要来自企业自身所创造、所积累的内部的丰富资源；一种是基本依赖外部资源，而且依赖资本运作。

从实现方式来说：一是由企业自身逐步拓展实现；一是通过收购、并购整合等形式，从产权交易中取得一定份额的企业所有权而迅速形成。

由于上述几个方面的因素交叉存在，多元化经营的形势十分复杂。现实中，常见的如下所述。

第一种是以主营业为根本，充分利用自己的资源优势，特别是核心技术优势，扩大经营范围。这种做法既开拓新的领域，又强化原来的主营业务。华为在它的基本法中规定"为了使我们成为世界一流的设备供应商，我们将永不进入服务业"，确定华为"华山一条路"，即聚焦于设备供应的非多元化。实际上，华为的发展坚持未进入服务业，但并没有完全排斥多元化。它是以主营业为根本，向相关联的上下游产业拓展。

第二种是保持原有的主营业务，依靠企业内部的力量和原有的资源，向不同的或者缺乏业务关联度的新领域开拓。例如，索尼有效发挥其经营资源，包括人员及品牌，从20世纪70年代后期开始，向与电器产品无关的领域进军，从化妆品到体育用品，从出版到教育，涉及范围非常广泛，从而成为日本子公司最多的企业，成为日本企业在成长时期多元化经营的一个典范。

第三种是追求企业规模的扩大，通过不断并购各个不同领域的企业，拓展企业的经营领域。这种多元化经营方式，虽然扩大了企业规模，但往往会降低企业的生产效率，损害企业的竞争力，减少企业的收益，甚至使企业亏损。目前某些中国企业采用的就是这种追求规模的方式。

3. 专业化是多元化经营的基础

由于多元化经营对企业的投资水平、管控能力、财务管理能力等方面提出更高的要求，所以企业采取这一战略时需要十分审慎，不能盲目，不能过度，以免失去企业的核心竞争力。企业要把专业化做好，夯实专业化基础。当企业满足这些条件时，企业的主业已经发展到很高程度，产品的市场占有率达到饱和状态，技术、管理水平处于行业前列，企业资金十分充裕，企业已经稳稳地站定脚跟，企业可以考虑向多元化进军。但是企业要量力而行，循序渐进。宋志平主张"要专业化做业务，只有具备相当实力的企业才适合做多元化业务"。

有些走多元化道路获得成功的企业，是靠专业化发展起来的。例如，美国的通用电气是在专业制造电灯泡几十年的基础上发展起来的。日本丰田专注于做汽车成为日本利润最为丰厚的公司，然后向多元化发展的。

4. 实施多元化经营战略必须注意的几点

实施多元化经营战略，企业要把握以下四点。

第一，不放弃主打产品，要突出主业、聚焦主业、做强主业；不能背离自己的核心专长，不能削弱企业的核心竞争力。要继续在主打产品上下功夫，开展纵深开拓，实行以一业为主的多元化。一业为主，向上下游产业扩展，实现与主业相关的多元化，形成产业链，避免产业链的断点，避免受制于人，这是保证企业基业长青的战略要求。

第二，新进入的领域是与主打产品相关联的，企业才会具有一定的优势。企业要实施的是有关联、有限制的多元化，不是"泛多元化"，更不是盲目追逐热门产业、热点地区、盲目跟风的多元化。例如，海尔基于电冰箱生产的核心能力，逐渐扩展到空调、洗衣机、彩色电视机等家电产品。腾讯的马化腾公开表示："多元化发展是腾讯公司未来的发展方向，但这个多元化发展是要有个度，一般来讲，我们仅限于互联网服务行业……腾讯公司提供的是线上服务，其他方面我们并不了解，也不想过多涉及。"

第三，新的、不熟悉的领域充满不确定性，对此企业必须特别慎重。企业必须加强管理，要有驾驭新领域的能力；决不轻易进入团队不懂、不擅长的领域，尤其不进入自己难以驾驭的领域。

第四，资金上应以自有资金为主。企业可以进行资本运作，向外融资，借助外力，但应该有"度"，把负债率控制在安全范围。

综上，实行多元化经营，企业必须量力而行，企业要有管理控制的能力，要有抵抗风险的能力，要有获取各种资源特别是资本的能力。

目前，中国企业中，一专到底的企业有，如福耀玻璃；跨行业、跨领域的企业也有，如华润集团；但是，多数企业还是采取"以一业为主，与主业相关的适度多元化为辅"的经营战略。一直强调"只对准通信领域这个'城墙口'冲锋"的任正非，在坚持向通信领域冲锋的同时，向手机、电脑等行业扩充，进军云计算领域。强调一心一意把空调做好的董明珠，也带领格力进入电冰箱、厨房电器等白色家电和小家电领域，同时还向制造业上游的智能装备、工业制品和模具领域拓展。

六、规模扩张与质量提高的关系

大部分企业偏好由小到大、再到快速扩张规模。这是企业发展必经的阶段。但是，片面追求规模的扩张，可能产生很多隐患。一是企业战略迷失。企业的战略目标应该是提高核心竞争力，在此基础上实现可持续发展。片面追求量（规模）的扩大，忽视质的提升，企业难以持久。二是企业的战略资源分散。企业在非主业方面分散投放过多的资源，必然无法聚焦主业，无法进行战略性的技术创新和战略性的人才积累。三是资金的过度支出，迫使企业提高资产负债率，可能产生资金链断裂的危险。四是管理失控和法律风险，快速扩张往往通过并购重组实现，存在整合人才难、统一文化难等问题，可能带来法律风险。

中国有些企业忽视这些隐患，盲目追求速度，扩大经营规模，战线过长，把大量精力、资金等投入不熟悉的领域，导致企业陷入困境，甚至全面崩盘。

20年前有"科龙"。它的创办人顾雏军自称发明了一套热力循环理论，称其在广东惠州创办的一家空调工厂的产品是"目前世界上耗电量最小的家用空调器"。后在天津经济技术开发区新建一家无氟制冷剂工厂。工厂名为"格林柯尔"。1998年，格林柯尔制冷剂被国家环保总局批准为环保实用技术推荐产品。2000年，格林柯尔在香港上市。此后进行一系列扩张活动：收购顺德科龙电器公司20.6%的股权，成为第一大股东；收购美菱电器20.03%的股份，成为美菱的最大单一股东；在合肥投资建设格林柯尔——美菱工业园；收购浙江杭州西泠电器70%的股权；收购上市公司襄阳轴承29.84%的国有法人股；收购商丘冰熊冷藏设备公司；接着又收购上市公司华意压缩。短短三年时间，顾雏军竟然拥有科龙电器、美菱电器、亚星客车、襄阳轴承、华意压缩五家国内上市公司。根据香港科技大学郎咸平教授的计算，被收购的这些国有公司资产价值136亿元，而顾雏军仅用了9亿元资金。为什么能用那么少的资金购得如此庞大的资产？归纳郎咸平教授等人的说法：一是收购过程中，格林柯尔与原来控股大股东之间存在关联交易，压低了收购价；二是大量挪用科龙资金；三是骗取银行贷款。2005年7月，顾雏军被拘捕。2008年1月，其被判处有期徒刑12年。

由于盲目扩张致使企业陷入困境，走向破产重组的，当下还有中国华信能源公司。该公司由福建地产商人叶简明在2002年创立，主要从事石油业。华信能源成立后，发展十分顺利。2014年年收入达到336亿美元，跻身世界500强企业，被誉为与中石油、中石化、中海油并列的"中国第四桶石油"，并一度被评为中国最具影响力的企业。它的发展有两个明显特点：一是在发展能源的同时，发展金融行业，从而具有一个非常好的金融平台；二是华信主要开拓国外市场。2017年，其斥资18亿美元，获取阿联酋阿布扎比酋长国最大的油气区块的四十年使用权；又以91亿美元购买俄罗斯石油14.16%的股权，成为该公司的第三大股东。同时，在全球拥有一万多个加油站和油库。华信能源连续四年被列为世界500强企业，2017年排名跃升到第222名。然而，由于企业决策者盲目追求快速发展，资金状况日益恶化。2018年，华信能源首次曝出"债务危机"。2020年年初，中国华信能源正式宣告破产。一个年收入曾达到2000多亿元的石油帝国轰然倒塌。

实行盲目扩张战略，不外乎两种原因，一是胜利冲昏了头脑，把美妙的黄粱一梦替代了基于现实基础上的梦想；二是"野心"代替了"雄心"。一般来说，企业大都运用资本运作手段并购收购，短期内大肆扩张企业规模，以至企业巨额亏损，最终要面对重组、重整，甚至破产的结局。

国内外的很多企业确实具备成长为巨型企业，甚至世界级企业的条件，但最终成功者寥寥。中国500强企业排行榜中，曾经有多家苦心经营多年的大型企业轰然倒塌。这充分说明现代化企业，必须正确处理好规模扩大、数量增加与质量提高的关系。企业应该健康、合理地发展，而不是超常速度发展，野蛮生长。欲速则不达。过度地高速发展可能带来重大危机。这种危机最早可能出现在资金链上，如资金链断裂。这几乎是大部分失败企业共有的。企业要重视管理，重视产品质量的提升，保证企业的核心竞争力，不能单纯地追求规模的扩大，否则，规模形成之时也是企业走下坡路之日。

在这个问题上，任正非始终保持着清醒的头脑，即使华为的发展取得巨大成功，也没有"沾沾自喜"。任正非鲜明地反对企业"大跃进"式的发展。他认为，有很多创业者和企业家非常浮躁，渴望短时间内做成大事，渴望走捷径获得成功。可是，发展需要积累。严重的浮夸风和大跃进式的发展，会让企业陷入畸形发展的境地，让本来就不很景气的发展环境蒙上阴影。他曾说："世界是循序渐进的，我不相信大跃进可以成功。我们公司从来不搞大跃进……路要一步一步走，饭要一口一口吃。"

对于通过收购与兼并扩大企业规模的做法，任正非特别慎重，十分警惕。他曾讲过一则寓言。主要意思是：老鼠在陆地上能够快跑，这是它的优势；而青蛙善于在水中游泳。有一次，为了带老鼠在池塘内旅游，青蛙把老鼠捆绑在自己后腿上游泳。这时刚好被老鹰发现，它俯冲下来抓老鼠。老鼠在水中不能快跑，青蛙则因老鼠抱着它的后腿不能快游。由于两者的优势都已丧失，老鹰轻而易举地抓住了老鼠；青蛙由于与老鼠捆在一起也成为老鹰的战利品。华为认为，在国际竞争日趋激烈的环境中，单打独斗不一定能获胜，合作结盟是良好的对策。例如，德国西门子与诺基亚结盟，阿尔卡特和朗讯成立合资公司，确实带来更多的竞争优势。但是，也有公司盲目收购和兼并，如上述寓言中的青蛙和老鼠一样，青蛙被结盟的另一方——老鼠拖垮，不仅没有提升竞争力，反而削弱了自己的优势。因此，企业必须看到收购与兼并获利背后蕴藏着的巨大风险，在国际市场上，更应小心谨慎。

七、资本运作与企业经营的关系

在企业经营中，资本运作是必要的，但应该有个"度"。在"度"之内，资本运用得当，将有利于企业的发展；超过了"度"，运用失当，便会毁掉企业。在资本运作中，杠杆或许是人类经济活动中创造出的最疯狂的工具，它充满创造力的同时具备毁灭力。企业的发展从根本上说不能只靠杠杆的作用，而要善于经营。

利用股市，进行血雨腥风的资本运作，骤然建立帝国的企业有，但是结局不言自明，不是靠企业实力得来的成绩，终究长久不了。在20世纪末21世纪初，所谓的"中科系""德隆系""托普系"昙花一现。

其中"德隆系"最为典型。1992年，唐万新雇5000人到深圳排队认购抽签表，获得原始股，赚了一大笔。以此为资本与人共同注册成立新疆德隆实业公司，专门从事股票运作。他们在西北各省收购国有企业的原始股和内部职工股，倒卖给新疆的金融机构，或者等到该公司上市后甩卖套现；通过国债回购业务违规融资。在完成这一原始积累后，他们通过极低的价格和灰色手段收购国有上市公司尚未入市的法人股，先后成为新疆屯河、沈阳合金和湘火炬三家上市公司的第一大股东，这三家企业成为"德隆系"的"三驾马车"。然后，通过扩大收购其他相关企业对这三家上市公司进行战略重组，使它们分别成为全球主要番茄酱生产商之一、全国最大的电动工具制造企业、出口企业和国内汽车零配件行业的龙头企业。接着，又利用其"庄主"地位进行炒作，不断制造、释放并购重组等利好消息，一步一步地抬高三家企业的股价，五年内全部狂涨十倍以上，创下令人瞠目的飙涨纪录。有人计算，2001年3月，德隆从中获利52亿元。成为"天下第一庄"。为了保持对所属企业的高控股率，维护已经抬得非常高的股价，德隆必须不断输血。为此，德隆采取种种违规、违法的手法，筹募所需的巨额资金。提出产业与金融业"混业经营"的概念，把手伸向金融领域，创办和控制多家信托金融机构，并在银行、证券、保险、基金和金融租赁等领域开展委托理财业务。通过这些手段，融资金额高达250亿元。它还进行"地下私募"活动，高息吸贷。依靠这些手法，德隆成为当时中国最大的民营企业，2002年进入鼎盛时期，拥有1200亿元的资产，涉足20个领域，旗下有500多家企业、30万名员工。不久，面临债务危机；最终德隆解体，所属企业均被出售。

虽有前车之鉴，有些后人依然重蹈覆辙。紫光集团有限公司是清华大学的校办企业。旗下控股企业300多家、间接参股企业1000多家，总资产达2964亿元。它是支持NSA/SA模式的5G基带芯片商。这样一个头顶清华大学光环、身价数千亿元的国内芯片"航母"企业集团，2021年7月，被徽商银行以不能清偿到期债务且已无力还债为由，申请对其破产重整。主要原因在于实际掌舵人赵伟国的不法行为。他出任董事长后，野心膨胀，热衷于并购，将公司资产证券化，搞资本运作，盲目扩张。2013年、2014年，先后拿下设计手机芯片的展讯通信、设计物联网芯片的锐迪科，将两者合并成"紫光展锐"，成为仅次于高通和联发科的全球第三大手机芯片公司。2015年，他又买下负责惠普中国业务的"新华三"公司51%的股权；入股"西部数据"。此后，他进行大小十几次的并购，掷巨资在武汉、成都、南京三地设立半导体制造基地；先后在国内和美国、法国、德国、新加坡、印度、泰国等地设立60个全球研发中心。为扩张企业，他在资本市场依靠资本运作、发行债券、借款等手段，疯狂砸钱，导致紫光集团陷入债务危局。截至2020年6月30日，集团总负债2029亿元，同期货币资金仅有515亿元。2022年7月，紫光集团完成司法重整工作，由北京智广芯控股有限公司承接其100%的股权。

古人云："得胜于斯，必败于斯，其兴也勃焉，其亡也忽焉。"正是对这些依仗资本运作迅速兴起企业的写照。

华为的创业资金2.1万元完全是自有资金。其发展、壮大过程中所需资金完全是华为经营所得的积累。任正非觉得实体经济能够支撑起国家的未来，虚拟经济对国家经济有贡献，看起来非常美好，但是泡沫太大太多，过度依赖这些虚拟经济，会压缩实体经济的发展空间。他曾说，"虚拟经济是工具……我们还是得发展实体经济，以解决人们真正的物质和需要为中心，才能使社会稳定下来。"过去，在华为公司的大楼下有一个股票交易所，交易非常火爆。但是华为员工并没有被"一夜暴富"的现象诱惑，坚持不参与股票交易。任正非希望华为成为创造财富和资本的企业，而不是追逐资本，甚至被资本操控的企业。企业上市是融资手段，是增加虚拟财富的手段。对于现金流充足、发展规模庞大的华为并没有太大的必要。截至目前，华为始终踏踏实实地经营它的实体经济，未有进入股市的想法。在众多企业争相上市，采用资本运作的经济环境下，华为确实是一个异类。

李书福对资本市场"圈钱"的那些做法持批判态度。2016年3月，他在一次讲话中说道："有梦想值得鼓励，'中国梦'需要大家积极参与，但……实干与梦想同样重要。有些人意在资本市场圈钱，我认为这种出发点与'中国梦'没有太大联系。这是一种不负责任的布局。""有些人认为，只要能圈到钱就能买到一切。我认为，这种思考可能太简单了。"2018年5月，他在一篇文章中写道："利用互联网概念、电动车概念，以及借发展实体经济投资汽车工业的名义圈钱，其目的不是造车，而是既不想自己承担风险，又想乘机变相捞钱，这样做不利于市场经济健康发展。"

八、企业内部的各种关系

有人说，有人的地方，就有江湖；有江湖的地方，就有各种各样的派系。派系之间，有各种各样的争斗：有经营理念之分歧，有权力之争抢，有利益之争夺。个别野心家，一旦力量积蓄到一定程度，就觊觎经营大权；个别阴谋家，破坏企业发展；个别叛变者，受竞争对手派遣或收买窃取商业秘密、技术秘密；等等。人类社会的实践经验证明，堡垒最容易从内部被攻破，来自内部的破坏甚至可能导致全局的崩溃。树欲静而风不止，企业发展到一定程度后，内部会出现不和谐的声音，出现反常的情况，因此企业必须时刻警惕。

（一）经营理念上的矛盾

合作者或董事在企业经营理念上有分歧，如联想公司的柳传志和倪光南在经营方向上的分歧。

倪光南是联想汉卡的发明人。1994年前后，由于国际市场的变化，汉卡销售受到严重影响。倪光南决定把突破"芯片"作为联想创造新技术的制高点。他成立"联海微电子设计中心"，设想在全球计算机领域中取得应有的地位。这个被称为"中国芯"工程的设想，是极具前瞻性的。柳传志认为：芯片的研发，风险巨大，而且"有了高科技产品，不一定就能卖得出去；只有卖出去，才能有钱"。

这场争论，有人称之为"技术派"与"市场派"的争论。在笔者看来，如果联想公司是一个白手起家的民营企业，那么"贸工技"可能是优选。但是，联想原是中国科学院计算机研究所创办的。计算机研究所的根本任务是研究、创新，它具有很强的科研实力。国家为鼓励计算机研究所开展科研活动，在资金等方面给予极大的支持。当时的联想已经有了汉卡，倪光南院士又明确提出"中国芯"的设想。所有这一切表明联想具备走"技工贸"道路的条件。可是联想却选择了"贸工技"道路。笔者有时会想"如果当时联想走'技工贸'的道路，今日将会是怎样的景象呢？"

20世90年代甚至以后的一段时间内，国内部分企业实际上是从"贸"开始的。有些企业始终停留在这一阶段；有些则进入"工"的阶段；"技"只是在口上喊喊。这些企业中有些经营规模达到全球性的水平，但是它们只是外延式的量的扩张，或者是运用资本，通过收购、兼并等手法，扩大经营领域，成为巨型企业，较少关注技术进步和掌握核心技术，缺乏质的提升。因此，不少技术核心始终掌握在他人手中，企业发展受人制约。

在现实中，这两种经营模式都有成功的实例，也有失败的案例。当时，部分中国企业是靠贸易起家的，也有部分企业是靠引进生产线启动的。如果企业缺乏启动资金，研发能力较弱，那么，"贸工技"不失为良好的选择。国内部分企业由此获得成功。例如，1987年，华为的总注册资金只有2.1万元。依靠代理销售交换机赚取差价得以生存，并积累一定的资金。在此基础上，它购买了交换机配件自行组装成整机，以华为的品牌销售。接着，它模仿香港的程控交换机和国外的先进交换机生产产品。然后，它从自主研发一些小零件开始，最终投入大量人力、物力、财力，全面自主研发创新，创立真正的华为自主品牌的产品。可以说，华为走的也是"贸工技"的路子，只是它在这条道路上从未停顿，快步前进，最终在"技"上创造出奇迹。实际上，从代理销售开始，经过装配、仿制，再到自主研发、创新，也是部分成功企业经历的过程。

如果科研力量较强，启动资金无忧，那么"技工贸"可能是企业的最佳选择。特别是事关国家安全和经济发展的技术项目，必须未雨绸缪，即使没有条件，也要创造条件，迎难而上。还要指出，有些企业靠技术起家，但技术止步不前，"工""贸"也就难以为继，企业是难有前途的。

（二）企业利益与个人私利之间的矛盾

企业内部的争权夺利、私欲横溢等，往往是企业垮台的重要原因之一。企业内部的斗争主要表现形式有合作者或董事或亲信的争权夺利，通过各种手段，如窃取企业机密，掏空企业资金，使企业资金链断裂，影响企业发展。

北大方正被业内认为是中国IT行业中"内斗"最激烈的企业。北大方正是北京大学于1986年创办的大型国有控股企业集团。其创始人为两院院士王选。他发明的汉字激光照排技术，成为集团的起家之业。集团旗下拥有方正科技、方正控股、北大医药、北大资源、方正证券、中国高科等六家上市公司。2019年9月中国企业联合会、中国企业家协会发布的"2019年中国企业500强"榜单上，北大方正以年营业收入1333亿元，排名第138位，比2018年提升了22位。在2019（第33届）中国电子信息百强企业名单上，排名第5位。截至2019年第三季度末，集团总资产超过3600亿元，总负债3029.51亿元。2020年2月，北京银行向法院提出对北大方正集团重整的申请。2021年7月5日，法院批准北大方正集团公司重整计划。为什么具有北京大学这样一流资源的中国"最牛校企"沦落到合并重整的地步？原因之一是北大方正集团的个别高管掏空了方正集团的国有资产。首先他们取得了北大方正的控股权；又通过举债、收购的方式，使北大方正从一个高科技公司成为一个金融控股集团；此后，又不断并购扩张，进入地产商贸、金融证券、智慧城市、智慧医疗、智慧交通等领域，集团旗下所属公司达到400多家；还设置100多家关联企业和影子企业，北大方正大量资产流向这些体外公司。某权威人士总结，在破产重整过程中，暴露出方正集团长期存在内部人控制、隐形持股、暗箱改制、影子企业众多、关联交易泛滥、内外部公司人格混同等情况。

上面所讲的清华紫光集团，由盛转衰，最终破产重整，固然由于企业盲目扩张，而根本原因是，赵伟国"将所管理的国有企业视为私人领地，处心积虑巧取豪夺国有资产"；"利欲熏心，肆意妄为，背弃职责使命，公器私用、化公为私"。正因为如此，2023年9月，赵伟国因贪污、为亲友非法牟利、背信损害上市公司利益，被吉林市中级人民法院公开庭审。

企业内部高管私欲膨胀，毁掉一家知名企业。牛顿曾说："我能计算出天体运行的规律，却难以预料到人性的疯狂……"

任正非对"堡垒从内部攻破"有着清醒的认识。他认为，华为发展了、富裕了，就会滋生出内部腐败。过高的收入，会使人惰怠，不想好好干活，安于现状，不思进取，或欺上瞒下，做出违背企业利益和丧失道德的事情，也会刺激人们的欲望不断膨胀，最终变得欲壑难填。物质上的追求又会引起权力的争夺，拉帮结派，形成小团体、小圈子、小山头，进一步引发内斗和分裂；或攫取权力，利用职权谋取私利，腐化堕落；等等。从而，人心涣散，团队失去协作精神和意识，干部队伍的战斗力被削弱。任正非清楚地知道，"华为真正碰到的敌人不是别人，而是我们自己"。早在1998年，他就警示员工，"要清理干部的腐化，绝不允许不良的现象存在"。"对干部的管理，一是要让其自我约束，二是公司进行约束。"2007年9月，华为在总部召开了《EMT自律宣言》宣誓大会（EMT，Executive Management Team，经营管理团队）。成员任正非、孙亚芳、郭平、徐直军、胡厚崑等人带领二百多名中高级干部一起庄严宣誓："我们必须廉洁正气、奋发图强、励精图治，带领公司冲过未来征程上的暗礁险滩。我们决不允许'上梁不正下梁歪'，决不允许'堡垒从内部攻破'。"《EMT自律宣言》明确规定"正人先正己、以身作则、严于律己，做全体员工的楷模。高级干部的合法收入只能来自华为公司的分红及薪酬"；"高级干部要正直无私，用人要五湖四海"；"高级干部要有自我约束能力，通过自查、自纠、自我批判，每日三省吾身，以此建立干部队伍的自洁机制"。

企业内部，以至企业与相关方面，如上下游合作者之间的关系，应该是同舟共济、和衷共济。企业的高层领导，应该努力沟通各利益相关方的关系，达成正确的最大共识，把矛盾化解于萌芽之中，并且形成利益共同体，最大限度地将各方凝聚在一起，团结一致，协同作战，为企业利益相关方创造共享价值。

与合作者的关系，任正非主张采用李冰"深淘滩，低作堰"的治堰准则。"低作堰"，不把水全部留在自己的堤内，"就是节制自己的贪欲，自己留存的利润低一些，多一些让利给客户，以及善待上游供应商。将来的竞争就是一条产业链与一条产业链的竞争，从上游到下游的产业链的整体健康，就是华为生存之本"。

九、企业与竞争者的关系

市场是需要竞争的,没有竞争也就没有市场。有的企业在优胜劣退的竞争中,不断提升企业的生产效率、提高产品质量、提升创新能力,从而做大做强;有的企业则在竞争中失败,甚至死亡。因此,企业必须积极面对市场竞争,处理好其与各方的竞争关系。

处理好这个关系的关键在于企业本身。常言道,打铁必须自身硬。把自己的事情做好,坐得正,看得远,行得稳,巩固自己的基础,壮大自己的力量,使自己成为业内的佼佼者,在竞争中用实力说话,就能战胜一切竞争者。

自改革开放以来,中国企业是在国内外激烈的市场竞争中成长起来的。所有行业领域,特别是传统的制造业领域,都面临着激烈的竞争。改革开放初期,它们不仅要面对国内同业的企业,而且要面对占领了国内市场大部分份额的国外企业,企业在夹缝中求生,从虎口夺食,打开一条血路,最终夺回自己的市场,其艰难程度可想而知。走向海外的过程中,中国企业在国外企业天时、地利、人和方面都处于绝对优势和领先的环境中,披荆斩棘,开辟出一条新路更是艰难。

传统产业不论是在国内市场还是在国外市场,与国际巨头竞争的基本态势是,中国企业要冲出去,国际巨头则千方百计地遏制和阻碍。竞争对手主要是世界级的企业巨头,它们以技术为矛、以专利为盾,遏制中国的后起企业。中国企业饱尝知识产权和技术壁垒的苦头,许多核心产品、核心技术受制于人,不仅要交纳大量的专利费,竞争激烈时还会面临断供等困局。因此,中国企业必须高度重视知识产权问题。比亚迪建立了专利技术资料库,在每个研发车型项目组中都配备几位知识产权法律专员,监督、检查研发是否侵犯知识产权。

（一）竞争的两种形态

中国从计划经济走向社会主义市场经济过程中，竞争意识的确立是一个深刻变化的过程。市场竞争基本存在两种形态。

一种是恶性竞争。按照丛林法则行事，弱肉强食。竞争者之间是你死我活、独霸市场的斗争。在恶性竞争中，有些企业还能在法律框架内经营，或打擦边球，与竞争对手厮杀。但个别企业不遵守市场规则，往往不择手段，冲破法律底线，使尽各种阴谋诡计，垄断整个市场。

二是良性竞争，即公平竞争，相互促进，分享市场，实现共赢。

任正非说，"我们为什么不把大家团结起来，和强手合作呢？我们不要有狭隘的观点，想着去消灭谁。我们和强者，要有竞争也要有合作，只有益于我们就行了"；"我们一定要寻找更好的合作模式，实现共赢"；"要开放、合作、实现共赢，不要一将成名万骨枯。前20年我们把很多朋友变成了敌人，后20年我们要把敌人变成朋友"。

（二）有竞争有合作，相互促进，实现共赢

任正非指出，当今世界，新技术层出不穷，市场更是变化无常，华为不可能什么都自己从头做起，华为也没有独吞天下的本领，即使排位世界前几名的西方巨头也没有一统天下的能耐。相反，只有强强联合，有竞争有合作，企业才能越做越强。2005年，华为领导层把与竞争对手的合作提升到改变公司未来发展格局的高度。此后，华为在世界范围内广泛地开展技术合作、市场合作，与包括竞争对手在内的国际大公司建立战略伙伴关系。华为先后与得州仪器、摩托罗拉、IBM、英特尔、朗讯科技等公司成立联合实验室或合资公司。

李书福2018年发文，指出"21世纪是科技革命、产业革命、商业重塑的世纪"，世界所有的汽车公司，"都面临巨大挑战"。在这种形势下，所有的公司都应该"在相互尊重、互不影响独立性的前提下，依法合规地

探索一条携手共进的新型发展道路"。2019年,他又强调:"汽车行业的最大特点就是开放创新、合作共赢,我一直主张开放竞争、自由合作、广泛交流、有效协同,而不是闭门造车、单打独斗。"

格力的董明珠在这个问题上,态度十分明确。她说"竞争是为了进一步提高能力、共同进步,不是把对方置于死地,要有足够的胸怀容纳别人与我们共同成长";"经济活动中的'博弈',不是谁吃了谁的问题,而是通过合作取得共同发展";我们"期待'正和博弈'——不是你吃掉我,也不是我吃掉你。棋行天下,并不是统一天下,而是和所有人一起走下去";"即使和跨国公司之间,我们也主张大家合作、联合开发第三方市场,不吃独食"。她强调:"企业经营要达己达人,一花独放不是春,百花齐放春满园,协同、共生、共赢、共享,企业的目的是让社会更美好。"

宋志平认为:"市场中的同行之间不光要进行竞争,还要有合作,不刻意去挖别人的墙脚,不去做红海竞争而是要蓝海竞合。"

企业一旦处于领先地位时,想进一步垄断市场,独占高额利润,这是资本的属性。因此,实现垄断、独霸市场成为众多实力雄厚企业的追求目标。在这一点上,华为可以说与众不同,独树一帜。任正非坦率地表示过,华为从来没有想过要蚕食诺基亚、爱立信,也没有想过要将它们完全赶出市场,或者消灭它们。他提出一个概念"分享制"。他说:"我们的分享制,从二十多年来对资本与劳动的分享实践,逐步扩展到对客户、供应商分享成功。同时,与领导这个世界的先进公司合作共同制定标准、路标,一起为社会做出更大贡献。"更令人惊讶的是,根据"分享制"的原则,任正非提出,华为所占市场份额最好控制在三分之一左右,剩下的三分之二留给竞争对手。即使在国际市场上,华为也不建立垄断地位和霸权。任正非在一次高级干部会上,告诫大家:"我们为什么要打倒别人,独自来称霸世界呢?想把别人消灭、独霸世界的成吉思汗和希特勒,最后都灭亡了。华为如果想独自称霸世界,最终也是要灭亡的。"他还说:"我们立足建立平衡的商业生态,而不是把竞争对手赶尽杀绝。我们努力通过管道服务全球,但不独占市场。"

关于这一点，宋志平也有精辟的论述。他说："做企业有两个问题很重要：第一，要有分利的思想。不能钱都自己挣了，也得让别人挣。做企业往往觉得赚钱越多越好，但也得让上下游和竞争者都赚钱，这一点必须想通。第二，必须各有地盘。自己有地盘也得给人家地盘，要让竞争者有生存空间，不能统统自己占了，没这个必要，我们也没这个精力。"

从另一个角度说，保留竞争对手也是自己生存并发展壮大的必要条件。孟子说："入则无法家拂士，出则无敌国外患者，国恒亡。"这就是说，一个国家国内如果没有坚持法度的贤士，国外没有相当的对手和相应的忧患，这个国家一定会灭亡。一家企业也是如此。企业想长盛不衰，秘诀是保持足够的竞争力和危机意识。在市场上有竞争对手，就是让自己时刻处于竞争的压力和威胁下，从而推动自己不断进步。华为把竞争对手看成互相竞争、互相促进的对象。华为这个庞大的狼群，需要在自己的势力范围内保留一两头狮子作对手，以保持并壮大自己的攻击性和群体作战能力。这可能是企业对待竞争的正确态度。

企业在发展过程中，一定会遇到各种各样的竞争对手，他们对企业构成大大小小的威胁，同时他们也是促进企业更加努力进取的动力。没有竞争意味着动力的丧失。只有在"与狼共舞"中，才能更好地锻炼自己，使自己变得更强。

良性竞争并不表示不进行斗争，特别是对国外的竞争者。有时，明知取胜的可能性很小，甚至明知是败局，也不能不战而退，必须迎接挑战，奋起一搏。腾讯在与美国在线（AOL，美国最大的因特网服务商）域名之争中表现可圈可点，虽败犹荣。1998年、1999年，腾讯分别注册picq.com和pica.net两个域名。2004年，美国在线将腾讯告上国际法庭，指责腾讯的OICQ软件侵犯ICQ的知识产权，腾讯的这两个域名与他们公司相关网站的域名icq.com过于相似，有恶意注册的嫌疑，要求将这两个域名无条件转让给他们。马化腾面对艰难的抉择，妥协还是抗争？他选择的是"迎战"，是真真正正的迎战、大张旗鼓的迎战。他调动全部力量搜集有利证据，但最终仲裁结果是腾讯败诉，上述两个域名被判归美国在线，OICQ更名为QQ。虽然腾讯败诉了，但是马化腾却借此宣传腾讯，让世界上更多的人了解腾讯，提高了腾讯在国际上的知名度。国内有媒体评论：腾讯虽败犹荣，他们没有委曲求全，没有苟且偷生，而是对AOL的挑战正面予以痛击。这充分体现了中国企业不畏强权的可贵精神。他们为中国企业做出了榜样，对世界强权企业亮明了态度。

十、海外的中国企业与所在国家（地区）的关系

中国现代化企业迅速发展，实现国际化是必然趋势。党的十六大报告提出要"鼓励和支持有比较优势的各种所有制企业对外投资，带动商品和劳务出口，形成一批有实力的跨国企业和著名品牌"；党的十七大报告指出"创新对外投资和合作方式，支持企业在研发、生产、销售等方面开展国际化经营，加快培育我国的跨国公司和国际知名品牌"。目前，中国企业走向海外，实现国际化，已具备一定的条件：国内国有企业和一些知名民营企业实力比较雄厚，资金比较充裕，有力量进军海外市场；国家在资金和政策上大力支持企业向海外发展；国内市场广大，统筹海内外市场，国内企业的参与和合作，非常有吸引力；等等。自2008年国际金融危机以来，经济发达国家的企业不断遭受挫折，这也带给国内企业挺进海外市场的机会。

中国已有不少企业进入国际化轨道。2021年，在中国500强企业中，实现海外营业收入的达到310家。部分企业取得了显著成绩。华为是其中的佼佼者。任正非认为，跨出国门成为一家国际性企业是面对危机的必然要求。《华为基本法》明确要求华为成为世界级领先企业。任正非在《加强合作，走向世界》一文中强调并规划路线图。他说："我们已制定了第二次创业规划，我们将在科研上瞄准世界上第一流的公司，用十年的时间实现国际接轨。这个目标我们分三步走，三年内生产和管理上实现国际接轨，五年在营销上实现国际接轨，十年在科研上实现国际接轨。"2020年，由于美国的打压，以及新冠疫情的影响，华为在海外的营业额下降，但是仍然占其总营业收入的38.78%。在此之前的十年间，华为的海外营业收入占比平均达60%左右。格力的董明珠一直强调，参与国际化竞争是格力发展的必由之路。全球化不是寻找成本低的生产国，而是要达到资源的优化配置。同时，更有价值的是自己品牌走出去，为全球消费者提供最好

的产品。

走出国门，真正进入世界，实现国际化，取得显著成就的还有海尔。20世纪90年代末，海尔向国际化进军，确定"走出去、走进去、走上去"三步走的战略。

（一）企业走向国际化的途径

企业走向国际化，大体经历以下阶段。

第一步，企业在国内有了一定的坚实基础。这是企业走出去的坚强后盾。先本土后国际，这是企业发展的一般规律。中国的某些企业，如华为、海尔、TCL等，都是先在本土获得成功，占领可观市场份额后，再开始国际化的。任正非说"如果在中国这个市场都做不好，走向海外，国际化可能无从谈起"。按照董明珠的观点，"走出去要对得起国家形象"。为此，企业要建立国际化经营管理体制，按照国际化的要求改善企业内部组织体系和管理体系，积累国际业务经验，提升企业的全球化经营能力，更为重要的是提高产品质量，打造高端产品，提高产品的品牌价值。董明珠认为："最重要的是让全世界来了解格力，让世界知道中国也有高技术、高品质的空调产品。"

在这一点上，马云有深刻的教训。2000年，阿里巴巴在国际上融资几千万美元后，踌躇满志，吹响了向国际进军的号角。2月他率领一队人马杀到欧洲，并立下豪言："一个国家、一个国家地杀过去。然后再杀到南美，再杀到非洲，9月份再把旗插到纽约，插到华尔街上去：嘿！我们来了！"阿里巴巴的服务器和技术大本营都放到美国硅谷，在英国、韩国、日本、澳大利亚的办事处也一个一个地筹建起来，还在世界各地吸纳一批优秀人才，有的是跨国公司的管理者，有的是名校高才生。他表示："在公司的管理、资本的运用、全球的操作上，要毫不含糊地全盘西化。"可是，这种盲目国际化使阿里在管理上陷入迷茫，资金链几乎断裂，屋漏偏逢连夜雨，恰逢网络泡沫破裂，大量互联网公司倒闭，阿里巴巴困于悬崖上。最后，阿里巴巴停止扩张，壮士断腕，全球大幅裁员。

第二步，以产品打开和扩大海外市场。为此，企业需要根据市场拓展进程，逐步建立和完善具有竞争力的全球供应链体系。由于海外市场蕴藏着潜在的发展机会，企业可以由此迅速增加市场容量、扩大规模经济等。选择打入的市场，是发展中国家，还是发达国家？华为的策略是先从薄弱地区进入，然后逐步扩大到欧洲国家，最终打入企业最强大的美国。实施这个策略的原因是东南亚、中东、非洲、拉丁美洲等地经济相对落后，工业基础薄弱，很多产品依赖国外输入，比较重视性价比等因素，中国商品比较容易进入。由易到难，实际上，也是其他部分企业选择的途径。当然，还有些企业是反其道而行之。

第三步，企业要建立自己的发展基地。大体有三种方式。一是借力打力，即与当地有实力、有影响力的企业合作，借助其已有优势资源开展研发，进行销售，拓展市场。这种方式费力少、收效快。二是企业建立自己的营销网络、生产基地。这是脚踏实地、不受制于人的做法。格力电器的董明珠坚决主张在海外建立自己的生产基地，以推进格力的国际化进程。三是收购兼并所在国家和地区的企业，加以改造，开拓市场。这也是打入海外市场的捷径。这种跨国收购方式已经成为中国企业走出去的主要方式。吉利公司基本上采取的是这种方式。首先，吉利收购了英国锰铜公司（世界著名的伦敦出租车公司）。2010年，收购了知名汽车品牌沃尔沃汽车公司。2017年收购马来西亚宝腾汽车49.9%的股份和英国跑车路特斯品牌51%的股份。2018年，又购买了奔驰母公司戴姆勒公司的股份，成为该公司具有表决权的第一大股东。

上述三种方式有时可以同时使用。

此外，建立经贸合作区也是助推企业走出去的一种方式。目前中国已经在世界几十个国家和地区建立了100多个经贸合作区。

第四步，企业要建立自己的科研机构，进一步整合、并购国外的研发、设计中心等，逐步建立全球化的研发体系。通过这个体系，共享全球研发资源，进行科技创新，掌握产品的核心技术，并且在此基础上进行原创性的研发，生产原创性的产品，创建一流的国际化品牌，增强企业的国际竞争力。在科技创新的基础上，申请国际专利，参与国际标准的制定，使企业真正成为国际化、世界级的一流企业。

中国企业国际化，从根本上说，要在创新上下功夫，在管理、技术等方面下功夫，真正成为世界级一流企业。任正非认为，中国企业"走出国门绝对不代表只在国外建设几个工厂，把一些产品卖出去。中国企业应该有更大的野心和更高的追求"。中国企业还应该"按照一种新的全球化理念和规则来运营"，还应该"在科技上瞄准世界上第一流的公司"。

中国企业国际化，应该提高自主品牌的价值，提高中国人才国际化的程度，参与并主导国际规则和标准的制定，掌握定价权、评级权、认证权，在国际经济领域内站稳脚跟，取得主导地位。董明珠认为"走国际化道路，就要懂得国际竞争的规则"。国际竞争讲究以产品为先导。她一再强调："一个品牌走出去更多的是要有一个很好的技术支撑，只有技术才能改变品牌形象。"因此，她要求："我们的创新研发，不是简单地按照国家的标准，而是按照国际的标准，甚至是超越标准创造没有的技术，从而保证我们一直拥有核心技术。"

从目前情况看，中国企业走出去多数停留在第三步，还要努力真正完成这四步。

中国对外直接投资2002年仅有27亿美元（非金融类投资）。加入世贸组织后，中国企业走向海外的数量呈直线上升趋势，尤其在2008年国际金融危机后，中国加快海外并购和孵化，当年对外投资比2007年翻番增长，达到559.1亿美元，以后一路高歌，2016年达到1961.5亿美元。2017年后，国家政策调整，对那些与国家经济发展关联度低、经营风险巨大或经营不善的行业和企业进行了管控，投资总额有所下降，但2017至2020年投资额每年基本保持在1500亿美元左右。根据《2022年度中国对外直接投资统计公报》，2022年中国直接对外投资流量为1631.2亿美元，居全球第二位。2022年年末，中国对外直接投资存量达2.75万亿美元，连续六年排名全球前三。中国境内投资者共在全球190个国家和地区设立境外企业4.7万家。

近60%分布在亚洲，北美洲占13%，欧洲占10.2%，拉丁美洲7.9%，非洲7.1%，大洋洲2.6%。境外企业员工总数超过410万人，其中外方员工近250万人。

中国企业走出去不仅在数量上迅速增长，而且在质量上也有很大的变化，已经从"低水平走出去"转向"高水平走出去"。过去主要是扩大出口换取外汇，现在不仅要扩大产品的国际市场，还要谋求国际资源能源，深入国际投资市场，获取先进的科学技术；过去只是被动地适应国际经贸规则，现在要主动参与和影响全球经济治理。企业走出去的步伐明显加快，更广更深地参与国际市场的开拓。今后，将会形成越来越多的世界级企业。

建设世界一流企业的道路十分坎坷。20世纪70年代和80年代，日本企业打进美国市场，由于对自己的定位不准、对美国市场认识不清，日本企业经历了一个痛苦的过程。因此，企业在向国际化进军时，要有充分的思想准备。"走出去"的意义在于把自己放在全球优胜劣汰的激烈竞争中磨炼自己，尽快提高自身能力和水平，早日成为世界一流企业。中国加入世贸组织时，很多企业家高呼"狼来了"。那么，企业走出去，到海外去，无异于进入狼群，要在与群狼的搏斗中增强自己的力量。关于企业国际化，张瑞敏多次告诫员工，必须把自己摆在"狼"的位置，而不是任人宰割的"羊"。企业必须在国际竞争中学习竞争规则和技巧，提升自己的实力，在与狼群竞争中把自己锻炼成"战狼"。然后，企业与竞争对手才能发展成为竞争与合作并存的关系，"与狼共生共赢"。

当然，说起来容易，做起来困难重重。中国企业与国外巨头相比，在资金实力、品牌知名度、科研能力、管理能力、高素质人才等方面都显得薄弱，对海外市场各方面也缺乏足够的了解。对此，企业应有清醒的认识，然后逐步解决。

（二）企业国际化进程中遇到的困难

企业在国际化的进程中，主要面临以下四个方面的困难。

1. 国际政治经济形势的变化

例如，国际金融危机的影响，地区安全形势突变，中东地区硝烟此起彼伏，非洲国家政局不稳、疾病肆虐，俄乌争斗爆发，等等，对此企业要有应对预案。

2. 企业文化与所在国家、民族的文化冲撞

企业走向世界，不管是跨国经营，或是企业并购，还是产业合作，都不是资本、技术或市场的简单结合，必然涉及因文化差异而产生的碰撞。这是企业"走出去"过程中遇到的必须解决的问题，也是中国企业走出去开展国际合作交流中最为突出的冲突。自改革开放以来，在技术、环境和设备等方面，中国与发达国家的差距越来越小，可是很多企业在"走出去"的过程中，与所在国家和地区在文化上的冲突却很难化解，阻碍了"走出去"的步伐。这种文化差异和冲撞表现在：企业内中外员工间语言、文化、宗教信仰、生活习惯的不同；收购企业与被收购企业在管理制度、服务意识、对外交往等方面的不一致；收购企业与被收购企业在国家法律、规则以及营商环境上的摩擦；与被收购企业在历史传统、价值理念、道德规范上的差异；等等。

两者之间的文化冲突造成的影响十分严重。妥善处理两者之间的关系，是企业并购取得成效的关键。据有关资料统计，在国际并购中，有70%的并购未实现预期商业价值。其中70%是由于文化整合不良造成的。这不仅是中国企业海外并购存在的问题，西方国家的企业同样存在这个问题。例如，1998年戴姆勒—奔驰与美国第三大汽车制造商克莱斯勒的并购，被称为世界汽车产业史上的"天作之合"，但在第九个年头却因文化融合失败而一拍两散。德国与美国有着截然不同的文化理念：德国人注重品质，比较严谨，美国人注重效率，比较务实；德国企业重视利益相关者，美国企业重视股东利益；德国企业对新产品研发投入多、周期长，美国则倾向快速推出价廉实用的新产品；等等。中国与西方国家文化差异更大，在处理上，企业应该更加慎重、妥善。

这种差异和冲撞可以通过不断的交流加以融合。要在"知己"的同时"知彼",要依据求同存异原则,了解、理解并尊重当地的文化、当地人的思维和价值观、当地的风俗习惯等,进而将本企业文化与当地文化很好地结合起来,融入他们的社会,这样才能在海外生根发芽,开花结果。这一点,是否做到位,已经成为中国企业国际化事业成败的关键。

一般来说,并购后处理两者文化差异有三种方式:一是坚持推行本企业的文化,替代被并购企业的文化;二是并购后,双方保留各自的文化特点,逐步交流、融合;三是并购后,双方各自独立地保持自己的文化。

对两者文化差异的处理,海尔采用的基本是第一种方式。海尔的理念:在海外仍然要坚持构建与国内相一致的海尔文化。例如,中国企业和美国员工对于工作、效率的看法大相径庭。中国企业追求高办事效率、高工作强度,加班已成习惯。而美国则讲究规则,工作按部就班,绝不加班,因而效率较低。海尔通过培训等方式逐步提高美国员工对海尔文化的认同感。海尔也认识到必须兼顾当地的情况,因地制宜地进行一定程度的"本土化"。例如,在巴基斯坦,为尊重当地员工的宗教信仰,海尔工业园内设置了祈祷室;在泰国,由于当地人以黄色为尊贵颜色,海尔的员工每周一都穿黄色工作服;在意大利,海尔在工厂内配置咖啡机,以满足当地员工的习惯;等等。这些虽是小事,但是起到促进文化交融的作用,使海尔逐步实现从"走出去"到"走进去"。2011年,海尔并购日本三洋时,坚持实行海尔文化模式,在兼顾当地文化特点的前提下,把它融入被收购的企业文化中。在做法上,海尔首先识别文化差异,尊重文化差异,不强制推行与日本文化相冲突的制度。其次,采取一系列沟通措施消除日本员工的顾虑,取得他们的理解,并协调两者的文化差异。最后,在认识、尊重、协调的基础上,把海尔文化融入被并购的企业中。

除此之外,张瑞敏认为处理这个问题的根本办法是实施"人单合一""把每个人潜在的价值充分发挥出来"。他在一篇文章中写道:"海尔在全球的并购模式是'沙拉'式文化融合。海尔与被并购企业所在国有各自的文化、习俗和企业文化,他们就像'沙拉'里不同的蔬菜,形态各异,但'沙拉酱'是统一的,就是'人单合一'。这是全世界的企业都可以接受的。"海尔并购美国通用电气家电公司(GEA)五年,收入增长将近一倍,利润增长了近两倍。张瑞敏在总结并购GEA公司时得出上述看法。

吉利基本采取第二种方式。收购沃尔沃后,为了处理文化冲突,它在海南三亚专门成立一个全球性企业文化中心,对跨文化融合进行深入研究。吉利所持的理念和做法:首先,吉利要依靠自身的文化信念,坚持企业自身的价值观;其次,认为全球化的企业必须实行本土化管理,因此,必须进行文化融合,必须逐步淡化或打通国家、民族、语言等壁垒,尊重、适应、包容、融合,形成一个全新的企业文化和价值观,从而使全球化企业在国际市场上达到合作共赢,取得成功。李书福认为:全球性企业文化是跨越国界、跨越民族、跨越宗教信仰,放之四海皆准,受欢迎的企业形态。这种文化有利于人类文明进步、幸福快乐,有利于企业创新创造以及全球适应能力的发展。它具有开放、兼容、适应性强的特色,能够提高用户的满意度,增强员工的自豪感,促进企业创新能力,使企业可以全面发展、持续发展。吉利把这种思路应用于沃尔沃,取得显著成效。吉利把它的"让世界充满吉利"的愿景和坚持尊重人、成就人、幸福人的关爱员工的文化,同沃尔沃制造最安全、最环保、最节能的企业使命和"保持好奇、共同创造、成就非凡"的文化融合在一起,形成吉利现在倡导的奋斗者文化、问题文化、对标文化、合规文化。这四大文化已经得到吉利海内外所有员工的高度认同和积极践行。

不少国有大型企业在这方面做得也很到位。例如,中国兵器集团北方公司,在国际化经营中,秉持"共商、共建、共享、共赢"的理念,推动文化融合,使"走出去"转向"融进去"。有些企业以"和文化"或"合创文化"或"共赢文化"等为指导,推动相关各方的融合发展。

上面所述仅是企业内部两者文化差异。其实,海外中国企业与所在地社会在文化层面上的差异所造成的矛盾,更应该妥善处理,中国企业要做好两者之间的融合。

对这个问题的处理,不少人主张,企业走向海外,不单是推销产品、建立基地、扩大市场，它还应该传播企业文化，把企业价值观、企业精神、企业制度等传播出去，进一步把中国的优秀文化传播到全世界。这是正确的。企业走向海外，无论采取什么方式、达到什么程度，都应坚持国内行之有效的以中国文化为核心的企业文化。但是，企业也要考虑当地的实际情况，不要用中国思维要求当地员工，不能强制当地员工中国化，必须在沟通、交流、认识、适应、理解、尊重，进而吸收、借鉴等的过程中，把自己企业的文化与相关国家、地区或民族文化逐渐融合，形成以我为主，既传播中国文化，又被所在地认可、接受，甚至欢迎的更高层次的新的企业文化。

需要特别强调一点，中国企业走出去的国际化经营中，与相关国家和地区的文化相互包容、相互尊重，以我为主地相互融合，进而建立新的企业文化。这不是"术"，不仅是为了解决各方矛盾采用的手段、采取的权宜之计，而是"道"，是从根本上认识到各方的文化都有各自的精华，取其精华进行融合，更完美。

在东西方文化冲撞中，中国企业不能妄自菲薄，认为只有西方才有真正的文化。中国五千年历史虽然有兴有衰、有起有伏，但没有消亡，始终不倒，这与中国有着优秀的传统文化息息相关。中国也不能夜郎自大，对其他文化嗤之以鼻，甚至一棍子打死。任正非曾发表一篇文章《在西方市场讲好华为故事》。在文中，他指出：在两千多年前，西方出现苏格拉底、柏拉图，中国也有孔子、孟子；在研究勾股定理中，西方有毕达哥拉斯原理、欧几里得几何，我国有九章。一千多年前，我国唐宋文明非常发达，清明上河图不是凭空想象出来的，而欧洲还处在中世纪的黑暗中。此后，莎士比亚的戏剧、米开朗琪罗的雕塑开启了文艺复兴，也开启了欧洲强盛之路，而中国走向衰落。西方的绘画是写实的，写实与工业化有关系；我们的绘画是写意的，写意可能同今天的人工智能、虚拟游戏有关系，但没有造就中国三百年前的强大。一百多年前，美国马汉提出海权论，推进了美国海军的发展，使美国成为世界上最强大的海洋国家，中国从汉武大帝开始，一直征西，忽略了海洋，因而全球化晚了几百年。如此等等，都说明东西方的文化各有各的侧重点，各有千秋。因此，应该通过沟通、交流，去了解这种差异，理解这种差异，相互包容，相互尊重，并进一步以我为主进行融合、创新。

3. 与被收购的海外企业在运营理念、制度，以及利益上的矛盾

这是一个绕不开的问题。权威机构对并购的调研结果显示，全球并购失败案例中的多数是直接或间接地由于并购之后整合失败造成的。吉利在收购沃尔沃公司后，除了重视双方在文化上的差异外，还遇到了三大问题。面对这些问题，其采取了相应的对策。

第一个问题，如何对待瑞典沃尔沃公司原有的研发、技术、原材料采购、生产管理、产品营销等一系列管理制度，以及高层管理人员和员工的问题？鉴于沃尔沃对中国收购和运营管理的疑惑和吉利与沃尔沃在技术、运营、治理等方面确实存在差异，李书福确定的战略方针是"先隔离后协同、融合"。第一步，他认为"吉利是吉利，沃尔沃是沃尔沃"，对瑞典沃尔沃公司采取"沃人治沃"的方针。沃尔沃公司建立一个国际化的董事会，建立适应西方文化又符合西方国际商业实践的治理结构。沃尔沃团队高度自治。吉利只要求沃尔沃继续秉持以安全为核心的经营理念，并在车内配置方面加强投入，不改变打造中高档轿车的总体经营方向，其他的一切工作，吉利完全放手。沃尔沃是一个真正独立运营的公司。第二步，协同、融合。收购并不是简单地扩展海外市场，而是要吸取对方先进技术、先进运营理念、治理经验等，并与它们融合，提高吉利的整体水平。这才是收购目的。为此，吉利帮助沃尔沃相继在成都、大庆、张家口建造整车厂、高性能电动车Polestar生产厂，建造生产沃尔沃XC90经典款和S90的轿车工厂，以及发动机工厂，并为其打开中国市场。接着，以"自己和自己结婚"的方式，实现协同：吉利和沃尔沃联合在哥德堡建立吉利汽车欧洲研发中心（CEVT），双方研发团队共同合作开发，对技术积累进行分享、消化和吸收。继而两者又合资研发新时代高端汽车沃尔沃品牌"领克"（LYNK&CO），集欧洲技术、欧洲设计、全球制造、全球销售为一体。在上述活动中，双方借助沃尔沃的技术、经验和吉利的优势，从技术协同开始，逐步融合。吉利在整个过程中，在研发、生产、销售等方面，逐步建立一支成熟的团队，最终形成融合吉利和沃尔沃双方优势的新品牌。吉利收购沃尔沃成为中国企业国际化的典范之一。

第二个问题，知识产权归属谁？这是一个争夺焦点。收购企业在一定意义上是为了合法持有其知识产权，继而发展打造新的自主知识产权，因此总的原则是寸步不让。李书福说："这是阵地战，一寸都不能让，我们绝不能花钱买来一个空壳子。"在具体处理上，由于牵涉沃尔沃、福特、吉利三方，视具体情况分别对待。沃尔沃被福特收购前所有的知识产权，包括关键性的安全和环保技术，由吉利与沃尔沃共享；沃尔沃与福特共同研发和使用的技术，也可以实现共享，吉利取得无偿使用权；福特独有的知识产权，通过购买或合作的方式吉利获得使用权。

第三个问题，与沃尔沃轿车工会的关系怎么处理？在欧洲，企业工会有着一定的话语权，对企业所起的作用不容小觑，与工会良好的沟通，取得它的信任和支持，十分重要，必须妥善处理这个问题。在收购过程中，沃尔沃轿车工会一直排斥中国企业，甚至组织员工游行抗议。他们质疑吉利经营沃尔沃的能力；怀疑工厂将大规模地迁往中国，造成员工大量失业，工会将不复存在；沃尔沃将被欧洲汽车研发中心排挤出局，沃尔沃品牌将最终覆灭。对此，吉利一方面向沃尔沃决策层施压，请他们出面做通工会的工作；另一方面采取沟通的方式解除员工的后顾之忧。李书福在全体员工大会上讲话，对员工的福利问题给予圆满的答复，并保证瑞典的沃尔沃工厂决不迁出。同时邀请工会负责人和员工代表到中国吉利总部实地考察，取得他们的信任，从而使收购顺利进行。

不论是文化有差异、经营理念不同，还是利益有矛盾，企业应该持有开放包容的态度，在合作中秉承共享机遇、共谋发展的基本原则，既坚守自己的根本，又尊重相关地区的文化、相关各方的理念和利益，以国际视野和战略思维兼容并蓄、博采众长，寻找文化、理念和利益的契合点，融合文化，统一理念，共享利益，实现与相关各方和谐共处、合作共赢的目标。

4. 遭受国际巨头以至国外权力机构的打压

中国企业进入国际市场，一旦力量强大起来，国际巨头和国外政府认为其会威胁它们的地位和利益时，就会千方百计地遏制和打压它。例如，美国为了维护其高科技产业的利益，采取各种方式，如以反倾销、反垄断，甚至以国家安全的名义，对企业进行经济制裁。如提高关税税率，阻止企业收购或阻止产品进入市场，斩断产品供应链，断供核心零部件，禁用核心技术等。

2001年年底，加拿大国际贸易法院对中国汽车玻璃行业发起"反倾销"调查。曹德旺坚决应诉，赢得中国加入世界贸易组织后的第一起反倾销案的胜诉。接着，美国也对福耀玻璃实施"反倾销"。对此，他明确表示："把事情捅大，上全世界来评评理！就是倾家荡产，我也跟他干！花再多钱也不在乎，但中国人的骨气不能不在乎。打，一定要打赢！"经过数年的艰苦奋战，福耀玻璃终于赢得了这场旷日持久的官司。福耀玻璃成为中国第一家状告美国商务部并赢得胜利的企业。

最明显的是对华为的打压。任正非对美国企业始终抱着十分赞赏的态度。他曾不加掩饰地说："美国人踏踏实实、十分专一的认真精神，精益求精的工作作风，毫无保守的学术风气，是值得我们学习的……航天飞机，大规模芯片，超大型计算机，超微型的终端，发达而优良的电信设备、测试仪器，是美国人民勤劳创造的。"但美国政府对华为的态度一直是排斥、遏制、打压。2001年，华为在美国设立总部，这种敌意始终不断，随着华为的壮大，遏制和打击力度加剧。2003年1月，全球数据通信巨头思科公司起诉华为侵犯知识产权，扬言一定要让华为付出倾家荡产的代价，西方媒体也抹黑华为。对此，华为认为要敢于应诉，敢战方能言和，哪怕失败了，虽然痛苦但不见得是终点，因而沉着应战，结果双方以和解告终。没有被思科打败的事实，成为华为打开国际市场的最好宣传。2007年以后，西方媒体几乎每年都发动抹黑华为的宣传。美国政府以"国家安全"等理由阻挠和打击华为。在处理与国外竞争对手的关系时，华为"不怕事"，敢于面对斗争，也"不惹事"，自己要站稳脚跟。对于美国政府的打压与遏制，华为始终不屈不挠，有理有节地进行抗争。

面对国际错综复杂的局面，企业必须把优秀的人才派往海外，并且在海外广罗人才，建立一支富有战斗力、忧患意识和团队精神的国际化队伍，否则"我们将坐以待毙"（任正非语）。中国员工在海外应该比在国内更要艰苦奋斗，更要努力学习。任正非说过："我们没有国际大公司积累了几十年的市场地位、人脉和品牌，只有比别人更多一点奋斗，只有在别人喝咖啡和休闲的时间努力工作，只有更虔诚地对待客户。"

开拓海外市场，还应不断把握市场的变化，强化自己的比较优势，以应对激烈的市场竞争。在化解冲突中，应该善于同媒体打交道，争取媒体支持；妥善开展危机公关；主动承担社会责任，获得企业所在国家和地区的社会认同。

（三）企业国际化与国家对外政策的关系

处理企业国际化与国外市场所在国之间的关系，离不开中国对外开放的基本国策。企业要树立全球视野，积极主动走向世界。在处理上述矛盾或关系时，要坚持有序竞争、和平合作、互利共赢的理念。由于企业面临的问题各不相同，在处理具体关系时，应采取不同的原则和方式。但是总的原则是不唯书，不唯上，实事求是。实际处理原则应该坚持：具体问题具体分析，根据时间、地点、条件的不同，分别对待，不搞一刀切。

开拓海外市场，企业实现国际化，应遵守国家的外交路线和"一带一路"倡议。中国重视发展同周边国家的友好关系，巩固与第三世界的传统友谊，重视与大国建立战略伙伴关系。国家的外交行动到什么地方，企业的海外行为也应跟随到什么地方；"一带一路"达到的地方，企业的市场开拓也应延伸到。任正非明确表示："中国的外交路线是成功的，在世界赢得了更多的朋友……华为的跨国营销是跟着我国外交路线走的，相信也能成功。"吉利汽车近十年在海外的开拓，主要沿着着"一带一路"的路线进行的。2013年，习近平提出建设"丝绸之路经济带"和"21世纪海上丝绸之路"（简称"一带一路"）的构想，决定把对外投资中相当大的比例用于"一带一路"沿线的国家后，受到相关国家的欢迎和支持，也为中国企业进军海外创造机遇。2021年中国民营企业500强中，有195家参与"一带一路"建设。吉利正是在"一带一路"的推助下，于2017年收购马来西亚宝腾汽车公司49.9%的股份，以及豪华跑车品牌路特斯51%的股份。吉利的收购，不仅使吉利打进马来西亚市场，而且以其为桥头堡打开东盟十国的巨大市场。在"一带一路"倡议的指引下，2013年，吉利与白俄罗斯全球第二大矿山机械企业BELAZ公司和白俄罗斯国家零部件集团合资公司SOYUZ公司共同投资组建吉利（白俄罗斯）汽车有限公司（BELGEE）。白俄罗斯总统卢卡申科表示："中国朋友帮助白俄罗斯建成了汽车制造厂，感谢中国帮助我们实现轿车梦。"吉利也以白俄罗斯为桥头堡，扩大了欧洲"一带一路"沿线的国家的市场。

最重要的一点是，国家为企业走出去开展国际化经营发布大政方针，以至具体意见，如互利共赢、公平竞争、以德兴业、规范行为等。企业应该深刻领会，切实实行。同时，国家是企业国际化经营的强大后盾。一旦国外力量超出商业经营范围，采取无理手段对中国企业进行遏制打击时，或者明为打压企业，实则遏制中国经济发展，国家必会与之斗争。

企业不能逆来顺受，更不应该助纣为虐，帮助国外势力对兄弟企业落井下石，应该自觉地维护国家利益，并紧紧依靠政府，按政府要求行事。

败不馁，胜不骄，盛不怠，
充满活力，永葆青春

企业发展可能经历三个大坎：一是被困难吓倒而夭折，大多发生在创建生长时期；二是因胜利骄傲而中道崩殂，多数出现在快速成长期；三是因为繁荣懈怠而老迈寿终，主要出现在成熟稳定期。败而馁，胜而骄，盛而怠，是企业发展的三大坎。它们也是企业做大、做强、做久的三大敌人。

人无千日好，花无百日红。风云变幻，潮起潮落。世上任何事物都有生命周期，都会经历产生、成长、壮大、衰退，直至消亡的过程，这是不以人的意志为转移的客观规律。企业的发展也是如此。任何企业都逃脱不掉这个发展规律。

有人调查，2010年，中国中小企业平均寿命为3.7岁，美国为8.2岁，欧洲各国的企业和日本企业的平均寿命为12.5岁。任正非曾经做过一项关于企业平均寿命的调查，结果是：中国中小企业的平均寿命仅有2.5年，集团企业也不过7—8年。从企业整体而言，据自2002年中国企业联合会发布的中国500强榜单以来，到2021年共有1408家企业上榜，其中只有85家连续20年保持上榜，占比只有6%。曾经作为MBA案例的中国优秀企业85%已经垮掉。有报道称，美国500强企业的平均寿命为30—40岁，道琼斯指数企业只有1/4能活到50岁；欧洲各国企业为40年。追求企业永存是日本企业经营者最优先的目标，日本企业平均寿命达到58年。

上述数据不论精确与否，企业是有寿命的判断是不争事实。另外，基本反映出当前中国企业的状况是中小企业寿命不论是2.5年或3.7年，表明绝大多数企业消失于少年时期；有一部分企业则止步于取得初步成功进入快速成长期；始建于20世纪80年代的、至今屹立不倒且寿命在30年以上的企业，为数不多。因此，中国企业更应特别注意并努力解决导致企业衰亡的三大坎，才能使千千万万家现代化企业从幼小的树苗长成参天大树。

一般来说，传统产业的企业生命周期较长，随着科技的进步，科技含量高的企业寿命可能越来越短。据GYbrand发布的2023年《世界品牌500强》报告，珠宝钟表和奢侈品类品牌的平均年龄达到152岁，食品饮料类品牌的平均年龄达到110岁。中国茅台的年龄超过300年。此外，中国超过150年历史的企业还有：六必居，创始于1530年，明嘉靖九年；张小泉，成立于明万历年间，至今已有近400年的历史；陈李济，成立于1600年，已有400多年的历史；同仁堂，创始于1669年，清康熙八年；王老吉，创始于1828年。这五家企业都属于传统产业。而一些科技含量高的新兴产业企业的寿命很难达到如此高龄。据美国证券交易所统计的上市公司的数据，由于技术迅速发展，在过去50年里，企业的平均寿命从55岁缩短为32岁。1997年年末，任正非率领华为的一些高管去美国学习、考察，对美国信息企业的兴衰更替震撼不已："一批一批的大企业陷于困境，以致消亡；一批一批的小企业，成长为参天大树，大树又被雷劈。不断地生，不断地死……"

国际上很多知名企业都是你方唱罢我登场，主角轮换。可以说，英雄层出不穷，各领风骚几十年。这才是世界的永恒规律。在这样的规律面前，谁能笑到最后？任正非在《一江春水向东流》里说过："历史的规律就是死亡，而我们的责任是要延长生命。"他还说："生命总是要终结的，我们现在所做的一切努力就是延长华为的寿命，不要死得那么快，更不要死得那么惨。""华为的最低战略是：活下去。"

企业到底能不能延长生命呢？实际情况给出的答案是"能！"因为有一些百年老店存续到现在。德国的优秀中小企业有1/4活到100岁以上。在日本超过150岁的企业更多。那么，怎样才能延缓衰老、永葆青春，源源不断地为客户提供有效商品和服务，为社会创造价值呢？简单来说，首先，要活下来，在生长阶段，企业要竭尽全力不被失败吓破了胆而夭折；其次，要活得好，不被胜利冲昏头脑而盛年倒下，把企业做大做强；最后，要活得久，要尽量消除不利于企业发展、加速企业衰老的因素。跟上时代步伐，不断创新，增强企业活力，永葆青春。

一、败不馁，不被失败吓破了胆

"宝剑锋从磨砺出，梅花香自苦寒来。"企业面临失败，正确的选择是败不馁。失败了不能灰心丧气，一蹶不振，要知道"胜败乃兵家常事"，不要忘记"失败为成功之母"。"哀者必相惜，而不趣利避害，故必胜。"（《老子》）历史上很多杰出的帝皇将相，中外很多发明家、企业家，在他们耀眼的成功光环背后，无不是一次又一次的失败。成功的企业多数是从不断突破失败中成长起来的。如果失败就退却、放弃，那是最大的失败。对于失败与成功，李书福说过："什么是失败？失败就是在成功之前放弃了；什么是成功？成功就是在得到成功之前一直坚持。"国外的管理学家吉姆·柯林斯鼓励失败者："即便受挫，也要再次昂起高贵的头颅，永不低头，这就是成功。"

稳定和成熟的企业，都经历过经济危机、行业危机或企业危机。它们是在不断避开陷阱、化解危机、解决矛盾中成长起来的。其实，所有的危机，都是"危"和"机"并存的，危中有机，危可转机。一方面，"他山之石，可以攻玉"，必须注意其他企业的经历，弄清楚它们遭遇到的危机的原因、发展过程，以及应对的经验教训。为什么一些辉煌一时的企业瞬间陨落？为什么有些企业能够在暴风骤雨中屹立不倒？现代企业应该有所借鉴。另一方面，"前事不忘，后事之师"，要重视并善于总结本企业经历过的危机和困难，避免在同一个地方跌倒两次。

（一）要有两个信念和一个立足点

两个信念：一是现代化企业的崛起必须实现，这是历史赋予的使命；二是现代化企业的崛起必定能够实现。有了这两个强烈的信念，才能支撑起克服一切困难的精神，才能一心一意、开动脑筋、千方百计地去解决难题，才能不屈不挠、全力拼搏，才能有"不达目标，誓不罢休"的决心，从而把企业推向巅峰。这两个信念，不仅企业家本人应该牢固树立，而且要采取各种形式把它传递给各级干部以至全体员工，最后企业拧成一股绳。

有了这两个强烈信念，面对困难和失败，企业才有正确应对的态度和措施。

一个立足点：立足于自己的力量。面对困难，切忌"等、靠、要"。《国际歌》讲得很透彻："从来就没有什么救世主，也不靠神仙皇帝！要创造人类的幸福，全靠我们自己！"任正非在一篇文章中写道："内功的强大才是真正的强大，扛住外部压力要靠内功。"这一点是任何想勇攀高峰，把企业办成世界一流企业的企业家都应该牢牢记在心中并切实践行的。

（二）时刻保持危机意识、防备意识

"安而不忘危，存而不忘亡，治而不忘乱。"（《周易·系辞下》）2018年4月，习近平在十九届中央国家安全委员会第一次会议上指出："前进的道路不可能一帆风顺，越是前景光明，越是要增强忧患意识，做到居安思危，全面认识和有力应对一些重大风险挑战。"企业家兴办企业，必须清醒地认识到，前进的道路上存在着可以预料和难以预料的各种风险挑战，企业将会遇到种种阻挠和打击：有的来自企业外部，甚至来自国际；有的来自企业内部，来自高层管理者以及其他员工，甚至来自企业家本人。因此，必须铭记：生于忧患、死于安乐；常怀远虑、居安思危。张瑞敏的办公室一直悬挂着一幅书法："战战兢兢，如履薄冰。"任正非相信："惶者才能生存，偏执才能成功。"2016年，他再次强调："'惶者生存'，不断有危机感的公司才一定能生存下来。"他认为，危机意识十分必要，"不能居安思危，就必死无疑"。任正非指出每一个华为人都应以史为鉴，培养危机意识，想办法应对各种潜在危机。

相对来说，日本企业具有"稳健长寿"的特征。根据日本东京商工研究机构的调查：日本企业超过150年历史的，2015年有21666家，2016年又有4850家；2019年更有7568家满150岁生日。任正非认为，日本企业之所以能保持基业长青，原因在于日本人有着非常强烈的危机意识。日本是岛国，缺乏资源，人口众多，竞争激烈。这样的生活环境迫使日本人保持专注度，想方设法地生存下去。

这种危机意识，不仅企业领导者应该有，干部应该有，而且所有员工

都应该有。全体员工都要有在危机中拯救企业的责任。任正非要求，"公司的每一位员工，都要有强烈的责任感和危机意识"。他告诉大家，在松下电器，不论是在办公室，还是在会议室，或是在通道的墙上，随处都能看到一幅张贴画。画上是一艘即将撞上冰山的巨轮，下面写着："能挽救这条船的，唯有你"。美国的百事可乐公司实行一种"末日管理法"，就是企业从决策层一直到生产第一线的员工都有着"末日来临"的感觉，大家都在强烈的危机感下工作。有人说"一个具有强烈忧患意识的民族，才是一个有希望的民族"。对企业来说，也是这样。一个具有忧患意识的企业，一定是一个充满希望的企业。

任正非由此提出一个与众不同的观点——"一个企业最重要的战略，就是存活下去"。这种观点教育着所有的华为人都应该时刻保持危机意识，时刻提醒自己要不断进步，保持竞争的压力。古人也说过，哀兵必胜。

（三）见微知著，未雨绸缪，化解危机于未形成之前，把危机消灭在萌芽之中

人无远虑，必有近忧。"明者远见于未萌，而知者避危于无形。"（《上书谏猎》）这就是说，聪明的人在事情尚未萌芽之前就已预见到；智慧的人能在危险尚未形成之时便设法避免。正如下围棋，走一步看三步。古人说"祸几始作，当杜其萌；疾证方形，当绝其根"；"明者防祸于未萌，智者图患于将来"。这就是说，要把危机扼杀在萌芽之时。其实，危机的来临，一般会有一些征兆。企业家只要心中长存危机意识，密切关注企业内外情况和环境的变化，捕捉到危机来临的微小前兆，就有了预见性，就能见微知著，及时采取措施，超前布局，力争主动，把危机消灭在萌芽之中。即使不能避免危机，也不会惊慌失措、进退失据。这就要求企业家必须具有灵敏的嗅觉、敏锐的目光和非凡的洞察力，要求企业重视信息工作，加强信息的收集、分析工作，预测形势的演变和发展。

"凡事预则立，不预则废。"

（四）企业的高层特别是企业家，必须保持战略定力和耐心，临危不惧

泰山崩于前而不色变。处惊不乱，临危间谈笑风生。纵然敌人围困千万重，我自岿然不动。任凭风吹浪打，胜似闲庭信步。在危机面前不能自乱阵脚，必须冷静对待，乱云飞渡仍从容。企业家，不管环境多么恶劣，不管困难有多大，都要像青松一样傲然挺立。要做到这一点，最根本的一条就是要有坚定的信念。苏轼在《留侯论》中说过："天下有大勇者，卒然临之而不惊，无故加之而不怒。此其所挟持者甚大，而志甚远也。""红军不怕远征难，万水千山只等闲。"红军在国民党百万大军的前堵后追下，血染湘江，飞渡大渡河，抢夺泸定桥，爬雪山，过草原，其艰难险阻难以想象，八万红军仅存一万五千余人，但坚持不倒，终于胜利到达陕北，靠的就是信念。办企业也是如此。任正非说过，在任何荣耀与失败面前，都要平静如水。马云说过："一支强大的军队的勇气往往不是诞生在冲锋陷阵之中，而是表现在撤退中的冷静和沉着。一个伟大的公司同样会体现在经济不好的形势下，仍然以乐观积极的心态拥抱变化，并在困难中调整、学习和成长。"

（五）面对困难，面对危机，要奋起斗志，敢于斗争，战斗到底，并要善于斗争，增强斗争的本领，直至胜利；要化危为机，把坏事转化为好事

面对困难，首先要牢记，从来就没有什么救世主，也没有神仙，必须靠自己；其次，要有必胜的信念，像毛泽东教导的那样，"下定决心，不怕牺牲，排除万难，去争取胜利"。敢于斗争，敢于胜利，是从事一切事业的不可战胜的强大精神力量。

因此，首先要敢于斗争，发扬斗争精神，保持越是危险越向前的大无畏的气概。"明知山有虎，偏向虎山行。"困难始终随伴着发展存在。

马云说过，对所有的创业者来说，永远告诉自己一句话：从创业的第一天起，你每天要面对的是困难和失败，而不是成功。困难不能躲避，不能让别人替你去扛，任何困难都必须自己去面对。创业者任何时候都要勇往直前，而且要不断创新和突破，直到找到一个方向为止。跌到了爬起来，又跌倒了再爬起来。如果说有成功的希望，就是始终没有放弃。把创业路上的坎坷视为当然，坚韧不拔，不断克服困难前进。

TCL的李东生在2006年遭遇到他职业生涯中最严重的危机。在TCL并购法国阿尔卡特手机和汤姆逊彩色电视机后，国际业务全面亏损，国内手机业也迅速衰落，众多高管离职，对李东生的质疑纷沓而来。但他并没有被吓倒。2006年5月，他在企业内部论坛上发表文章《鹰的重生》。他借用鹰在40岁时脱喙、断趾、拔羽以获重生的故事，鼓励全体员工团结一心，应对危机，共同推动组织流程和企业文化的变革，继续推进国际化战略。在他这种不怕困难、坚韧不拔的精神感召下，全体员工共同努力，TCL在2007年营利3.6亿元，获得重生，继续向国外进军。

其次，企业要善于斗争。要认识到，问题与压力往往带来机遇。因此，在斗争中，要学会本领，掌握策略，"在危机中育新机，于变局中开新局"，化被动为主动，把危机转化为发展动力，用它激励士气，增强员工的义务感、责任感，调动他们的积极性，挖掘他们的潜在能力，鼓励他们继续奋进、不断创新。

任正非强调冬天即将来临时，并不是畏缩后退，而是以"千里冰封脚下踩，三九严寒何所惧"的气概，迎难而上。任正非还认为："冬天也是可爱的，并不是可怕。我们如果不经过一个冬天，我们的队伍一直飘飘然是非常危险的。" 2002年华为在不具备技术优势的情况下，进入周期性的衰退，几近崩溃。任正非提出：在危机重重中，活着就是最大的成功。华为进行了大刀阔斧的改革，调整产业结构和内部组织后，终于度过冬天，迎来了春天。2000年年底，阿里巴巴进入低潮期，马云号召员工："冬天寒冷的时候，我们提出的口号是'坚持到底，就是胜利'……只要我们活着，不死就有希望。"

一个想百年长存的企业，不仅要具备承受国内外各种风险的能力，而且要有化解风险的能力，进而有逢凶化吉的能力，能够从低谷返回到高峰，在永不停止波动的市场中存活、发展、壮大。

（六）提高防范、控制、化解危机的能力，针对不同性质的危机，采取相应的对策和措施

见招拆招，兵来将挡，水来土掩。在所有应对过程中，必须坚持一条准则，即依法处理，决不违纪违法，更不采取法外手段，以暴制暴，以黑制黑，以非法对非法。

世界上任何事物的发展，都不是直线的。任何人的一生所走的不都是金光大道，其间有崎岖坎坷，甚至有悬崖绝壁，一失足将粉身碎骨。任何国家的发展强大也不都是一帆风顺的，必然经历内忧外患的困扰，甚至战争的破坏。企业的发展、崛起，也不例外。困难、挫折以至失败是常态。这些对于聪明人来说是宝贵的财富。美国思科首席执行官约翰·钱伯斯问管理大师杰克·韦奇尔："需要付出什么才能成为一个伟大的公司？"韦奇尔的回答是，需要遇到很大的困难，而且是致命的打击。事实证明他的话是十分正确的，思科正是在2001年遭到致命打击后，才变得更加强大。任正非说过，只有经历过九死一生，才称得上是成功，无论是对企业，还是对个人，都是如此。创业之初，任正非就说："我们要塑造艰苦奋斗、吃苦耐劳的灵魂，我们要做烧不死的火鸟，要成为凤凰！"他经常教育员工"大家可以在业余时间看看历史书，有多少历史人物受到了磨难，但是在磨难中成长了。因此说，磨难也是一笔财富"；"太阳总会升起，哪怕暂时还在地平线下"。他本人经营华为，披荆斩棘，跌倒爬起，一路坎坷，但是他并不气馁，面对危机、打击、遏制，他始终不妥协、不退让，而是有理有节地针锋相对。他就是在一系列磨难中成长起来的。可以说他真正是一只浴火重生的凤凰。中国有一句老话，大难不死，必有后福。大磨难，必有大成就。

挫折、失败会使人变得坚强。它教育人们，面对一时失利，决不气馁，决不言败。一时失败，即使屡屡失败，也要再接再厉，屡败屡战，咬定青山不放松，最终反败为胜。当然，不言败，不是一味地猛攻勇闯，也要审时度势，条件不成熟时要能隐忍，要韬光养晦，要养精蓄锐，等待时机，迅速出击，勇猛亮剑。

挫折、失败会使人变得聪明。它教育人们，最终的胜利不是躺着可以得到的。要敢于正视现实，善于总结经验教训。通过总结，明白今后该走的道路；明白什么是应该做的，什么是不该做的；不要一而再再而三地犯同样的错误。

磨砺方有刀刃。只要有屡败屡战的韧性和总结经验教训的智慧，最终必定取得胜利，踏平坎坷成大道。

二、胜不骄，不让胜利冲昏了头脑

胜利、成功后，会出现两种情况。

一是木秀于林，风必摧之；堆出于岸，流必湍之。企业的巨大成功会使其他竞争对手感受到巨大的压力，甚至恐惧。因此，企业越发展，竞争对手与其的竞争越激烈。激烈竞争中，企业可能应对失措而失败。

二是某些企业领导人以至全体员工被胜利冲昏头脑。他们可能丧失理性，野心膨胀，企业上下变得自大，自以为"无所不能"。俗话说得好，凡事太顺，就会得意，得意必然忘形。

竞争加剧可以磨炼自己，不可怕。最可怕的是胜而骄。

成功的企业如果被胜利冲昏了头脑，某些企业家可能陷入"大而傲""强而霸"的陷阱。一般会出现以下三种情况。

首先，某些企业家认为企业可以无限扩大，盲目扩张企业规模。例如，通过资本运作盲目收购兼并；不顾具体条件，盲目多种经营；等等。

其次，某些企业家认为自己智慧过人、能力超群、劳苦功高，可以为所欲为，漠视政策、反对监管、觊觎权力等。

最后，某些企业家可能私欲膨胀，肆意挥霍，腐化堕落，置企业命运于不顾。

不论出现哪种情况，如果不能迷途知返，最终结果是骄兵必败。

在中共七届二中全会上，毛泽东严肃告诫全党同志："因为胜利，党内的骄傲情绪，以功臣自居的情绪，停顿起来不求进步的情绪，贪图享受不愿再过艰苦生活的情绪，可能生长。"他指出，"取得全国胜利，这只是万里长征走完了第一步"，要求全党同志，务必"保持谦虚谨慎、不骄不躁的作风"，务必"保持艰苦奋斗的作风"。

不少企业由盛而衰，销声匿迹，根本原因也在于此。

企业家在带领企业发展的征程中，千万不可被胜利冲昏了头脑，被光辉遮住了双眼，牢牢记住，不少取得成功的企业往往在短时间内消失。张瑞敏在纪念海尔创业二十周年研讨会上说过："'生于忧患，死于安乐'，一片赞扬声中企业不可能很好地生存。"会后，他把一艘泰坦尼克号的沉船模型摆放在办公桌的正前方。他说："我要一抬头就看到它。"任正非在华为处在高速成长时期就发出了"红色警报"。2000年华为的销售额达到220亿元，盈利居全国电子百强企业之首。可是，他却说："十年来，我天天思考的都是失败，对成功视而不见，也没有什么荣誉感、自豪感，而是危机感。"他又说"现在是春天吧！但冬天已经不远了，我们在春天与夏天要念着冬天的问题"；"华为总会有冬天，准备好棉衣，比不准备好"。他告诫员工，曾在全球市场呼风唤雨的手机巨头诺基亚在短时间内走向死亡。他在《北国之春》一文中说："什么叫成功？是像日本那些企业那样，经九死一生还能好好地活着。这才是真正的成功。"他还说，"我们还必须长期坚持艰苦奋斗，否则就会走向消亡"；"奋斗更重要的是思想上的艰苦奋斗，时刻保持危机感，面对成绩保持清醒头脑，不骄不躁"。他说："不做昙花一现的英雄。"

　　曾毓群在2017年宁德时代前途一片大好的时候，给员工群发一封题为《猪真的会飞吗？当台风走了，猪的下场是什么？》的邮件，告诫员工要居安思危。他写道："因为国家希望电动汽车上有颗中国芯，因为中国政府提供了丰厚的补贴政策，因为中国是世界上最大的汽车市场，所以我们才是行业的佼佼者。当我们躺在政策的温床上睡大觉的时候，竞争对手正在生死关头玩命地干，一进一退间的差距可想而知。我们有无想过，如果外国企业下半年就回来，我们还可以蒙着眼睛睡大觉吗？国家会保护没有竞争力的企业吗？答案不言自明。"为了不被淘汰，2018年宁德时代投入研发金额超过20亿元，研发人员超过4000人。中国锂电行业拥有博士学位的研究者，近一半被他收入麾下。

　　马云也曾形象地说过："阳光灿烂的时候，你要去借雨伞、修屋顶。"

　　获得成功，享受胜利的果实，是中途停顿下来，或走入歧途？还是继续奋进？答案显然应该是：胜利面前，不忘初心，不被各种诱惑引入歧途，继续奋勇前进。任正非十分欣赏盛大网络创始人陈天桥的一段讲话。陈天桥在1999年借钱50万元开始创业。2005年，他创建的"盛大网络"资产逾百亿元，成为当时中国最大的互联网企业。在创业过程中，他遭遇过竞争对手甚至合作方给他制造的种种风险，深刻体会了"危机重重"。同时，他更警惕胜利给他带来的巨大诱惑。他说："当每天收入达到100万元的时候，我觉得它是诱惑，它可以让你安逸起来，让你享受起来，让你能够成为一个'土皇帝'。当时我们只有30岁左右，急需一个人在旁鞭策，就像唐僧去西天取经一样，到了女儿国，有美女，有财富，你是停下来，还是继续去西天？我们希望有人在边上不断督促说：'你应该继续往你取经的地方去，这才是你的理想'。"

三、盛不怠，不因成功丧失了活力

（一）因成功而荣耀，这给企业带来危机

企业因成功而荣耀，迎来了鲜花与掌声，同时迎来了危机。诺贝尔经济学奖得主约瑟夫·斯蒂格利茨说过："毁灭的种子是什么？第一个就是繁荣自身。"任正非对成功有着清醒的认识。1998年，华为在国内四大通信设备供应商"巨大中华"中居首位。任正非和华为并未因此感受到喜悦感、成就感，相反，却有着焦虑感，甚至恐惧感。2001年1月，任正非在《华为报》上发表《华为的冬天》一文，告诫员工：泰坦尼克号"是在一片欢呼声中沉没的"。任正非认为："繁荣的背后都充满着危机。这个危机不是繁荣本身的必然特性，而是处在繁荣包围中的人的意识。艰苦奋斗必然带来繁荣，繁荣以后，不再艰苦奋斗，必然丢失繁荣。千古兴亡多少事，不尽长江滚滚流。"他特别警惕成功或胜利带来的后果，它极有可能隐藏着失败的因子。磨难、失败能够锻炼队伍，引导队伍走向胜利。当时，华为坚定地选择了沉默，远离外部的诱惑，不被已有的成功、繁荣所羁绊，更加专注自身的变革与发展，得以继续全力前进。

当然，如世界万物一样，企业不可能万寿无疆，企业也有消亡的一天。企业家的任务就是尽量推迟这一天的来临。任正非说过："我们对未来的无知是无法解决的问题，但我们可以通过归纳找到方向，并使自己处在合理组织结构及优良的进取状态，以此来预防未来。死亡是会到来的，这是历史规律，我们的责任是应不断延长我们的生命。"据华为人所说，华为的主营业务——通信基础设施产业的生命周期基本上已经进入成熟稳定期。因而他们十分警惕因繁荣懈怠而死亡。

1. 企业基业难以长青的客观因素

第一，企业从事的产业生命有其周期，产业也会新陈代谢。一个产业的发展有其创建生长期、高速成长期、成熟稳健期、缓慢衰退期，企业必须适应地调整自己的策略，一旦产业进入衰退期，企业的产品和服务必将不能满足社会的需求，这就要求企业及时改造转型，否则，将被社会淘汰。

第二，科技不断发展，而且更新换代步伐加快。第一次工业革命机械化从18世纪60年代到19世纪中期，经历近百年。第二次工业革命电气化从19世纪下半叶开始，经历了七八十年。第三次工业革命（或称"科技革命"）信息化，始于第二次世界大战后。21世纪初世界进入第四次工业革命（亦称"科技革命"）数字化、智能化时代。在第四次工业革命时代，科技更新换代得更加迅速、频繁。科技的不断发展，促使产业生命周期缩短。

第三，在第四次工业革命中，诞生的新兴企业如雨后春笋。它们朝气蓬勃，初生牛犊不怕虎，具有强大的竞争力。这对原有的企业形成巨大的压力。

2. 企业基业难以长青的主观因素

按理说，大企业人才济济，不乏有远见卓识的人，他们能够洞察形势，预见未来的发展。大企业财力雄厚，有足够的力量与新生企业周旋、竞争。可是，由认知到决策，到贯彻执行，其中往往阻碍重重，不能顺畅进行。在现实中，从旧的业务转型到新的业务，大企业内部阻碍因素多，而创新的小企业，阻碍因素较少，船小好调头，因此，反而经常出现大企业被创新的小企业打败的现象。

之所以形成这样的情况，除了产业生命周期因素之外，主要是因为企业本身会出现阻碍企业发展的种种问题。

成功的大企业往往会自发地得大企业病，西方把其称为"帕金森定律"，即组织会自动形成无效率宝塔式结构。在这种结构下，机构臃肿、人浮于事，管理混乱，士气低落，效率低下等。英国物理学家杰弗里·韦斯特在《规模：复杂世界的简单法则》一书中指出：企业随着规模的扩张，效能会下降。当扩张到一定规模，企业内部就会支离破碎，一遇到风吹草动就会轰然倒下。同时，由于成功，往往将过去的成功固化为一种巨大的保守惯性，习惯于走老路，满足于惯性往前行进，不愿意冒险闯新路，从而缺乏变革的力量，丧失了活力。企业在繁荣中，会滋生出骄躁、任性、懒惰、守成、贪婪、享乐等各种不良的习气，忘却了、抛弃了创业初期的谦虚学习、艰苦奋斗的精神，从而孕育着被毁灭或自我毁灭的种子。

成功的大企业，往往因为过去的成功形成庞大的既得利益群，它们对任何触动和变更自己利益的改变，都会抵触、反对。同时，也因为过去的成功产生保守的思想和习惯，并形成一种庞大的保守惯性。它们往往不自觉地自信甚至傲慢起来，自认为高贵、与众不同。它们往往盲目地坚持自己的固有模式，认为只有自己走过的路才是经典，才是最好的，不能改变。它们不再像在成长时期那样把所有的变化看作机会，而是排斥任何变化，把变化看作威胁。因此，即使科技日新月异，潮流滚滚向前，它们也不想改变，使自己处于僵化、封闭状态，故步自封。这是一家成功企业最大的危机，而且是必然降临的危机。

美国柯达公司可以说是这一情况的典型。柯达公司创建于1881年，是世界上提供影像产品及相关服务的最大生产商、供应商。它在鼎盛时期占据了该行业全球2/3的市场份额，获得了全行业90%的利润。2002年在中国大陆大约设置了8000家门店。可以说是荣极一时，但是在照相机整个行业向数码相机转型的关键时刻，它变革无力，逐步陷入亏损，2012年不得不破产重组。对于照相机将向数码转型，柯达公司中有人已预见到，实际上第一台数码相机是柯达公司的工程师在1975年发明的。那么，为什么它竟败在日本富士、索尼、佳能、尼康等新兴的数码相机公司之手呢？根本原因就是盛而怠。首先，柯达是通过模拟影像成功的，向数码转型，需要在各方面做出改变。要重新组织各种生产要素：要抛弃旧技术，采用新技术；要辞退旧人员，录用新人员；要改变投资方向，增加投入资金；要改变运行方式；等等。更重要的是要改变利益格局。因此，阻力首先来自高层管理者、决策者。即使高层做出转型的决策，企业中下层仍然阻力重重。他们把这种转型视为威胁。

柯达公司的命运并非个案。国外某些获得成功的企业，在一个时期如日中天、辉煌耀眼，如今陷入泥潭，难以自拔，如美国的贝尔实验室、摩托罗拉、加拿大的北方电讯、日本的NEC(日电)、芬兰的诺基亚、法国的阿尔卡特等。

对企业来说，生产、技术、管理、营销、人员等都会自然地老化，跟不上科技发展的步伐，跟不上社会需求的变化，而最根本的是整个管理层的老化，特别是高层管理者无视变化，或者明知变化却由于以下三个因素而缺乏变革的动力：一是原来所熟悉的那一套，包括知识、技术、经验等，已经不适应新的状态、新的要求，业务的转型必然要求人才、技能等的转型，要求改变管理方式，要求投入资金进行研发和更新设备，而这些都是牵一发动全身的问题；二是思想观念的保守；三是不愿意触动其得到的地位和既得利益，从而层层满足于现状，闭关自守。创新、变革无不是以旧事物的毁灭为代价。因此，原来的一切包括高级管理层，不仅缺乏变革的力量，甚至抵制变革。企业没有变革的动力，必然失去蓬勃向上发展的力量。

（二）企业永葆青春的途径

在技术快速发展、产业生命周期缩短的情况下，企业处于不安全状态，死亡随时可能降临。如何使企业更加长久地生存下去，更加壮大地发展下去，走得更远更广阔？这是任正非经常思考的问题，也是很多企业家面临的重大问题。1998年，任正非发表了一篇文章《不做昙花一现的英雄》，从战略高度指出华为需要重点关注、把握和解决的问题，就是解决如何让企业走得更远的这个长久困扰企业的问题。

延缓衰老、延长企业的生命，使企业永葆青春，关键是保持企业活力。那么，企业如何才能一直保持活力、充满活力？从根本上说，要解决造成企业衰亡的主客观两方面的问题，即解决企业因为成功而产生的种种懈怠，以及要突破产业生命周期的限制。

在华为的发展过程中，任正非讲得最多的，一个是核心价值观，一个是自我批判。核心价值观是确保华为持续制胜的精神图腾，是华为的"灵魂"；自我批判则是核心价值观的"护法宝器"。任正非强调："华为会否垮掉，完全取决于自己，取决于我们的管理是否进步。管理能否进步，一是核心价值观能否让我们的干部接受，二是能否自我批评。"自我批判包括两个方面：思想批判和行动批判，也就是自我变革。这是解决企业由盛而衰的根本途径。突破产业生命周期限制的根本途径则在于创新，通过创新延长原有产业生命周期，通过创新转换到另一个产业生命周期。创新是企业基业长青之道。开放则是创新的必要条件。企业要保持并充满活力，必须做到以下五个方面。

1. 必须坚持企业核心价值观，坚持企业的优秀文化，永远不忘初心

核心价值观是一个企业的灵魂，是一个企业的"胚胎细胞"（现代生物学证明，胚胎细胞不会老化）。一方面，企业失去了核心价值观，如同人失去灵魂，如行尸走肉，生命走向终结。另一方面，只要核心价值观始终保持不变，将如"胚胎细胞"一样，会不断产生再生力量，推动企业继续前进。华为的核心价值观是"以客户为中心，以奋斗者为本，长期坚持艰苦奋斗"。其中，最根本的是艰苦奋斗。没有这一点，华为不可能走向辉煌；有了这一点，华为将仍能健康生存并继续发展。

企业的核心价值观具体体现在企业文化中。包含正确核心价值观的优秀企业文化，将会使企业行之久远。任正非说过："企业文化可以确保企业基业长青。"

2. 坚持自我批判

在思想上，高层、主要决策层的思想观念应与时俱进，要有自我批判的觉悟，经常自我批判，自我否定，找出不足。自我批判，从企业诞生之日就应该有。任正非一再强调自我批判。有一次，AIG（美国国际集团）

的创始人格林伯格问任正非："华为成功的关键是什么？"任正非回答："自我批判。华为总是在自我否定中不断前进。"1998年任正非指出："社会是会自动产生惰性，而不是自动产生创新的，领导干部没有自我批判能力，那么公司很快就会消亡。"2004年，他在《要从必然王国走向自由王国》中指出："世界上只有那些善于自我批判的公司才能存活下来。"2008年，他再次强调："只有长期坚持自我批判的公司，才有光明的未来。自我批判让我们走到今天，我们还能向前走多远，取决于我们还能继续坚持自我批判多久。"

企业取得巨大成功之后，更加需要自我批判。任正非经常告诫高级管理层，红到极时变成灰（木炭燃烧到极红的时候马上就变成灰）。面对巨大成功，企业往往丧失理性，企业上下充满自满的情绪，认为过去的做法是唯一正确的，是不可更改的，今后只要"萧规曹随"就行了；会产生"歇歇"的想法，不再像以前那样艰苦奋斗了，该享受享受生活了；会出现懈怠的现象，安逸、悠闲，以至腐化、腐败的风气会逐步滋长和蔓延，这就导致企业逐渐失去活力，走向衰退。此时，企业更加需要发扬自我批判的精神。在自我批判的基础上，进行自我变革，充分发挥企业的自我修复能力，增添新的增长因子，排除陈旧、衰退因素，保持旺盛的活力，永葆企业长青。

对于企业从成功、繁荣走向衰退、没落的自然趋势，任正非有着清醒的认识。为了防止内部腐化导致的自我毁灭，为了继续保持繁荣、延缓衰落，实现逆淘汰，他一再告诫员工"公司最大的风险来自内部"，而"华为多年坚持的自我批判的传统，是我们战胜内部危机的一大法宝"。他强调："我们要不断地自我批判，不论进步有多大，都要自我批判，世界是在永恒的否定中发展的。"

华为的自我批判，一是围绕一个中心：核心价值观。凡违背核心价值观的，就是自我批判的对象。二是瞄准一个目标：提升公司核心竞争力。任正非明确指出：自我批判不是为批判而批判，不是为全面否定而批判，而是为优化和建设而批判。总的目标是要导向公司整体核心竞争力的提升。三是坚持一个原则：实事求是，不上纲上线，不无情打击。自我批判的方式多种多样，有民主生活会、自律宣言、整风大会等。

3. 进行自我变革

实际上这是自我批判的延续，从思想上推进到行动中。企业发展自始至终都需要自我变革。正如人的成长，思想认识、生活方式必然随着年龄的增长而不断变化。婴幼儿是在父母亲的养育下成长；到了青壮年时期，人必然脱离对父母的依赖而独立；一旦到了衰老时期，人就可能百病缠身，必须加强锻炼增强体力，自觉地改变生活方式，延缓衰老。企业的发展更是如此。从创始阶段进入成长阶段，再进入成功阶段，内外环境都在不断变化，企业的管理制度、运行方式，各种关系、矛盾的处理方式等都必须相应地改变，否则企业将因难以适应而被淘汰。

华为，在创建初期，创始人的意志左右企业的发展，创始人带领企业前进，发挥狼性精神，猛打猛冲。10年后的1997年，华为的营收达到全国通信行业的第一，可以说登上了第一个高峰，过去那一套已不适合，不加以变革，华为就难以继续前进。任正非果断地自我变革：与IBM等公司合作，开始系统地引入世界级管理经验。首先，实施集成产品开发（IPD）变革，构建以客户为中心市场驱动的流程和管理体系，用流程代替人治。1998年，正式实施《华为基本法》。在这之前，1996春节前夕，华为对市场部进行整训。其要求市场部从上到下所有各级正级干部提交一份述职报告、一份辞职报告；公司以面向客户的奋斗和贡献为标准对他们的工作进行调整，约有30%的干部被替换下来。这实际上是一种变革。通过整训，打破保守，打破僵化，打破故步自封，"干部能上能下"，让企业的运作机制和组织结构体系灵活起来，以应对强大的对手；通过整训，变"兵为将有"为"兵为将用"，消除"山头主义"的隐患；通过整训，启动与国际接轨的规划，为1997年的变革做好铺垫。市场部是为华为立下汗马功劳的"铁血部队"。它的整训震动了整个公司，起到震慑和引领作用。2000年，华为继续变革管理制度，实施ISC（集成供应链）变革，建立了分布世界各大区域、集成的全球供应网络，有效地支撑了业务的全球大发展。2008年，华为的移动宽带产品发货量在全球市场份额中位列第一，被《商业周刊》评为"全球十大最有影响力的公司"。2010年，成为全球仅次于爱立信的第二大通信设备制造商，并进入《财富》杂志评定的世界500强企业行列。在华为登上第二个高峰，进入繁荣阶段的当口儿，华为再次开启一次重大的自我变革。2007年10月，华为宣布，实施人力资源变革：所有工龄超过8年的员工，必须在2008年元旦之前主动辞职、再竞岗，重新与公司签订1—3年的劳动合同。这次变革的背景：2006年开始发生的全球电信业几大巨头的大整合，有些世界级公司中途消失在风雨中。这给已经进入竞争最激烈的国际市场腹地，正在冲向事业第二高峰的华为，敲起了"危机"警钟：不变革，华为将困死在异国战场上。其目的很明确，消除队伍的懈怠情绪，让公司持续保持激活状态，积极倡导艰苦奋斗精神。这次变革涉及包括任正非在内的6687名中高级干部和员工。有6581人重新签约上岗，其中 有些调整了职务，有升有降；有106人因各种原因离开公司。有奋斗精神、做出贡献的员工获得了鼓励；安于现状、不思进取者受到了鞭策。人人有危机感，公司有了战斗力。与此同时，华为实施IFS（财务系统）变革，构建全球财务管理体系。

自我变革是思想上自我批判的延续。方向是清晰的，必须围绕核心价值观进行；目标是克服惰性与消除腐败，优化组织结构，提升核心竞争力，激发企业的活力。因而自我变革是具有建设性的。

变革的最大敌人是观念。自我变革，必须思想批判先行，以思想批判开路。有了思想的武装，行动才能减少阻力、增加动力。

自我变革必须慎行。由于要改动既有的东西，改变既有的格局，消除不良风气，触动既有利益，破旧立新，必须付出一定的代价。但是慎行，不是不行。即使付出代价，也必须实行。

自我变革，从大的方面区分，实际上有组织变革和人事变革两个方面。这两者又紧密联系在一起。组织变革包括管理制度、运行方式等的变革。人事变革包括人员职位的上下、进退，以及权力的大小、利益的增减,以至作风的改变。无论哪一方面都阻力重重。

自我变革尽可能在和风细雨中进行,既达到变革的要求,又使方方面面都能愉悦接受,即思想不通者口服心服;利益受损者甘心情愿。当然,对于顽固不化者、故步自封者、拥兵自重者,只能采取不换思想就换人的策略。对企业有功之人,也是如此,"不迁就有功但思想落后的员工"。

自我变革的最大敌人是人,特别是某些高层管理者和领导者。首先,某些人的思想观念可能僵化、封闭,对变革抵触、反对。其次,某些人拥有权力。变革必然涉及利益和权力的剥夺与再分配。因此,变革成败取决于领导者或者高级管理层。

4. 坚持不断创新

创新是企业生命之源。没有创新,企业活力必将消失,企业不可能做强做优,生命也就无以为继,更不可能做久。自我变革实际是驱逐、消除衰退因素,为企业增添新的增长因子。企业吐故纳新,根本上靠不断创新。

创新就会打破平衡。平衡,实际上就是稳定状态,长时期的稳定可能形成固化,也就没有变化、没有发展。事物要发展,必须打破平衡。事物的发展都是从平衡开始到不平衡,又到新的平衡,再到不平衡,不断螺旋上升。如果一直保持平衡,事物就停止发展。企业在内外各方面处于平衡状态,就难以发展。

从企业永葆青春、基业长青的角度说,创新有两个方面:第一个方面是,在一个产业生命周期中的创新,以保证在产业生命周期内尽可能地延长企业的生命;第二个方面是,企业要超越原来产业生命周期的限制,为从原来的产业转换到新兴产业前瞻性的创新。产业生命是有周期的,周期长短与产业性质息息相关。技术含量高低是影响企业生命周期的重要因素。技术含量高,迭代更新快,生命周期短。反之生命周期长。一些传统产业或一些有家传秘方的产业,如酿造业、中药业等,生命周期较长。科技含量高的产业,由于科技发展速度越来越快,迭代更新迅速,产业生命周期越来越短。因此,现代化企业绝对不能安心地躺在原来的产业上面,不思进取。企业在产业成熟期就应该密切关注生命周期的变化，谋划企业进入衰退期后的出路，预见未来具有广阔前景的新兴产业，并为进入新兴产业进行前瞻性的创新，保持企业不断前进。德国的西门子公司在这一点上做得比较成功。它成立于1847年，之所以屹立百年不倒且继续前进，就是因为预见到产业周期的变化并及时转换。它经历过电报电话、电力照明、自动化、医疗四大产业周期。每个产业为它贡献了30年至50年的辉煌。

如果企业做不到这一点，继续固守原来的阵地，退出历史舞台是必然的下场。

5. 坚持开放

不断创新，必须有开放环境，这样企业才能不断地从外部吸收新的养分。2015年，任正非在一次谈话中用自然现象说明封闭的后果。他说：封闭系统内部的热量一定是从高温流到低温，水一定从高处流到低处。如果这个系统封闭起来，没有任何外在力量，就不可能重新产生温差，没有风，也没有水蒸气蒸发与流动；水流到低处不能再回流，那是零降雨量，那么这个世界全部都是超级沙漠，最后就会死亡。"流水不腐，户枢不蠹"说明了开放的重要性，只有开放，才能不腐、不蠹。

企业在开放环境中，会联系各方面的合作者，他们将对企业的发展起到正面的推动作用。同时，也会遇到各种各样的对手，他们固然会给企业带来大大小小的威胁，但是他们也会激发企业的斗志，凝聚企业内部的力量，促进企业进取，让企业在竞争中更具有活力、更加强健。

对于开放的重要性，华为始终保持着清醒的认识。华为创立之初，任正非就反复强调"开放是华为的生命""不开放就是死路一条"。华为取得巨大成功后，依然坚持开放。2021年华为董事会决议表示：华为的"开放的策略，是从来不会动摇的，不管任何情况下，都要坚持开放不动摇。不开放就不能吸收外界的能量，不能使自己壮大"。可以这么说，开放是华为生存之基、发展之本。

实行开放，原则上当然是全方位开放。但是，具体实施，企业必须掌握主动权、节奏、方式等，依据企业的发展阶段和实力等的实际情况，展开不同层次、不同梯级的对外、对内的开放。华为的实际情况是，越成功，越强大，其开放的层面越广，开放的程度越深。它并不因为自己成功而封闭起来。这也是它继续不断前进的重要因素。

要做到上述五个方面，根本的一点必须要有"自我批评"的精神。华为董事会总结"必须以批判的思维来正确对待自己，否则开放就不会持续"。

这五个方面是环环相扣、相辅相成的，是企业保持活力、永葆青春不可或缺的。

综上所述，败而不馁，百折不挠，艰苦奋斗，企业才能活下来，才能做大；胜而不骄，不断创新，勇攀高峰，企业才能做优做强，才能活得好；盛而不怠，不忘初心，保持活力，企业才能做久，活得久。这是为中华民族伟大复兴作贡献的千千万万家现代化企业应该铭记在心、切实履行的三句话。

参考书目

[1] 中国经济年鉴编辑委员会.中国经济年鉴2020［M］.北京：中国经济年鉴社，2020.

[2] 国家统计局.中国统计年鉴2021［M］.北京：中国统计出版社，2021.

[3] 中国企业年鉴编辑委员会.中国企业年鉴2021［M］.北京：企业管理出版社，2021.

[4] 中国企业文化研究会.中国企业文化年鉴（2019—2020）［M］.北京：中国大百科全书出版社，2020.

[5] 李金华，李苍舒.大力弘扬企业家精神（思想纵横）［N］.人民日报，2020-08-05（9）.

[6] 黎友焕.大力弘扬企业家精神（新论）［N］.人民日报，2020-12-09（5）.

[7] 李心萍，韩鑫.弘扬企业家精神 推动高质量发展［N］.人民日报，2021-12-06（7）.

[8] 人民日报评论员.弘扬企业家精神，为国家作出更大贡献——论中国共产党人的谱系精神之四十六［N］.人民日报，2021-12-06（2）.

[9] 人民日报评论员.依法规范和引导我国资本健康发展，发挥资本作为重要生产要素的积极作用［N］.人民日报，2022-05-01（1）.

[10] 美国《财富》杂志.历年世界500强企业排行榜[EB/OL]. https://www.fortunechina.com.

[11] 中国企业联合会，中国企业家协会.中国企业500强榜单[EB/OL].北京：百度网，历年.

[12] 全国工商业联合会.历年中国民营企业500强榜单[EB/OL]. http://www.acfic.org.cn.

[13] 唐晋.大国崛起［M］.北京：人民出版社，2007.

[14] 李靖堃，王振华.英国［M］.北京：社会科学文献出版社，2016.

[15] 巫云仙.德国企业史［M］.北京：社会科学文献出版社，2013.

[16] 顾俊礼.德国［M］.北京：社会科学文献出版社，2015.

[17] 杨会军.美国［M］.北京：社会科学文献出版社，2015.

[18] 张隆高，张晖，张农.美国企业史［M］.大连：东北财经大学出版社，2005.

[19] 黄亚南.经营正道：日本企业兴衰史［M］.杭州：浙江大学出版社，2021.

[20] 李建民，杨杜.打造全球竞争力：中国企业500强20年风雨岁月（2002—2021）［M］.北京：企业管理出版社，2021.

[21] 国企改革历程编写组.国企改革历程［M］.北京：中国经济出版社，2019.

[22] 周绍朋.国有企业改革的回顾与展望［J］.行政管理改革，2018（11）：22-29.

[23] 庄聪生.中国民营经济四十年［M］.北京：民主与建设出版社，2019.

[24] 刘伊纯.加快培育高端产业"领军企业"——访清华大学全球产业研究院首席专家何志毅［J］.企业家，2022，13（07）：86-88.

[25] 彼得·德鲁克.创新与企业家精神［M］.蔡文燕，译.北京：机械工业出版社，2016.

[26] 稻盛和夫.企业家精神［M］.叶瑜，译.北京：机械工业出版社，2018.

[27] 李文勇.管法：稻盛和夫给管理者的60个忠告［M］.北京：化学工业出版社，2013.

[28] 黄继伟.华为内训［M］.北京：中国友谊出版公司，2016.

[29] 华牧.创华为——任正非传［M］.北京：华文出版社，2017.

[30] 孙力科.华为传［M］.北京：中国友谊出版公司，2018.

[31] 任正非.在西方市场，讲好华为故事［J］.中国经济周刊，2018，49：76-79.

[32] 田涛，吴春波.下一个倒下的会不会是华为［M］.北京：中信出版社，2021.

[33] 黄继伟.华为经营法［M］.北京：中国华侨出版社，2021.

[34] 曲智.任正非内部讲话：关键时，任正非说了什么［M］.北京：新世界出版社，2012.

[35] 谭长春.任正非治企的"军事战略"［J］.企业家，2022，9（3）：57-60.

[36] 彭贺，李天健，黄思琴.张瑞敏自以为非［M］.北京：新世界出版社，2016.

[37] 王保蘅. 李书福传［M］.哈尔滨：哈尔滨出版社，2013.

[38] 魏江，刘洋.李书福：守正出奇［M］.北京：机械工业出版社，2020.

[39] 成杰. 王传福传：比亚迪神话［M］.北京：中国华侨出版社，2019.

[40] 郭宏文.董明珠：倔强营销的背后［M］.北京：中国言实出版社，2015.

[41] 肖文健.销售女神董明珠［M］.北京：中国致公出版社，2011.

[42] 甘开全.百度李彦宏：中国大脑的智能战［M］.北京：新世界出版社，2016.

[43] 张永生.马云全传［M］.北京：中国商业出版社，2009.

[44] 张燕.马云：我的世界永不言败［M］.北京：企业管理出版社，2014.

[45] 邵瑞鹏.马化腾传［M］.哈尔滨：哈尔滨出版社，2013.

[46] 吴晓波.大败局［M］.杭州：浙江大学出版社，2013.

[47] 吴晓波.激荡三十年：中国企业1978—2008［M］.北京：中信出版社，2019.

[48] 吴晓波.激荡十年，水大鱼大：中国企业2008—2018［M］.北京：中信出版社，2018.

[49] 王勇.企业成长之道［M］.北京：清华大学出版社，2021.

[50] 百度网2021年3月—2023年5月相关报道和资料（不一一列举）。

[51] 《企业家》杂志2021年和2022年的若干篇文章，此处不一一列举。